# 1000 Rätsel aus Mathematik und Logik für Erwachsene und Denksportler
## Die beliebtesten Zahlenrätsel und Logikrätsel von leicht bis extrem schwer

*„Der sichere Umgang mit Zahlen kann durch vielseitige Mathe- und Logikrätsel besonders gut trainiert werden."*

Carsten Richter

# 1000 Rätsel aus Mathematik und Logik für Erwachsene und Denksportler
### Die beliebtesten Zahlenrätsel und Logikrätsel von leicht bis extrem schwer

Carsten Richter

Die Deutsche Nationalbibliothek verzeichnet diese Publikation in der Deutschen Nationalbibliografie; detaillierte bibliografische Daten sind im Internet über http://dnb.dnb.de abrufbar.

© 2016 Carsten Richter

Illustration: Carsten Richter

Herstellung und Verlag: BoD – Books on Demand, Norderstedt

ISBN: 9-783-741-225-543

# Inhaltsverzeichnis:

| | | |
|---|---|---|
| **1.** | **Kreuzzahlenrätsel** | **(40 Aufgaben)** |
| 1.1. | Einweisung/Richtlinien | 2 - 5 |
| 1.2. | Größe: 3x3 (leicht) | 6 - 10 |
| 1.3. | Größe: 4x4 (mittel) | 11 - 20 |
| 1.4. | Größe: 4x5 (schwer - sehr schwer) | 21 - 30 |
| 1.5. | Größe: 5x5 (schwer - sehr schwer) | 31 - 40 |
| | | |
| **2.** | **Rechenblöcke** | **(120 Aufgaben)** |
| 2.1. | Einweisung/Richtlinien | 41 |
| 2.2. | Größe: 4x4 (leicht) | 42 - 46 |
| 2.3. | Größe: 5x5 (mittel) | 47 - 54 |
| 2.4. | Größe: 6x6 (schwer) | 55 - 64 |
| 2.5. | Größe: 6x6 (extrem) | 65 - 74 |
| | | |
| **3.** | **Zahlenfolgen** | **(200 Aufgaben)** |
| 3.1. | Einweisung/Erläuterung | 75 |
| 3.2. | leicht | 76 - 78 |
| 3.3. | mittel | 78 - 80 |
| 3.4. | schwer | 80 - 82 |
| 3.5. | extrem | 83 - 85 |
| | | |
| **4.** | **Sudoku** | **(160 Aufgaben)** |
| 4.1. | Eiweisung/Erläuterung | 85 |
| 4.2. | leicht | 86 - 95 |
| 4.3. | mittel | 96 - 105 |
| 4.4. | schwer | 106 - 115 |
| 4.5. | extrem | 116 - 125 |

| | | |
|---|---|---|
| 5. | Rechnungen in Textform | (90 Aufgaben) |
| 5.1. | Leicht | 126 - 128 |
| 5.2. | Mittel | 129 - 133 |
| 5.3. | Schwer | 133 - 138 |
| | | |
| 6. | Formeln vervollständigen | (120 Aufgaben) |
| 6.1. | Leicht | 138 - 141 |
| 6.2. | Mittel | 142 - 145 |
| 6.3. | Schwer | 145 - 152 |
| | | |
| 7. | Turmspiel | (120 Aufgaben) |
| 7.1. | Einweisung/Erläuterung | 152 |
| 7.2. | Leicht 4x4 | 153 - 157 |
| 7.3. | Mittel 5x5 | 158 - 162 |
| 7.4. | Schwer 5x5 | 163 - 167 |
| 7.5. | Extrem 6x6 | 168 - 173 |
| | | |
| 8. | Zahlenlogicals | (150 Aufgaben) |
| 8.1. | Leicht (4 stellig) | 174 - 179 |
| 8.2. | Mittel (5 stellig) | 180 - 186 |
| 8.3. | Schwer (6 stellig) | 187 - 195 |

**Lösungen**  196 - 242

Die folgenden 8 Kategorien erfordern Verständnis für Zusammenhänge und querdenkerische Fähigkeiten aus den Bereichen Mathematik und Logik.

Mit dieser Sammlung erhalten Sie die beliebtesten Rätsel und Knobelaufgaben aus den Kategorien Mathematik- und Zahlenrätsel. Natürlich ist die Logik hierbei ebenfalls Bestandteil da Mathematik und Logik unweigerlich zusammenhängen.

Im Anschluss erhalten Sie einen kompletten Lösungsbereich zu den einzelnen Aufgaben.

Alle Aufgaben sind in verschiedene Stufen untergliedert. Die leichteren Ebenen dienen eher zur Gewöhnung und zur Entwicklung eigener Lösungsstrategien. Erst die höheren Stufen werden Sie richtig fordern und einiges an Verständnis für Zahlenrätsel abverlangen.

Einige Aufgaben erfordern das Ausfüllen vorgegebener Felder. Hierzu empfehle ich Ihnen in den schweren Bereichen eine Kopie der Aufgabe zu machen oder mit Bleistift und Radiergummi zu arbeiten. Sicherlich werden Sie einige Lösungen zuerst falsch setzen und somit mehrere Versuche benötigen. Ein unbeschriebenes Spielfeld ist dafür übersichtlicher und somit besser zu bearbeiten.

Bitte beachten Sie die Beschreibungen jedes Aufgabenbereiches genau. Die Hinweise sind für eine richtige Lösung unabdingbar.

Viel Spaß und vor Allem viel Erfolg!

# 1. Kreuzzahlenrätsel

## 1.1. Einweisung / Erläuterung

Gegeben ist eine Tabelle, welche in den jeweils äußeren Zeilen und Spalten Hinweise für die Anordnung der Lösungszahlen beinhaltet. Zusätzlich dazu hat jede Aufgabe einen individuellen Zahlenbereich, welcher für die Lösung zur Verfügung steht. Grundsätzlich bezieht sich jede Aufgabe auf die ganzen Zahlen (...-3,-2,-1,0,1,2,3...). Weitere eventuelle Einschränkungen sind den einzelnen Aufgaben zu entnehmen.
Die Beschriftung der Lösungsfelder ist wie folgt zu werten. Die Beschreibung (Hinweis) bezieht sich auf die mit „X" markierten Felder.

Zeilen:

| | | | | |
|---|---|---|---|---|
| Hinweis | X | X | X | |
| | | | | |
| | | | | |

Spalten:

| | | | | |
|---|---|---|---|---|
| | | Hinweis | | |
| | | X | | |
| | | X | | |
| | | | | |

Diagonalen:

| Hinweis | | | | |
|---|---|---|---|---|
| | X | | | |
| | | X | | |
| | | | X | |
| | | | | |

Jede Zeile, Spalte oder Diagonale kann maximal 2 Hinweise beinhalten. Die Hinweise stehen entweder am Anfang oder am Ende der Zeilen, Spalten oder Diagonalen.

| Hinweis | X | X | X | Hinweis |
|---|---|---|---|---|
|  |  |  |  |  |
|  |  |  |  |  |
|  |  |  |  |  |

| Hinweis |  |  |  |  |
|---|---|---|---|---|
|  | X |  |  |  |
|  |  | X |  |  |
|  |  |  | X |  |
|  |  |  |  | Hinweis |

Es gibt auch Tabellen, welche mehr Zeilen als Spalten haben oder mehr Spalten als Zeilen. Hier ist eine Besonderheit bei den Diagonalen zu beachten, da diese nicht direkt in der gegenüberliegenden Ecke enden. In so einem Fall hat die entsprechende Diagonale nur ein mögliches Feld der Beschriftung, denn die Beschriftung von Zeilen/Spalten geht vor die Diagonale. Hinweis(2) im Beispiel bezieht sich als eindeutig auf die Zeile und nicht auf die Diagonale.

| Hinweis |  |  |  |  |
|---|---|---|---|---|
|  | X |  |  |  |
|  |  | X |  |  |
|  |  |  | X |  |
|  |  |  |  | Hinweis(2) |
|  |  |  |  |  |

**Die richtige Deutung der Hinweise:**

➤ Nachbarn

Unter Nachbarn sind Zahlen gemeint, welche direkt nacheinander in Zeilen/Spalten oder Diagonalen liegen.

➤ Summe

Dies ist die Summe aller Zahlen der Zeile, Spalte oder Diagonalen.

➤ Differenz Nachbarn

Gibt den Wert an um welchen 2 benachbarte Zahlen auseinander liegen.

➤ Jede Zahl einmal

Es ist jedes Feld mit einer unterschiedlichen Zahl belegt.

➤ Größer, kleiner als

Die Zahlen der Felder sind entsprechend beschränkt.

➤ Gerade / ungerade

Die Zahlen sind entsprechend gerade, ungerade oder wie beschrieben verteilt (beispielsweise: 3x gerade und 2x ungerade).

➤ Vierling/Drilling/doppelt

Eine Zahl ist vierfach, dreifach oder doppelt vorhanden. Die Zahlen müssen nicht benachbart sein.

➤ in eine Richtung steigend

Die Zahlen werden in irgendeine Richtung größer.

➤ Mittelwert

Der Mittelwert aller Zahlen der entsprechenden Felder.

> 2 verschiedene Zahlen

Auf den Feldern gibt es 2 verschiedene Zahlen. Demzufolge sind diese mehrfach vorhanden.

> Nachbarn ungleich

2 gleiche Zahlen stehen nicht nebeneinander.

> Faktor

Ergebnis der Multiplikation aller Zahlen der Felder.

> Differenz Nachbarn gleich.

Die Differenz muss aus anderen Zahlen geschlossen werden. Natürlich gilt zu beachten, dass eine Differenz nach oben und unten anzuwenden ist.

Diese Hinweise, beziehungsweise eine Kombination aus diesen Hinweisen, ermöglichen bei jedem Rätsel eine eindeutige Verteilung der Zahlenwerte. Im Lösungsteil sind der Zahlenbereich und die korrekte Verteilung der Zahlen abgebildet. Wenn Sie einmal nicht weiterkommen, dann sollten Sie erst einmal andere Aufgaben lösen und nicht gleich den Lösungsteil nutzen. Sie werden schnell eine Routine für die Aufgaben entwickeln und auch Lösungswege für verzwickte Situation entdecken.

*Tipps zur Lösung:* Ab Schwierigkeit „Mittel" enthält die Lösung vorab einen Lösungshinweis. Dieser bezieht sich auf die Kombination aus Spalten (S), Zeilen(Z) und Diagonalen(D), welche für den ersten Schritt empfohlen wird.

*Buchempfehlung: 100 Kreuzzahlenrätsel*
*ISBN: 978-373-920-939-5*

**1.2.1.** Die Zahlen sind größer als 0 und kleiner als 4.

| jede Zahl einmal | Summe: 4 | | | |
|---|---|---|---|---|
| | | 1 | | |
| | | | | |
| ungerade | | | | Nachbarn ungleich |
| Nachbarn ungleich | | | Differenz Nachbarn 1 | |

**1.2.2.** Die Zahlen sind ungerade, größer als 2 und kleiner als 10.

| | | | Differenz Nachbarn gleich | |
|---|---|---|---|---|
| Summe: 19 | | | | |
| | | | | Summe: 19 |
| nach rechts steigend | | | | |
| Differenz Nachbarn 4 | | Nachbarn ungleich | Prim- zahlen | |

**1.2.3.** Die Zahlen sind größer als -2 und kleiner als 3.

|  |  | Differenz Nachbarn 1 |  | Prim- zahlen |
|---|---|---|---|---|
|  |  |  |  |  |
| Differenz Nachbarn 2 |  |  |  |  |
|  |  |  |  |  |
|  |  |  |  | Summe: 0 |

**1.2.4.** Die Zahlen sind gerade, größer als -1 und kleiner als 9.

|  | Summe: 14 |  | Summe: 8 |  |
|---|---|---|---|---|
| Summe: 16 |  |  |  |  |
|  |  |  |  |  |
| Summe: 22 |  |  |  |  |
| Summe: 18 |  |  | Nachbarn ungleich |  |

## 1.2.5. Die Zahlen sind größer als 5 und kleiner als 9.

|  | keine Zahl doppelt | Nachbarn ungleich |  | jede Zahl einmal |
|---|---|---|---|---|
|  |  |  |  | eine Zahl doppelt |
| jede Zahl einmal |  |  |  |  |
|  |  |  |  | Summe: 19 |
| Differenz Nachbarn 1 |  |  | jede Zahl einmal |  |

## 1.2.6. Die Zahlen sind ungerade, größer als -2 und kleiner als 6.

|  |  | Summe: 3 | jede Zahl einmal |  |
|---|---|---|---|---|
| in eine Richtung steigend |  |  |  |  |
|  |  |  |  | Differenz Nachbarn gleich |
| Nachbarn ungleich |  |  |  | Primzahlen |
|  | Summe: 3 | Nachbarn ungleich |  |  |

**1.2.7.** Die Zahlen sind Primzahlen, größer als 4 und kleiner als 14.

|  | Summe: 25 |  |  | Summe: 19 |
|---|---|---|---|---|
| jede Zahl einmal |  |  |  |  |
|  |  |  |  | Summe: 25 |
| Differenz Nachbarn 4 |  |  |  |  |
|  | jede Zahl einmal | Nachbarn ungleich | jede Zahl einmal |  |

**1.2.8.** Die Zahlen sind größer als 6 und kleiner als 11.

|  |  |  |  | jede Zahl einmal |
|---|---|---|---|---|
| einstellig |  |  |  | Nachbarn ungleich |
| Summe: 25 |  |  |  |  |
| in eine Richtung steigend |  |  |  |  |
| Differenz Nachbarn gleich | gerade | Nachbarn ungleich |  |  |

**1.2.9.** Die Zahlen sind gerade, größer als -5 und kleiner als 3.

|  | Nachbarn ungleich | Summe: -8 |  |  |
|---|---|---|---|---|
| in eine Richtung steigend |  |  |  | Faktor ungleich Null |
|  |  |  | 2 |  |
| Differenz Nachbarn gleich |  |  |  | Summe: 0 |
|  | Summe: 4 |  |  |  |

**1.2.10.** Die Zahlen sind größer als -10 und kleiner als -4.

|  | keine Zahl doppelt | Summe: -21 | jede Zahl einmal | ungerade |
|---|---|---|---|---|
|  |  |  |  | Differenz Nachbarn gleich |
| jede Zahl einmal |  |  |  |  |
|  |  |  |  |  |
| in eine Richtung steigend | Summe: -18 |  |  | Summe: -22 |

**1.3.1.** Die Zahlen sind ungerade, größer als 8 und kleiner als 18.

| 3 verschiedene Zahlen | | | | Summe: 52 | Nachbarn ungleich | |
|---|---|---|---|---|---|---|
| jede Zahl einmal | | | | | | |
| in eine Richtung steigend | | | | **15** | | Summe: 40 |
| ein Drilling | | | | | | Primzahlen |
| Summe: 48 | | | | | | |
| Summe: 46 | | | eine Zahl ist doppelt | Differenz Nachbarn gleich | | Summe: 42 |

**1.3.2.** Die Zahlen sind größer als -1 und kleiner als 4.

|  | gerade |  |  | jede Zahl einmal |  |  |
|---|---|---|---|---|---|---|
| Nachbarn ungleich |  |  |  |  |  | Summe: 9 |
| jede Zahl einmal |  |  |  |  |  |  |
|  |  |  |  |  |  |  |
| Nachbarn ungleich |  |  |  |  |  |  |
|  | Summe: 4 | jede Zahl einmal |  | in eine Richtung steigend |  |  |

**1.3.3.** Die Zahl sind Primzahlen, größer als 9 und kleiner als 25.

|  | Summe: 56 |  |  | Summe: 62 |  |
|---|---|---|---|---|---|
|  |  |  |  |  | Summe: 62 |
| Summe: 58 |  |  |  |  |  |
| Summe: 86 |  |  |  |  |  |
| Summe: 54 |  |  |  |  |  |
|  |  |  | Summe: 82 | Summe: 50 |  |

**1.3.4.** Die Zahlen sind durch 3 teilbar, größer als -5 und kleiner als 7.

|  |  |  | Nachbarn ungleich | Nachbarn ungleich |  |
|---|---|---|---|---|---|
|  |  |  |  |  | Differenz Nachbarn gleich |
| Nachbarn ungleich |  |  |  |  | Summe: 9 |
|  |  |  |  |  | ein Drilling |
| Differenz Nachbarn 3 |  |  |  |  |  |
|  |  | Differenz Nachbarn 6 |  |  | Summe: 15 |

**1.3.5.** Die Zahlen sind größer als 1 und kleiner als 6.

|  |  |  |  |  | ungerade |  | in eine Richtung steigend |
|---|---|---|---|---|---|---|---|
| jede Zahl einmal |  |  |  |  |  |  |  |
|  | jede Zahl einmal |  |  |  |  |  |  |
|  | Differenz Nachbarn 1 |  |  |  |  |  | jede Zahl einmal |
|  | Summe: 15 |  |  |  |  |  |  |
|  |  |  | jede Zahl einmal | 2 Paar | Nachbarn ungleich |  |  |

**1.3.6.** Die Zahlen sind ungerade, größer als 2 und kleiner als 10.

|  |  | jede Zahl einmal |  | Differenz Nachbarn gleich |  |  |
|---|---|---|---|---|---|---|
| Summe: 16 |  |  |  |  |  |  |
|  |  |  |  |  |  |  |
| Nachbarn ungleich |  |  |  |  |  |  |
| jede Zahl einmal |  |  |  |  |  |  |
| in eine Richtung steigend |  | Differenz Nachbarn 4 |  | Summe: 18 |  |  |

**1.3.7.** Die Zahlen sind Primzahlen, größer als 0 und kleiner als 10.

|  |  | jede Zahl einmal |  | Summe: 18 |  |
|---|---|---|---|---|---|
| Summe: 15 |  |  |  |  |  |
| Nachbarn ungleich |  |  |  |  |  |
|  |  |  |  |  |  |
| Differenz Nachbarn 1 |  |  |  |  |  |
|  | jede Zahl einmal |  | in eine Richtung steigend |  |  |

**1.3.8.** Die Zahlen sind gerade, größer als -3 und kleiner als 7.

|  |  |  | jede Zahl einmal |  |  |
|---|---|---|---|---|---|
| Summe: 0 |  |  |  |  | 2 verschiedene Zahlen |
|  |  |  |  |  | Summe: 4 |
| Summe: 18 |  |  |  |  |  |
|  |  | 4 |  |  | Nachbarn ungleich |
|  | Summe: -6 |  | Summe: 0 |  |  |

**1.3.9.** Die Zahlen sind größer als -1 und kleiner als 4.

|  | jede Zahl einmal |  | Summe: 8 |  | Summe: 6 |
|---|---|---|---|---|---|
| ungerade |  |  |  |  |  |
| jede Zahl einmal |  |  |  |  |  |
| jede Zahl einmal |  |  | 2 |  |  |
| ungerade |  |  |  |  | Nachbarn ungleich |
| Primzahlen |  |  | Differenz Nachbarn gleich | jede Zahl einmal |  |

**1.3.10.** Die Zahlen sind größer als 3 und kleiner als 10.

|  | Differenz Nachbarn gleich | jede Zahl einmal |  |  |  |
|---|---|---|---|---|---|
|  |  | Summe: 26 |  | Summe: 20 | jede Zahl einmal |
| jede Zahl einmal |  |  |  |  |  |
|  |  |  |  |  | jede Zahl einmal |
|  |  |  |  | jede Zahl einmal |  |
| in eine Richtung steigend | ungerade | Summe: 23 |  | Summe: 22 |  |

**1.4.1.** Die Zahlen sind größer als 1 und kleiner als 8.

|  |  | Summe: 22 |  |  | Summe: 18 | dreimal ungerade |
|---|---|---|---|---|---|---|
| ungerade |  |  |  |  |  |  |
| jede Zahl einmal |  |  |  |  |  |  |
|  |  |  | 3 |  |  | Summe: 12 |
| gerade |  |  |  |  |  |  |
| Nachbarn ungleich |  |  |  |  |  | gerade Nachbarn gleich |
| Nachbarn ungleich | in eine Richtung steigend |  |  |  | Summe: 24 | Differenz Nachbarn gleich |

- 21 -

**1.4.2.** Die Zahlen sind ungerade, größer als -4 und kleiner als 6.

| | in eine Richtung steigend | Summe: 14 | | 3 verschiedene Zahlen | | jede Zahl einmal | | jede Zahl einmal | |
|---|---|---|---|---|---|---|---|---|---|
| Differenz Nachbarn gleich | | | | | | | | | Nachbarn ungleich |
| Differenz Nachbarn gleich | | | | | | | | | |
| | | | | | | | | Differenz Nachbarn gleich | |
| Summe: 11 | | | | | | | | Summe: 6 | |
| Differenz Nachbarn gleich | | | | | | | | | |

**1.4.3.** Die Zahlen sind größer als 0 und kleiner als 8.

| | Summe: 20 | Summe: 14 | gerade | Summe: 12 | | |
|---|---|---|---|---|---|---|
| | | | | | Differenz Nachbarn gleich | |
| Summe: 13 | | | | | | Nachbarn ungleich |
| in eine Richtung steigend | | | | | | Nachbarn ungleich |
| | | | | Prim- zahlen | | |
| jede Zahl einmal | | | | Summe: 10 | | |
| | | | | | | |
| | | Nachbarn ungleich | | Summe: 18 | | |
| jede Zahl einmal | | | | | | |

**1.4.4.** Die Zahlen sind gerade, größer als -7 und kleiner als 3.

|  | Summe: -4 | Summe: -20 |  |  | Summe: -2 |
|---|---|---|---|---|---|
|  |  |  |  |  |  |
| Nachbarn ungleich |  |  |  |  |  |
|  |  |  |  |  | Summe: 6 |
| Summe: -22 |  |  |  |  |  |
|  |  |  |  |  | Nachbarn ungleich |
| Summe: -2 |  | Nachbarn ungleich | Summe: -10 |  | Summe: -18 |

**1.4.5.** Die Zahlen sind Primzahlen, größer als 4 und kleiner als 20.

| | einstellig | | | Differenz Nachbarn gleich | Summe: 51 | in eine Richtung steigend |
|---|---|---|---|---|---|---|
| Summe: 40 | | | | | | |
| | | | | Nachbarn ungleich | jede Zahl einmal | |
| Summe: 34 | | | | | | |
| | | | | 2 verschiedene Zahlen | | |
| | jede Zahl einmal | | Nachbarn ungleich | | Differenz Nachbarn 2 | |

**1.4.6.** Die Zahlen sind größer als 4 und kleiner als 12.

|  | ungerade |  | Primzahlen | Nachbarn ungleich |  |  |
|---|---|---|---|---|---|---|
|  |  |  |  |  |  | Summe: 35 |
|  | Differenz Nachbarn 2 |  |  |  |  | jede Zahl einmal |
|  | Summe: 26 |  |  |  |  |  |
|  |  |  |  |  |  | Summe: 25 |
| Differenz Nachbarn 3 |  |  |  |  |  |  |
|  | Nachbarn ungleich | Differenz Nachbarn 2 |  | Differenz Nachbarn gleich |  |  |

**1.4.7.** Die Zahlen sind größer als 6 und kleiner als 11.

| | Summe: 35 | gerade | | Nachbarn ungleich | ein Drilling | jede Zahl einmal |
|---|---|---|---|---|---|---|
| jede Zahl einmal | | | | | | |
| Differenz Nachbarn gleich | | | | | | |
| Nachbarn ungleich | | 8 | | | | |
| in eine Richtung steigend | | | | | | |
| Differenz Nachbarn 3 | | | | | | |
| Summe: 30 | | | | | | |

**1.4.8.** Die Zahlen sind gerade, größer als -5 und kleiner als 7.

|  |  |  | jede Zahl einmal | jede Zahl einmal |  |
|---|---|---|---|---|---|
| Differenz Nachbarn gleich |  |  |  |  |  |
| Differenz Nachbarn gleich |  |  |  |  |  |
| Nachbarn ungleich |  |  |  |  | Summe: 16 |
| Summe: 12 |  |  |  |  | jede Zahl einmal |
| kleiner als 5 |  |  |  |  | Summe: 6 |
| Summe: 18 | Faktor = 0 | in eine Richtung steigend |  |  |  |

**1.4.9.** Die Zahlen sind durch 3 teilbar, größer als -5 und kleiner als 13.

|  |  | jede Zahl einmal | jede Zahl einmal | jede Zahl einmal | Summe: 15 |  |
|---|---|---|---|---|---|---|
|  |  |  |  |  |  |  |
|  | gerade |  |  |  |  | Nachbarn ungleich |
|  | jede Zahlen einmal |  |  |  |  |  |
|  | ungerade |  |  |  |  | Summe: 6 |
|  | Nachbarn ungleich |  |  |  |  | Summe: 6 |
|  | Summe: 42 |  |  |  | Nachbarn ungleich | Summe: 6 |

**1.4.10.** Die Zahlen sind größer als -3 und kleiner als 4.

| Summe: -1 | Summe: 5 |  | Summe: 7 |  |  |
|---|---|---|---|---|---|
|  |  |  |  |  | Summe: 4 |
| Summe: -6 |  |  |  |  |  |
|  |  |  |  |  | Summe: 7 |
|  |  |  |  |  | Summe: 9 |
| Summe: 3 |  |  |  |  |  |
| Summe: 9 |  | Summe: -3 |  | Summe: 8 |  |

**1.5.1.** Die Zahlen sind gerade, größer als -1 und kleiner als 11.

|  |  | 4 verschiedene Zahlen |  | Summe: 42 |  |  |
|---|---|---|---|---|---|---|
| Summe: 8 |  |  |  |  |  |  |
|  |  |  |  |  |  | Summe: 12 |
|  |  | Differenz Nachbarn gleich |  |  |  | Summe: 40 |
|  |  |  |  |  |  | Summe: 4 |
|  | Summe: 20 |  |  |  |  | ein Drilling |
|  |  | Summe: 12 |  |  |  |  |

**1.5.2.** Die Zahlen sind größer als 3 und kleiner als 9.

|  |  |  |  | Summe: 35 | ungerade |  | Summe: 31 |
|---|---|---|---|---|---|---|---|
|  | Summe: 27 |  |  |  |  |  |  |
|  | Differenz Nachbarn gleich |  |  |  |  |  | jede Zahl einmal |
|  | Summe: 30 |  |  |  |  |  |  |
|  | 4 |  |  |  |  |  |  |
|  |  |  |  |  |  |  |  |
| Differenz Nachbarn gleich |  | jede Zahl einmal | Nachbarn ungleich | Summe: 29 |  | Differenz Nachbarn gleich |  |

**1.5.3.** Die Zahlen sind Primzahlen, größer als 28 und kleiner als 44.

|  |  |  |  |  |  |  |
|---|---|---|---|---|---|---|
| Differenz Nachbarn 2 |  |  |  |  |  |  |
| Differenz Nachbarn 8 |  |  |  |  |  |  |
| Differenz Nachbarn 4 |  |  |  |  |  |  |
| Differenz Nachbarn 6 |  |  |  |  |  |  |
| Differenz Nachbarn 2 |  |  |  |  |  |  |
|  | Differenz Nachbarn 4 | ein Drilling | Differenz Nachbarn gleich | ein Drilling | Differenz Nachbarn gleich |  |

**1.5.4.** Die Zahlen sind größer als -3 und kleiner als 5.

|  | Differenz Nachbarn 3 | gerade | Summe: 2 | Differenz Nachbarn gleich | in eine Richtung steigend | Nachbarn ungleich |  | Summe: 17 |  |
|---|---|---|---|---|---|---|---|---|---|
| Summe: 5 |  |  |  |  |  |  |  |  |  |
|  |  |  |  |  |  |  |  |  |  |
| Summe: -6 |  |  |  |  |  |  |  |  |  |
| jede Zahl einmal |  |  |  |  |  |  |  |  |  |
| Summe: 10 |  |  |  |  |  |  |  |  |  |
|  |  |  |  |  |  |  |  |  |  |
| Summe: -7 | 3 verschiedene Zahlen |  |  |  |  |  | Summe: 8 |  |  |

**1.5.5.** Die Zahlen sind größer als 7 und kleiner als 13.

| | | | | | | | Summe: 49 |
|---|---|---|---|---|---|---|---|
| Summe: 43 | jede Zahl einmal | | | | jede Zahl einmal | | |
| | jede Zahl einmal | | | | | | |
| | Differenz Nachbarn gleich | | | | | | |
| | Nachbarn ungleich | | | | | | Summe: 47 |
| | Differenz Nachbarn gleich | | | | | | |
| | Summe: 45 | | | | | | |
| | Differenz Nachbarn 2 | | Summe: 46 | | | jede Zahl einmal | |

**1.5.6.** Die Zahlen sind gerade, größer als -5 und kleiner als 7.

| Summe: 2 | | | jede Zahl einmal | 2 verschiedene Zahlen | Differenz Nachbarn 6 | |
|---|---|---|---|---|---|---|
| | | | | | | Summe: 0 |
| Differenz Nachbarn gleich | jede Zahl einmal | ein Drilling | jede Zahl einmal | | | Summe: 0 |
| | | | | | | |
| | jede Zahl einmal | | | | | |
| | jede Zahl einmal | Differenz Nachbarn gleich | | Differenz Nachbarn gleich | Faktor 0 | in eine Richtung steigend |

**1.5.7.** Die Zahlen sind ungerade, größer als 10 und kleiner als 20.

| | Primzahlen | Nachbarn ungleich | Nachbarn ungleich | Differenz Nachbarn 2 | Summe: 85 | | Differenz Nachbarn gleich | Differenz Nachbarn 4 |
|---|---|---|---|---|---|---|---|---|
| | | | | | | | | |
| | | | 11 | | | | | |
| jede Zahl einmal | | | | | | | | |
| | | 17 | | | | | | |
| Nachbarn ungleich | | | | | | | | |
| | | | | | | | | |
| keine Zahl einmal | Summe: 65 | Summe: 69 | | jede Zahl einmal | 2 Primzahlen | | Summe: 71 | |
| | | | | | | Nachbarn ungleich | Differenz Nachbarn gleich | Differenz Nachbarn 4 |

**1.5.8.** Die Zahlen sind größer als 1 und kleiner als 5.

|  |  |  |  | Summe: 11 |  | ein Vierling |
|---|---|---|---|---|---|---|
| Differenz Nachbarn gleich |  |  |  |  |  |  |
| Differenz Nachbarn 1 |  |  |  |  |  | Summe: 18 |
|  |  |  |  |  |  | zweimal ungerade |
| Differenz Nachbarn gleich |  |  |  |  |  |  |
| gerade |  |  |  |  |  | Nachbarn ungleich |
|  | Nachbarn ungleich |  |  |  |  | Nachbarn ungleich |

**1.5.9.** Die Zahlen sind größer als -3 und kleiner als 4.

|  |  | Summe: -5 | Summe: -4 |  |  | Summe: 5 |
|---|---|---|---|---|---|---|
|  |  |  | 3 |  |  |  |
| Summe: -8 |  |  |  |  |  |  |
| Summe: -3 |  |  |  |  |  |  |
| Summe: 9 |  |  |  |  |  |  |
| Summe: 3 |  |  |  |  |  |  |
|  | Summe: 4 |  |  | Summe: 6 |  | Summe: 12 |

**1.5.10.** Die Zahlen sind Primzahlen, größer als 0 und kleiner als 16.

|  | jede Zahle einmal | jede Zahl einmal | Summe: 31 | Summe: 46 | Summe: 30 |  | Differenz Nachbarn 3 |
|---|---|---|---|---|---|---|---|
| Summe: 30 |  |  |  | 11 |  |  |  |
| Differenz Nachbarn gleich |  |  |  |  |  |  | Summe: 23 |
| Nachbarn ungleich |  |  |  |  |  |  | zweimal gerade |
| Summe: 55 |  |  |  |  |  |  |  |
| viermal kleiner als 10 |  |  |  |  |  |  |  |
|  | Summe: 28 | Differenz Nachbarn gleich |  | jede Zahl einmal |  |  |  |

## 2. Rechenblöcke

### 2.1. Einweisung / Erläuterung

Gegeben ist ein Feld mit 4x4 Feldern. In den Zeilen und Spalten müssen die Zahlen 1 bis 4 verteilt werden. Jede Zahl ist pro Zeile und Spalte einmal vertreten. Analoge Bedingungen gelten für Spielfelder mit 5x5 und 6x6 Feldern.
Für die Verteilung der Zahlen gibt es bestimmte Kriterien, welche sich aus den Grundrechenarten ergeben. Ein Teil der Felder ist erkennbar in Graustufen markiert. In diesem Teil stehen ein Rechenzeichen und ein Ergebnis. Sie müssen nun die richtigen Zahlen finden, welche in die Felder geschrieben werden. Die Reihenfolge der Zahlen spielt dabei keine Rolle.

Hierzu ein paar Beispiele:

| Hinweis: / 3 |
|---|
| Im markierten Bereich können die 6 und die 2 stehen. |
| 6 / 2 = 3   (Die Lösung kann auch 1 und 3 sein) |
| Hinweis: + 16 |
| Im markierten Bereich können die 3, 6, 4 und 3 stehen. |
| 3 + 6 + 4 + 3 = 16 |
| Hinweis: - 3 |
| Im markierten Bereich können die 4 und die 1 stehen. |
| 4 − 1 = 3   (Die Lösung kann auch 5 und 2 sein) |
| Hinweis: x 12 |
| Im markierten Bereich können die 2 und die 6 stehen. |
| 2 x 6 = 12   (Die Lösung kann auch 1, 3 und 4 sein) |

Natürlich können auch andere Zahlenkombinationen die Ergebnisse ergeben. Die richtigen Zahlen zu finden ist eine der Herausforderungen auf dem Weg zur Lösung.

## 2.2. Feldgröße: 4 x 4 (Anspruch leicht)

Nutzen Sie die Felder unter den Aufgaben jeweils zur Lösung.
Ein Lösungsbeispiel finden Sie unter 2.2.1.

### 2.2.1.

| / | 2 | - | - |
|---|---|---|---|
| + | x | 2 | 1 |
| 5 | 4 | / | 2 |
| x | 12 | + | 3 |
| *1* | *2* | *3* | *4* |
| *2* | *4* | *1* | *3* |
| *3* | *1* | *4* | *2* |
| *4* | *3* | *2* | *1* |

### 2.2.2.

| x | 4 | + | 5 |
|---|---|---|---|
| + | 5 | x | - |
| - | / | 4 | 2 |
| 1 | 2 | / | 2 |
|   |   |   |   |
|   |   |   |   |
|   |   |   |   |
|   |   |   |   |

### 2.2.3.

| + |   | / | - |
|---|---|---|---|
| 8 | / | 2 | 2 |
| - | 2 | x | 12 |
| 1 | x | 8 |   |
|   |   |   |   |
|   |   |   |   |
|   |   |   |   |
|   |   |   |   |

### 2.2.4.

| x | + | 5 | - |
|---|---|---|---|
| 4 | + | 7 | 1 |
| / | 2 | / | x |
| - | 2 | 2 | 12 |
|   |   |   |   |
|   |   |   |   |
|   |   |   |   |
|   |   |   |   |

### 2.2.5.

| x | / | + | 5 |
|---|---|---|---|
| 12 | 2 | / | x |
| + | 4 | 2 | 4 |
| - | 2 | - | 2 |
|   |   |   |   |
|   |   |   |   |
|   |   |   |   |
|   |   |   |   |

### 2.2.6.

| x | + | / | 2 |
|---|---|---|---|
| 12 | 5 | - | 1 |
|   |   | - | + |
| x | 12 | 2 | 5 |
|   |   |   |   |
|   |   |   |   |
|   |   |   |   |
|   |   |   |   |

### 2.2.7.

| x | 3 | + | x |
|---|---|---|---|
| / | 2 | 5 | 4 |
| / | - | 1 | - |
| 2 | + | 5 | 1 |
|   |   |   |   |
|   |   |   |   |
|   |   |   |   |
|   |   |   |   |

### 2.2.8.

| x | 3 | x | / |
|---|---|---|---|
| + | 7 | 12 | 2 |
| - |   |   | - |
| 2 | + | 6 | 2 |
|   |   |   |   |
|   |   |   |   |
|   |   |   |   |
|   |   |   |   |

### 2.2.9.

| - | 1 | + | / |
|---|---|---|---|
| x | + | 5 | 2 |
| 4 | 4 | - | x |
| / | 2 | 1 | 3 |
|   |   |   |   |
|   |   |   |   |
|   |   |   |   |
|   |   |   |   |

### 2.2.10.

| - | x | / | 2 |
|---|---|---|---|
| 2 | 24 | + | 7 |
|   |   | - | x |
| + | 7 | 1 | 4 |
|   |   |   |   |
|   |   |   |   |
|   |   |   |   |
|   |   |   |   |

### 2.2.11.

| x | x | 3 | + |
|---|---|---|---|
| 4 | / | 2 | 5 |
| / | 2 | - | 2 |
| - | 2 | + | 6 |
|   |   |   |   |
|   |   |   |   |
|   |   |   |   |
|   |   |   |   |

### 2.2.12.

| / | 2 | x | - |
|---|---|---|---|
| + | x | 4 | 2 |
| 3 | 12 | + | 5 |
| - | 2 | / | 2 |
|   |   |   |   |
|   |   |   |   |
|   |   |   |   |
|   |   |   |   |

### 2.2.13.

| - | 2 | + | 7 |
|---|---|---|---|
| / | x |   | + |
| 2 | 4 | - | 6 |
| x | 6 | 1 |   |
|   |   |   |   |
|   |   |   |   |
|   |   |   |   |
|   |   |   |   |

### 2.2.14.

| x | 12 | - | + |
|---|---|---|---|
|   |   | 1 | 5 |
| x | + | / | 2 |
| 12 | 5 | - | 1 |
|   |   |   |   |
|   |   |   |   |
|   |   |   |   |
|   |   |   |   |

### 2.2.15.

| x | 4 | + | 6 |
|---|---|---|---|
| x | / | 2 |   |
| 6 | x | 4 |   |
| - | 2 | + | 9 |
|   |   |   |   |
|   |   |   |   |
|   |   |   |   |
|   |   |   |   |

### 2.2.16.

| - | x | 12 | + |
|---|---|---|---|
| 2 | x | / | 6 |
| / | 4 | 2 | - |
| 2 | + | 5 | 2 |
|   |   |   |   |
|   |   |   |   |
|   |   |   |   |
|   |   |   |   |

### 2.2.17.

| / | x | 48 | - |
|---|---|---|---|
| 2 |   | + | 2 |
| - | 1 | 6 | / |
| x | 4 |   | 2 |
|   |   |   |   |
|   |   |   |   |
|   |   |   |   |
|   |   |   |   |

### 2.2.18.

| + | 4 | / | 2 |
|---|---|---|---|
| x | x | - | 1 |
| 24 | 4 | + | 4 |
|   | - | 1 |   |
|   |   |   |   |
|   |   |   |   |
|   |   |   |   |
|   |   |   |   |

## 2.2.19.

| x  | 2 | / | -  |
|----|---|---|----|
| x  | + | 2 | 1  |
| 24 | 8 | - | 2  |
|    |   | / | 2  |
|    |   |   |    |
|    |   |   |    |
|    |   |   |    |
|    |   |   |    |

## 2.2.20.

| -  | 1 | +  | 5  |
|----|---|----|----|
| /  | 2 | x  | /  |
| x  | - | 3  | 2  |
| 4  | 1 | +  | 5  |
|    |   |    |    |
|    |   |    |    |
|    |   |    |    |
|    |   |    |    |

## 2.2.21.

| +  | 5 | -  | x  |
|----|---|----|----|
| /  | 2 | 1  | 3  |
| -  | + | /  | 2  |
| 1  | 4 | x  | 4  |
|    |   |    |    |
|    |   |    |    |
|    |   |    |    |
|    |   |    |    |

## 2.2.22.

| -  | + | /  | 2  |
|----|---|----|----|
| 1  | 5 | x  | -  |
| /  | 2 | 4  | 1  |
| x  | 4 | +  | 5  |
|    |   |    |    |
|    |   |    |    |
|    |   |    |    |
|    |   |    |    |

## 2.2.23.

| +  | 5 | /  | x  |
|----|---|----|----|
| x  | 6 | 2  | 12 |
| -  | - | 2  | /  |
| 1  | + | 6  | 2  |
|    |   |    |    |
|    |   |    |    |
|    |   |    |    |
|    |   |    |    |

## 2.2.24.

| /  | + | 6  | x  |
|----|---|----|----|
| 2  | - |    | 4  |
| -  | 2 |    | x  |
| 2  | + | 10 | 6  |
|    |   |    |    |
|    |   |    |    |
|    |   |    |    |
|    |   |    |    |

### 2.2.25.

| + | 5 | + | - |
|---|---|---|---|
| / | x | 7 | 1 |
| 2 | 6 | / | x |
| - | 1 | 2 | 4 |
|   |   |   |   |
|   |   |   |   |
|   |   |   |   |
|   |   |   |   |

### 2.2.26.

| + | 5 | / | x |
|---|---|---|---|
| x | - | 2 | 3 |
| 32 | 2 | + | 5 |
|   |   | - | 1 |
|   |   |   |   |
|   |   |   |   |
|   |   |   |   |
|   |   |   |   |

### 2.2.27.

| - | 2 | / | 2 |
|---|---|---|---|
| + | 5 | x | - |
| / | + | 3 | 1 |
| 2 | 5 | x | 4 |
|   |   |   |   |
|   |   |   |   |
|   |   |   |   |
|   |   |   |   |

### 2.2.28.

| - | + | 5 | / |
|---|---|---|---|
| 2 | x | / | 2 |
|   | 12 | 2 | - |
| x | 32 |   | 2 |
|   |   |   |   |
|   |   |   |   |
|   |   |   |   |
|   |   |   |   |

### 2.2.29.

| / | x | 6 | - |
|---|---|---|---|
| 2 | + | 5 | 2 |
| - | / | + | 5 |
| 2 | 2 | x | 4 |
|   |   |   |   |
|   |   |   |   |
|   |   |   |   |
|   |   |   |   |

### 2.2.30.

| + | 4 | / | / |
|---|---|---|---|
| + | x | 2 | 2 |
| 5 | 6 | - | x |
| - | 2 | 2 | 12 |
|   |   |   |   |
|   |   |   |   |
|   |   |   |   |
|   |   |   |   |

## 2.3. Feldgröße: 5 x 5 (Anspruch mittel)
Nutzen Sie die Felder neben den Aufgaben jeweils zur Lösung.

### 2.3.1.

| - | - | 1 | / | 2 |
|---|---|---|---|---|
| 2 | / | / | 2 | x |
| + | 2 | x | - | 15 |
| 5 |   | 3 | 3 |   |
| x | 200 |   | + | 8 |

### 2.3.2.

| - | 1 | x | 5 | / |
|---|---|---|---|---|
| x | - | 1 |   | 2 |
| 15 | + | 6 | + | 13 |
|   | / | 2 |   |   |
| + | 7 |   | x | 75 |

### 2.3.3.

| - | x | / | 2 | + |
|---|---|---|---|---|
| 2 | 20 | x | 5 | 5 |
| - | / | + | 7 |   |
| 1 | 2 | x | + | 8 |
| - | 1 | 3 | - | 1 |

## 2.3.4.

| x  | +  | 9  |    | x  |
|----|----|----|----|----|
| 40 | /  | x  | -  | 2  |
|    | 2  | 20 | 1  |    |
| -  | +  | /  | 2  | +  |
| 2  | 7  | -  | 3  | 12 |

| | | | | |
|--|--|--|--|--|
| | | | | |
| | | | | |
| | | | | |
| | | | | |

## 2.3.5.

| -  | x  | /  | x  | 20 |
|----|----|----|----|----|
| 1  | 5  | 2  | -  | 1  |
|    | +  | 13 | +  | x  |
| +  | -  |    | 7  | 12 |
| 8  | 1  | x  | 3  |    |

| | | | | |
|--|--|--|--|--|
| | | | | |
| | | | | |
| | | | | |
| | | | | |

## 2.3.6.

| -  | 2  |    | /  | 2  |
|----|----|----|----|----|
| +  | x  | 10 | x  | 4  |
| 5  | /  | +  | 12 |    |
| -  | 2  | -  | 2  |    |
| 3  | +  | 7  | x  | 10 |

| | | | | |
|--|--|--|--|--|
| | | | | |
| | | | | |
| | | | | |
| | | | | |

## 2.3.7.

| x  | 15 |    | /  | 2  |
|----|----|----|----|----|
| x  | 10 |    | +  | 9  |
| -  | +  | 9  | /  |    |
| 3  | +  | 9  | 2  | -  |
| -  | 1  | x  | 5  | 1  |

| | | | | |
|--|--|--|--|--|
| | | | | |
| | | | | |
| | | | | |
| | | | | |

## 2.3.8.

| + | 7 | + | 6 |   |
|---|---|---|---|---|
| - | 2 |   | x | 200 |
| - | x | 6 |   |   |
| 1 |   | x | 8 | x |
| + | 9 | - | 1 | 3 |

## 2.3.9.

| - | + | - | + | 7 |
|---|---|---|---|---|
| 1 | 5 | 3 | x | + |
| x | 4 | - | 3 | 5 |
| - |   | 2 | + | 5 |
| 1 | x | 10 | x | 20 |

## 2.3.10.

| - | / | x | 10 |   |
|---|---|---|---|---|
| 2 | 2 | - | + | 13 |
| x | x | 2 |   |   |
| 10 | 3 | + | 7 | + |
| - | 1 | - | 2 | 5 |

## 2.3.11.

|   | - | 3 | - | 3 |
|---|---|---|---|---|
| x | 30 | - | 1 | x |
|   | + | 12 | + | 12 |
| + | 7 |   | 10 | / |
| x | 12 |   |   | 2 |

## 2.3.12.

| x | 15 | - | 1 | x |
|---|---|---|---|---|
| + |   | + | 5 | 6 |
| 5 | / | - | - | + |
| - | 2 | 2 | 3 | 6 |
| 1 | / | 2 | x | 12 |

## 2.3.13.

| - | 2 | - | x | / |
|---|---|---|---|---|
| - |   | 2 | 4 | 2 |
| 1 | x | 10 | x | 6 |
| + | 7 | x | 10 | + |
| / | 2 | + | 7 | 6 |

## 2.3.14.

|   | x | 5 | - | + |
|---|---|---|---|---|
| + | 8 |   | 3 | 12 |
| x | / | x | 6 |   |
| 10 | 2 | - | + | / |
| - | 2 | 3 | 7 | 2 |

## 2.3.15.

| + | 6 | + | 5 | + |
|---|---|---|---|---|
| x | / | - | - | 6 |
| 12 | 2 | 2 | 3 | + |
| x | 6 | x | 20 | 6 |
| - | 1 | x | 6 |   |

## 2.3.16.

| | | | | |
|---|---|---|---|---|
| + | 10 | | - | 3 |
| + | 7 | / | 2 | x |
| - | - | 2 | + | 5 |
| 3 | | / | 12 | x |
| x | 4 | 2 | | 6 |

## 2.3.17.

| | | | | |
|---|---|---|---|---|
| x | x | 20 | / | - |
| 5 | + | 5 | 2 | 2 |
| + | - | 2 | - | 3 |
| 9 | / | + | - | 2 |
| | 2 | 5 | x | 10 |

## 2.3.18.

| | | | | |
|---|---|---|---|---|
| + | 5 | | x | - |
| / | + | 9 | 12 | 3 |
| 2 | | | x | 24 |
| x | 60 | + | 7 | - |
| - | 3 | - | 2 | 3 |

## 2.3.19.

| | | | | |
|---|---|---|---|---|
| x | x | - | / | 2 |
| 3 | 20 | 3 | / | - |
| + | 5 | - | 2 | 2 |
| x | - | 1 | + | 8 |
| 10 | 1 | + | 6 | |

## 2.3.20.

| + | -  | 1 | x  | 3  |
|---|----|---|----|----|
| 8 |    | + | 5  | -  |
| / | 2  | x | 12 | 1  |
| - | 1  | / | x  | 10 |
| - | 2  | 2 | +  | 5  |

|  |  |  |  |  |
|--|--|--|--|--|
|  |  |  |  |  |
|  |  |  |  |  |
|  |  |  |  |  |
|  |  |  |  |  |
|  |  |  |  |  |

## 2.3.21.

| x | +  | 5 | +  | 5 |
|---|----|---|----|---|
| 5 | -  | x | 10 | - |
| / | 2  | - | 1  | 3 |
| 2 |    | / | +  | - |
| x | 24 | 2 | 6  | 2 |

|  |  |  |  |  |
|--|--|--|--|--|
|  |  |  |  |  |
|  |  |  |  |  |
|  |  |  |  |  |
|  |  |  |  |  |
|  |  |  |  |  |

## 2.3.22.

| - | 1  | - | x | 6 |
|---|----|---|---|---|
| + | /  | 2 | - | 1 |
| 5 | 2  | + | 5 | + |
| x | 15 | / | 2 | 9 |
| x | 4  | - | 3 |   |

|  |  |  |  |  |
|--|--|--|--|--|
|  |  |  |  |  |
|  |  |  |  |  |
|  |  |  |  |  |
|  |  |  |  |  |
|  |  |  |  |  |

## 2.3.23.

|   | x  | 60 | / | - |
|---|----|----|---|---|
| + | 4  |    | 2 | 2 |
| - | x  | +  | 5 | x |
| 1 | 20 | -  | + | 8 |
| - | 3  | 2  | 6 |   |

|  |  |  |  |  |
|--|--|--|--|--|
|  |  |  |  |  |
|  |  |  |  |  |
|  |  |  |  |  |
|  |  |  |  |  |
|  |  |  |  |  |

## 2.3.24.

| + | 8 |   | - | 3 |
|---|---|---|---|---|
| - | x | - | x | 15 |
| 3 | 10 | 2 | / | 2 |
| / | 2 | + | + | x |
| - | 2 | 7 | 5 | 3 |

## 2.3.25.

| + | 5 | x | - | 2 |
|---|---|---|---|---|
| / | 2 | 6 | + | 6 |
| x | - | 3 | x | x |
| 5 | + | 7 | 6 | 8 |
| - | 2 | - | 3 |   |

## 2.3.26.

| x | 2 | - | 1 | + |
|---|---|---|---|---|
|   |   | + | - | 7 |
| x | 60 | 5 | 1 | - |
| - | x | x | 5 | 3 |
| 1 | 10 | + | 6 |   |

## 2.3.27.

| x | / | - | 2 | - |
|---|---|---|---|---|
| 20 | 2 | / | - | 1 |
| + | x | 2 | 3 | + |
| 6 | 15 |   |   | 5 |
|   | + | 11 | x | 50 |

## 2.3.28.

| + | 5 |    | x | 36 |
|---|---|----|---|----|
| - | x | 60 |   |    |
| 3 |   | -  | 3 |    |
| + | 10| x  | 5 | +  |
| - | 2 | /  | 2 | 9  |

## 2.3.29.

| /  | x  | + | x | 15 |
|----|----|---|---|----|
| 2  | 10 | 7 | / | x  |
|    | -  | 2 | 2 | 4  |
| +  | 12 | / | 2 | +  |
| -  | 3  | - | 2 | 7  |

## 2.3.30.

| - | -  | + | 5 | +  |
|---|----|---|---|----|
| 3 | 3  | + | 6 | 7  |
| x | 96 |   | x | 5  |
| - |    |   | - | 1  |
| 2 | x  | 2 | x | 20 |

## 2.4. Feldgröße: 6 x 6 (Anspruch schwer)
Nutzen Sie die Felder rechts der Aufgaben jeweils zur Lösung.

### 2.4.1.

| - | 2  | +  | 5 | -  | 4 |
|---|----|----|---|----|---|
| x | x  | +  | - | 1  | + |
| 6 | 12 | 9  | x | 24 | 5 |
| - | x  | 48 |   |    | + |
| 2 |    | /  | + |    | 7 |
| x | 10 | 3  | 7 | -  | 2 |

### 2.4.2.

| + |     | x  | - | 1 | /  |
|---|-----|----|---|---|----|
| 7 |     | 24 |   | - | 2  |
| x | 324 | +  | 10| 3 | x  |
|   | +   | -  | 4 |   | 12 |
| + | 9   |    | x | 6 | -  |
| 5 | x   | 12 | - | 2 | 1  |

### 2.4.3.

| + | x  | +   | 6  |   | + |
|---|----|-----|----|---|---|
| 5 | 30 | /   | /  | 2 | 7 |
| / |    | 2   | x  | - | 1 |
| 2 | x  | 120 | 12 | - | - |
| x | 30 |     | +  | 3 | 2 |
|   | /  | 2   | 9  | - | 3 |

## 2.4.4.

| / | + | - | + | 11 |   |
|---|---|---|---|----|---|
| 3 | 8 | 1 | - | /  | 2 |
| / | 2 | + | 4 | -  | x |
| x | / | 7 | - | 1  | 120 |
| 20| 2 |   | 1 |    |   |
| + | 5 | x | 12| x  | 90 |

## 2.4.5.

| x | x  | 360 |   | + | 9 |
|---|----|-----|---|---|---|
| 10| -  |     | + | 6 |   |
|   | 2  | -   | - | - | + |
| / | 2  | 3   | 3 | 1 | 7 |
| - | 2  | /   | 3 | x | 120 |
| x | 18 |     | + | 7 |   |

## 2.4.6.

| - | x  | / | 2  | x | 60 |
|---|----|---|----|---|----|
| 2 | 12 | + | -  |   |    |
| + | 7  | 9 | 3  | / | 2  |
| - | 4  | x | 60 | - | x  |
| / | +  | 5 |    | 2 | 15 |
| 2 | +  | 7 | -  | 1 |    |

## 2.4.7.

| x | 40 |     | x | 12 |   |
|---|----|-----|---|----|---|
|   | x  | 360 | + | -  | 2 |
| + | 14 |     | 8 | -  | + |
|   | x  | /   | - | 4  | 7 |
|   | 18 | 2   | 2 | /  | 2 |
| / | 3  | /   | 2 | -  | 1 |

## 2.4.8.

| - | 2 | +  | / | -  | / |
|---|---|----|---|----|---|
| - | x | 8  | 3 | 3  | 3 |
| 2 | 4 |    |   | x  | - |
| - | 1 | x  | 24| 6  | 1 |
| x | 6 |    | + | 9  | + |
|   | + | 12 | / | 2  | 6 |

## 2.4.9.

| + | 5 | -  | 1 | x | 36 |
|---|---|----|---|---|----|
| + | / | 3  | x |   |    |
| 6 | x | 24 | 6 | x | 40 |
| / | / |    | - | + | 7  |
| 2 | 2 |    | 4 | + | -  |
| - | 1 | x  | 72| 5 | 4  |

## 2.4.10.

| + | - | - | 2 | / | - |
|---|---|---|---|---|---|
| 9 | 2 | + | + | 3 | 3 |
| + | 8 | 7 | 5 | - | / |
| x | x | 6 | - | 2 | 3 |
| 8 | x | / | 3 | x | 120 |
|   | 30 | 3 | x | 6 |   |

## 2.4.11.

| x | 2400 |   | x | 18 | / |
|---|---|---|---|---|---|
|   |   | x | 6 |   | 2 |
| + | 8 | / | 2 | + | - |
| - | + | 12 |   | 7 | 2 |
| 4 |   |   | - | - | 2 |
| x | 12 |   | 2 | + | 9 |

## 2.4.12.

| / | + | 8 | x | 5 | x |
|---|---|---|---|---|---|
| 2 | x | + | + | 5 | 12 |
| + | 6 | 8 | - | - | / |
| 7 |   |   | 1 | 2 | 2 |
| - | - | x | 72 | x | - |
| 3 | 1 | / | 2 | 6 | 1 |

## 2.4.13.

| + | 9 | - | x | 12 | - |
|---|---|---|---|---|---|
| / |   | - | 1 |   | 1 |
| 3 | 1 | x |   | + | 9 |
| + | / | 6 | + | 9 |   |
| 5 | 3 | x | 10 | x | 90 |
| x | 6 | - | 1 | - | 3 |

## 2.4.14.

|   | x | 36 |   | - | 3 |
|---|---|---|---|---|---|
| x | 15 | - | + | 7 | - |
| + | - | 2 | x |   | 1 |
| 5 | 3 | / | 12 | x | 36 |
| + | 8 | 3 | x | 120 |   |
| - | 2 | + | 6 |   |   |

## 2.4.15.

| - | 2 | + | 5 | - | x |
|---|---|---|---|---|---|
| / | x | 6 | / | 2 | 10 |
| 2 |   | - | 2 | + | 12 |
| x | 72 | 3 | / | 2 |   |
| - | / | 2 | + | / | x |
| 2 | + | 8 | 7 | 3 | 6 |

## 2.4.16.

| + | / | / | 3 | - | - |
|---|---|---|---|---|---|
| 6 | 3 | - | - | 1 | 1 |
| x | / | 2 | 3 | x | + |
| 12 | 2 | / | 3 | 12 | 6 |
| x | - | + | 8 | / | 2 |
| 12 | 1 | + | 5 | x | 12 |

## 2.4.17.

| + | 9 | / | 2 | / | - |
|---|---|---|---|---|---|
| x | 15 |   | + | 2 | 1 |
| / | - | 4 | 9 | - | + |
| 2 | / | x | 4 | 1 | 5 |
|   | 3 | - | - | 4 | x |
| x | 60 | 2 | + | 5 | 6 |

## 2.4.18.

| + | 12 |   | - | + | / |
|---|---|---|---|---|---|
|   | + | 5 | 3 | 9 | 2 |
| / | x | 40 |   | + | 9 |
| 3 |   |   | - | - | 1 |
| - | x | - | 3 | x | 12 |
| 1 | 36 | 1 | x | 6 |   |

## 2.4.19.

| x |   | - | 1 | - | / |
|---|---|---|---|---|---|
| 6 | 1 | - | 3 | 3 | 2 |
| x | 18 | / | / | + | 9 |
| x | 60 | 3 | 2 | / | + |
|   |   | + | 8 | 2 | 10 |
| x | 4 | / | 3 | + | 8 |

## 2.4.20.

| + | + | - | 1 | / | - |
|---|---|---|---|---|---|
| 6 | 5 | / | 2 | 2 | 1 |
| + | 8 |   | - | x | 12 |
| x | 12 |   | 1 | - | - |
| / | x | x | / | 4 | 1 |
| 2 | 12 | 120 | 3 | + | 6 |

## 2.4.21.

| / | 2 | + | - | 1 | - |
|---|---|---|---|---|---|
| x | 12 | 7 | / | x | 1 |
| - | x | 10 | 3 | 12 | / |
| 1 | + | 9 | - | 3 | 2 |
| + | 5 | - | 1 | + | / |
| x | 12 | / | 2 | 7 | 2 |

## 2.4.22.

| /  | 2 | -  | 2 | /  | -  |
|----|---|----|---|----|----|
| /  | / | +  | x | 2  | 4  |
| 2  | 2 | 6  | 6 | +  | +  |
| -  | 2 | /  | - | 6  | 6  |
| x  | x | 2  | 2 | -  | 2  |
| 30 | 4 | +  | 6 | x  | 6  |

## 2.4.23.

| x | 6  | +  | 14 |    |    |
|---|----|----|----|----|----|
| x | 15 |    | -  | +  | x  |
| - | 3  | -  | 1  | 7  | 24 |
| x | 32 | 1  | +  | 20 |    |
| / |    | +  |    |    | -  |
| 2 |    | 11 | /  | 2  | 1  |

## 2.4.24.

| + | 12 |   | +   | 16 | -  |
|---|----|---|-----|----|----|
| x | /  | - |     |    | 1  |
| 6 | 2  | 1 | /   | /  | +  |
| + | 9  |   | 3   | 3  | 9  |
| - | 3  | x | 450 |    | x  |
| - | 3  |   | x   | 24 | 6  |

## 2.4.25.

| / | 2 | - | 2 | - | 2 |
|---|---|---|---|---|---|
| - | - | 1 |   | / | 2 |
| 3 |   | + | 7 | - | 4 |
| / | x | x | + | 8 |   |
| 2 | 40 | 6 |   | + | 10 |
| + | 8 | x | 16 | x | 6 |

## 2.4.26.

| - | 2 | x | 25 | - | 1 |
|---|---|---|---|---|---|
| x | 12 |   | + | 8 | - |
| + |   | / | / |   | 1 |
| 6 | + | 2 | 2 | x | 30 |
| / | 9 | + | 10 | x | 10 |
| 2 | / | 2 | - | 1 |   |

## 2.4.27.

| - | x | - | 1 | - | 3 |
|---|---|---|---|---|---|
| 2 | 6 | + | x | 48 |   |
| / | + | 9 | + | - | 1 |
| 3 | 5 | x | 6 | x | 12 |
| + | 9 | 6 | x | 12 | + |
| - | 3 | / | 2 |   | 6 |

## 2.4.28.

| + | + | 8 |   | x | 18 |
|---|---|---|---|---|----|
| 9 | + | / | 3 | x |    |
| / | 9 | - | 2 | 15 | / |
| 2 |   | - | 1 |   | 2 |
| x | 6 | / | - | - | 2 |
| x | 6 | 3 | 1 | + | 7 |

## 2.4.29.

| x | 12 | / | 3 |   | - |
|---|----|---|---|---|---|
|   |    |   | + | 9 | 1 |
| + | 9  | x | 40 | + | / |
| x | -  | / | 3 | 9 | 3 |
| 12| 1  | x | - | 3 | / |
| + | 7  | 4 | - | 2 | 3 |

## 2.4.30.

| / | 2  | -  | 2 | - | x  |
|---|----|----|---|---|----|
| + | x  | -  | 3 | 1 | 12 |
| 8 | 18 | /  | 2 | / | -  |
| x |    |    | / | 2 | 2  |
| 24| +  | 12 | 2 | + | 9  |
| x | 12 |    | + | 8 |    |

## 2.5. Feldgröße: 6 x 6 (Anspruch extrem)
Nutzen Sie die Felder rechts der Aufgaben jeweils zur Lösung.

### 2.5.1.

| + | 9 |    | +  | /  | x  |
|---|---|----|----|----|----|
| - | x | 36 | 7  | 2  | 18 |
| 1 | - |    | -  | 2  |    |
| x | 4 | x  | 6  | -  | 1  |
| 36| + | 16 | /  | 3  | -  |
|   |   |    | +  | 6  | 3  |

### 2.5.2.

| x | 6 | -  | /  | +  | +  |
|---|---|----|----|----|----|
| x | - | 3  | 2  | 7  | 9  |
| 6 | 1 | x  | 12 | /  | 2  |
| - | 1 | /  |    |    |    |
| + | / | 3  | +  | 21 |    |
| 6 | 3 | -  | 3  | x  | 6  |

### 2.5.3.

| - | -  | -  | x  | -  | 4  |
|---|----|----|----|----|----|
| 2 | 1  | 3  | 6  | x  | 12 |
| + | 11 |    | -  | 2  |    |
|   |    | x  | 18 | +  | 7  |
| + | 8  | /  | 2  | /  | x  |
| / | 3  | +  | 8  | 3  | 20 |

## 2.5.4.

| - | x | 30 |   | / | 3 |
|---|---|---|---|---|---|
| 3 |   | x | 16 | / | 2 |
| + | 14 |   | x | 12 | / |
| + | - | 1 | - | + | 2 |
| 9 |   | x | 4 | 9 | - |
| + | 8 | 6 | / | 3 | 1 |

## 2.5.5.

| - | 2 | + | - | 1 | - |
|---|---|---|---|---|---|
| + | 5 | 8 | / | 2 | 3 |
| / | 2 | + | 9 | x | 216 |
| x | 30 | x | 12 | x |   |
| / |   |   | / | 5 |   |
| 2 | + | 12 | 2 | - | 3 |

## 2.5.6.

| - | - | 1 |   | / | 3 |
|---|---|---|---|---|---|
| 2 |   | x | 48 | x | x |
| + | 8 | - |   | 12 | 15 |
| + | - | 1 | / | 2 |   |
| 12 | 3 |   | + | 7 | - |
|   | x | 18 | + | 8 | 2 |

## 2.5.7.

| + | x | - | 1 | x | 72 |
|---|---|---|---|---|----|
| 9 | 12 | + | - |   |    |
| / | - | 5 | 4 | + | /  |
| 3 | 1 | x | / | 8 | 2  |
| / | 2 | 12 | 2 | - | +  |
| x | 12 | - | 1 | 3 | 8  |

## 2.5.8.

| - | 1 | x | 6 | + | 7 |
|---|---|---|---|---|---|
| / | 2 |   | x | 30 |   |
| - | + | x | 6 | x | 6 |
| 1 | 7 | + | 7 | - | 1 |
| / | 3 | - | 1 | x | 36 |
| + | 11 |   |   | - | 3 |

## 2.5.9.

| / | 2 | - | 3 | / | - |
|---|---|---|---|---|---|
| + | 7 | + | - | 2 | 1 |
| x | 6 | 9 | 2 | / | 2 |
| / | - | 1 | - | + | x |
| 2 | x | 20 | 2 | 8 | 6 |
| + | 9 |   | x | 36 |   |

## 2.5.10.

| + | + | + | 8 | / | 3 |
|---|---|---|---|---|---|
| 10 | 7 | / | 2 | - | 2 |
|   |   | x | 18 | - | 2 |
| x | 30 |   | x | + | 10 |
| x | 6 | / | 120 | - |   |
| - | 2 | 2 |   | 4 |   |

## 2.5.11.

| - | x | 6 | / | + | 10 |
|---|---|---|---|---|---|
| 2 | + | 8 | 2 |   |   |
| - | - | x | + | 10 |   |
| 4 | 4 | 12 | - | 1 |   |
| / | 2 | + | 6 | x | x |
| - | 2 | / | 3 | 6 | 72 |

## 2.5.12.

| / | x | + | 6 | - | / |
|---|---|---|---|---|---|
| 2 | 15 | / | x | 2 | 2 |
| x | 48 | 2 | 6 | - | 1 |
|   |   |   | - | - | 2 |
| + | + | 5 | 2 | x | 24 |
| 8 | / | 3 | + | 6 |   |

## 2.5.13.

| -   | +   | 7   | /   | 2   | +   |
|-----|-----|-----|-----|-----|-----|
| 3   |     | +   | 5   |     | 6   |
| x   | 120 | +   | -   | x   | 36  |
| /   |     | 6   | 1   | -   | /   |
| 2   | x   | 48  | -   | 3   | 3   |
| x   | 6   |     | 4   | -   | 1   |

## 2.5.14.

| /   | 2   | +   | 6   | x   | x   |
|-----|-----|-----|-----|-----|-----|
| /   | 2   | +   | 9   | 12  | 12  |
| -   | /   | 2   | x   | /   | 3   |
| 1   | -   | -   | 6   | +   | 6   |
| -   | 2   | 1   |     |     | -   |
| 3   | +   | 8   | x   | 180 | 4   |

## 2.5.15.

| +   | -   | 1   | -   | +   | /   |
|-----|-----|-----|-----|-----|-----|
| 9   | /   | -   | 2   | 6   | 2   |
| x   | 2   | 2   | x   | 6   | -   |
| 20  | +   | /   | -   | 3   | 2   |
| /   | 9   | 2   | x   | 60  |     |
| 2   | x   | 20  |     | +   | 9   |

## 2.5.16.

| + | 7  | +  | 9 | x | x   |
|---|----|----|---|---|-----|
| x | 20 | /  | 3 | 6 | 240 |
|   |    | /  | - | 2 |     |
| x | 18 | 2  | - | 1 |     |
| + | 7  | +  | - | 1 | /   |
| - | 2  | 11 | / | 2 | 3   |

## 2.5.17.

| x | 10 |   | -  | 2  | +  |
|---|----|---|----|----|----|
|   | -  | x | 72 | x  | 11 |
|   | 1  |   | -  | 24 |    |
| + | 12 |   | 3  | -  | 3  |
| / | x  | + | 7  | /  | +  |
| 2 | 6  | - | 1  | 2  | 8  |

## 2.5.18.

| +  |   | +  | 12 | /  | 2  |
|----|---|----|----|----|----|
| 8  | + | x  | /  | 2  | x  |
| /  | 5 | 6  | -  | 1  | 6  |
| 2  | / | -  | -  | /  | 3  |
| x  | 3 | 2  | 3  |    | +  |
| 6  | - | 2  | x  | 6  | 9  |

## 2.5.19.

| x | 6  | +  | 9  | +  | 10 |
|---|----|----|----|----|----|
|   | /  | 3  | -  | 4  |    |
| x | 20 | -  | /  | 2  | -  |
| / | +  | 1  | x  | 18 | 1  |
| 2 | 7  | +  |    |    | /  |
| - | 1  | 7  | x  | 30 | 2  |

## 2.5.20.

| -  | 3  | -  | -  | -  | 2  |
|----|----|----|----|----|----|
| /  | 3  | 3  | 2  | x  | 12 |
|    | /  | 2  | /  |    |    |
| x  | 60 |    | 3  | +  | x  |
| +  | /  | +  |    | 8  | 60 |
| 7  | 2  | 13 | x  | 8  |    |

## 2.5.21.

| -  |    | -  | /  | 2  | /  |
|----|----|----|----|----|----|
| 2  |    | 3  |    | -  | 2  |
| x  | 36 | x  | 60 | 3  | +  |
|    | -  | 1  | x  | 6  | 6  |
| x  | 8  | +  | +  | +  | /  |
| -  | 2  | 8  | 5  | 7  | 2  |

## 2.5.22.

| + | - |   | x | 720 |   |
|---|---|---|---|-----|---|
| 8 | 2 | / | / | x   |   |
| / |   | 3 | 2 | 6   | + |
| 3 | x | 60| + | -   | 6 |
| - | x | / | 6 | 2   | - |
| 3 | 6 | 3 | + | 8   | 1 |

## 2.5.23.

| - | + | 9  | x  | x | 15 |
|---|---|----|----|---|----|
| 2 | - | 1  | 12 |   | /  |
| + | 9 |    | x  |   | 2  |
| + | 10| x  | 20 | + | 10 |
|   |   | 60 |    | / | 2  |
| / | 2 | -  | 2  | - | 1  |

## 2.5.24.

| - | 2 |    | /  | 2 | x  |
|---|---|----|----|---|----|
|   | x | 36 | +  | 7 | 5  |
| x | 15| -  | 1  | / | 2  |
| + | 9 | +  | +  | x | 12 |
| x | / | 6  | 9  | - | 1  |
| 6 | 2 | -  | 3  | - | 1  |

## 2.5.25.

| / | + | x | x | 360 |   |
|---|---|---|---|---|---|
| 3 | 6 | 6 | - |   | / |
| - |   | - | 1 | - | 2 |
| 3 |   | 1 | / | 1 |   |
| x | 90 |   | 2 | + | + |
| + | 10 | x | 18 | 5 | 12 |

## 2.5.26.

| + | / | 2 | / | 2 | + |
|---|---|---|---|---|---|
| 6 | - | - | x | 12 | 7 |
| x | 3 | 1 | x | 12 |   |
| 12 | x | 60 |   | - | 2 |
| / | 2 | / | / | + | 9 |
| + | 7 | 3 | 3 | - | 3 |

## 2.5.27.

| / | x | + | - | 1 | x |
|---|---|---|---|---|---|
| 2 | 12 | 6 | + |   | 12 |
| / | x | + | 9 | x | 30 |
| 2 | 20 | 10 | + |   |   |
| - | - | 1 | 7 | - | / |
| 1 | / | 3 |   | 1 | 3 |

## 2.5.28.

| - | 2 |   | - | 2 | + |
|---|---|---|---|---|---|
| + | x | 6 | - | 2 | 6 |
| 7 | + | / | 2 | x | 6 |
| x | 8 | / | 3 | + | x |
| 12 |   | - | 2 | 7 | 12 |
| - | 1 | + | 6 | x | 12 |

## 2.5.29.

| / | 2 | - | - | 1 |   |
|---|---|---|---|---|---|
| x | + | 4 | + | 5 | x |
| 6 | 9 | - | 1 | x | 30 |
| + | 8 | - | 1 | 40 | + |
| - | / | / | / |   | 7 |
| 1 | 2 | 2 | 3 | x | 12 |

## 2.5.30.

| - | 1 | x | 540 |   | + |
|---|---|---|---|---|---|
| / | 2 | + |   | / | 9 |
| x | + | 5 | - | 3 | - |
| 30 | 7 | - | 3 |   | 1 |
|   |   | 2 | - | + | x |
| x | 180 |   | 3 | 12 | 6 |

# 3. Zahlenfolgen

## 3.1. Einweisung / Erläuterung

Sie erhalten eine Zahlenfolge zum weiter führen. Jede Zahlenfolge hat einen bestimmten Algorithmus, welcher vorab herausgefunden werden muss.
Jede Zahlenfolge muss mindestens eine Zahl der Wiederholung abbilden. Ansonsten wäre keine zuverlässige Lösung möglich.

Beispiel:
Algorithmus: +3, +2, -6
lösbare Zahlenfolge: 5, 8, 10, 4, 7
nicht lösbare Zahlenfolge: 2, 5, 7, 1

In der lösbaren Zahlenfolge ist der letzte Schritt die Addition der 3, was der erste Schritt des Algorithmuses ist. Somit kann auf eine Wiederholung geschlossen werden. In der nicht lösbaren Zahlenfolge beginnt der Algorithmus nicht wieder von Beginn an, weshalb kein Schema zu schlussfolgern ist.
Jede Zahlenfolge zeigt also mindestens eine Stelle der Wiederholung. Natürlich können auch mehre Stellen der Zahlenfolge Teil der Wiederholung sein. Dies gilt es zu erkennen.

Die erste Zahl der Folge ist willkürlich gewählt. Im Beispiel sind das die 5 und die 2. Aus dieser Zahl kann also nicht auf einen Schritt des Algorithmuses geschlossen werden.

Zur Lösung gehören immer ausschließlich ganze Zahlen.

## 3.2. Schwierigkeit: leicht
(Addition und Subtraktion)

3.2.1.   3 | 9 | 11 | 10 | 16 | 18 ___ ___ ___
3.2.2.   -1 | 3 | 2 | -5 | -1 ___ ___ ___
3.2.3.   9 | 5 | 1 | -3 ___ ___ ___
3.2.4.   12 | 6 | 3 | -1 | -7 | -10 ___ ___ ___
3.2.5.   1 | -1 | 2 | -2 | -4 | -1 ___ ___ ___
3.2.6.   9 | 2 | 8 | 2 | 7 | 0 ___ ___ ___
3.2.7.   -2 | 1 | 3 | -1 | 2 ___ ___ ___
3.2.8.   2 | -2 | -8 | -10 | -9 | -13 | -19 ___ ___ ___
3.2.9.   16 | 7 | 11 | 2 | 6 ___ ___ ___
3.2.10.  0 | 1 | 3 | 6 | 10 | 11 | 13 ___ ___ ___
3.2.11.  -3 | -7 | -8 | -4 | -8 | -9 | -5 ___ ___ ___
3.2.12.  10 | 9 | 10 | 12 | 9 | 8 ___ ___ ___
3.2.13.  -6 | -1 | -4 | -6 | -1 ___ ___ ___
3.2.14.  1 | 0 | -3 | -1 | 2 | 3 | 2 | -1 ___ ___ ___
3.2.15.  -2 | 9 | 4 | -1 | 10 | 5 ___ ___ ___
3.2.16.  14 | 16 | 19 | 15 | 10 | 12 ___ ___ ___
3.2.17.  -4 | -3 | -2 | -1 | 1 | 2 ___ ___ ___
3.2.18.  5 | 3 | 7 | 5 | 9 ___ ___ ___
3.2.19.  5 | 8 | 10 | 9 | 11 | 14 | 16 | 15 ___ ___ ___
3.2.20.  2 | -1 | -4 | -7 | -1 | -4 ___ ___ ___
3.2.21.  -1 | 0 | 0 | -4 | -3 ___ ___ ___

3.2.22.  10 | 3 | 8 | 5 | 6 | -1 | 4 | 1  ___ ___ ___
3.2.23.  -3 | -4 | 2 | -2 | -3  ___ ___ ___
3.2.24.  -14 | -15 | -16 | -15 | -14 | -15  ___ ___ ___
3.2.25.  1 | 6 | 8 | 5 | 6 | 11 | 13  ___ ___ ___
3.2.26.  6 | -4 | -3 | 0 | 4 | -6  ___ ___ ___
3.2.27.  10 | 12 | 10 | 12 | 14 | 16  ___ ___ ___
3.2.28.  5 | -2 | 1 | 5 | 6 | -1 | 2 | 6  ___ ___ ___
3.2.29.  1 | 6 | 10 | 15 | 19 | 24  ___ ___ ___
3.2.30.  -10 | -5 | -9 | -6 | -8 | -7 | -12 | -7  ___ ___ ___
3.2.31.  5 | 4 | 7 | 6 | 8 | 7  ___ ___ ___
3.2.32.  9 | 6 | 3 | 0  ___ ___ ___
3.2.33.  8 | 4 | 7 | 13 | 11 | 7 | 10 | 16 | 14  ___ ___ ___
3.2.34.  -15 | -12 | -17 | -13 | -10 | -15  ___ ___ ___
3.2.35.  1 | 10 | 6 | 14 | 12 | 21 | 17 | 25  ___ ___ ___
3.2.36.  -1 | -2 | -4 | -2 | -4 | -5 | -6 | -8  ___ ___ ___
3.2.37.  -4 | -9 | -12 | -4 | -3 | -8 | -11  ___ ___ ___
3.2.38.  1 | 2 | 0 | -3 | 2 | 0 | 1  ___ ___ ___
3.2.39.  -2 | -6 | -9 | -13 | -12 | -16  ___ ___ ___
3.2.40.  0 | 5 | -5 | -10 | 0 | 5 | 10  ___ ___ ___
3.2.41.  10 | 9 | 7 | 4 | 9 | 8 | 6 | 3  ___ ___ ___
3.2.42.  4 | 6 | 9 | 11  ___ ___ ___
3.2.43.  6 | 6 | 2 | 5 | 7 | 4 | 4  ___ ___ ___
3.2.44.  -4 | 5 | 0 | -2 | 7 | 2  ___ ___ ___

3.2.45.  1 | 2 | 3 | 4 | 5 | 7 | 8 ___ ___ ___
3.2.46.  8 | 10 | 12 | 10 | 13 | 11 | 13 ___ ___ ___
3.2.47.  1 | 0 | 2 | 1 | 3 ___ ___ ___
3.2.48.  -9 | -5 | -6 | -7 | -8 | -4 | -5 ___ ___ ___
3.2.49.  -3 | 5 | 12 | 11 | 19 | 26 ___ ___ ___
3.2.50.  -3 | -4 | -3 | -5 | -6 ___ ___ ___


## 3.3. Schwierigkeit: mittel
**(Addition, Subtraktion, Multiplikation und Division)**

3.3.1.   5 | 3 | 6 | 8 | 6 | 12 ___ ___ ___
3.3.2.   -2 | 2 | 5 | 7 | -7 | -4 | -2 ___ ___ ___
3.3.3.   2 | 12 | 6 | 36 | 18 ___ ___ ___
3.3.4.   6 | 3 | 5 | -3 | -6 | -4 ___ ___ ___
3.3.5.   -2 | 4 | 2 | 3 | -6 | -3 | -2 ___ ___ ___
3.3.6.   0 | 0 | 3 | -2 | -6 ___ ___ ___
3.3.7.   2 | 6 | 4 | 12 | 10 ___ ___ ___
3.3.8.   -3 | -6 | -8 | -4 | -8 | -10 | -5 ___ ___ ___
3.3.9.   -2 | -3 | 6 | 3 | 2 | -4 | -7 | -8 ___ ___ ___
3.3.10.  10 | 5 | 3 | -2 | 5 | 0 ___ ___ ___
3.3.11.  -2 | 1 | 3 | 1 | 4 | 12 | 10 ___ ___ ___
3.3.12.  -1 | 1 | 4 | -4 | -1 ___ ___ ___
3.3.13.  20 | 10 | 12 | 6 | 8 ___ ___ ___

3.3.14. 4 | 2 | 5 | 3 | 7 | 14 | 7 ___ ___ ___
3.3.15. -5 | 15 | 6 | -18 | -27 ___ ___ ___
3.3.16. 7 | 14 |8 | -4 | 3 | -3 ___ ___ ___
3.3.17. 1 | -4 | -2 | 8 | 4 ___ ___ ___
3.3.18. 5 | 10 | 7 | 5 | 9 | 13 | 2 | 4 ___ ___ ___
3.3.19. 5 | -3 | | 7 | 12 | 16 | 8 ___ ___ ___
3.3.20. 1 | -2 | 4 | -8 ___ ___ ___
3.3.21. 2 | 12 | 4 | 3 | 18 | 6 | 5 | ___ ___ ___
3.3.22. 2 | 8 | 4 | -12 | -48 | -24 | 72 ___ ___ ___
3.3.23. 3 | 6 | 2 | -7 | -4 | -8 ___ ___ ___
3.3.24. -3 | -6 | -2 | -4 | 0 | 0 ___ ___ ___
3.3.25. 7 | 4 | 2 | -1 | -4 | -2 | -5 ___ ___ ___
3.3.26. -13 | -8 | -4 | 3 | 8 | 4 | 11 ___ ___ ___
3.3.27. 7 | 4 | -2 | 3 | 11 ___ ___ ___
3.3.28. -1 | 2 | 8 | 3 | 4 | 7 | 13 ___ ___ ___
3.3.29. 3 | 1 | 6 | 2 | 12 | 4 ___ ___ ___
3.3.30. -2 | 1 | 4 | 2 | -1 | -4 | -6 ___ ___ ___
3.3.31. 16 | 8 | 10 | 8 | 4 ___ ___ ___
3.3.32. -9 |-8 |-4 | -1 | 1 | 2 | 1 | 4 | -4 ___
3.3.33. 8 | 6 | 3 | 12| 6 | 4 | 2 | 8 | 4 ___ ___ ___
3.3.34. 4 | 8 | 6 | 4 | 3 | 0 | 0 ___ ___ ___
3.3.35. 1 | 3 | -3 | -1 | 1 | ___ ___ ___
3.3.36. 10 | 5 | 15 | -30 | -15 | -45 | 90 ___ ___ ___

3.3.37. 9 | 6 | 3 | 0 | 0 ___
3.3.38. 5 | 9 | 12 | 8 | 4 | 8 | 11 | 7 | 3 ___ ___ ___
3.3.39. 64 | 32 | 16 | 8 | 4 | ___ ___ ___
3.3.40. 11 | 14 | 7 | 9 | 12 ___ ___ ___ ___
3.3.41. 11 | 66 | 22 | 10 | 60 | 16 ___ ___ ___
3.3.42. 9 | 3 | 18 | 15 | 12 | 4 ___ ___ ___
3.3.43. 4 | 12 | 6 | 14 | 8 | 16 ___ ___ ___
3.3.44. -1 | 1 | -1 | 1 | -1 | 1 | -1 | -3 | -1 | -3 | -1 ___ ___ ___
3.3.45. 4 | 2 | -4 | -6 | -8 | -4 | 8 ___ ___ ___
3.3.46. 3 | 8 | 10 | 5 | 10 | 12 | 7 ___ ___ ___
3.3.47. -6 | -3 | -12 | -6 | -24 | -12 ___ ___ ___
3.3.48. 8 | -4 | -8 | 4 | 0 | 0 | 0 | 0 | -4 ___ ___ ___
3.3.49. 7 | 1 | -3 | 5 | -1 | 3 | 11 | 5 ___ ___ ___
3.3.50. 2 | 1 | 2 | 3 | 2 | 3 | 4 | 3 ___ ___ ___


**3.4. Schwierigkeit: schwer
(Grundrechenarten und mehrfache Rechenschritte)**

3.4.1.  3 | 7 | -7 | -23 | 23 ___ ___
3.4.2.  -5 | -8 | -4 | -13 | -16 | -6 | -15 ___
3.4.3.  5 | 3 | -1 | -9 | -25 ___ ___ ___
3.4.4.  3 | 12 | 10 | 5 | 7 | 28 | 26 | 13 | 15 ___ ___ ___
3.4.5.  3 | -7 | -5 -1 | 1 | 3 | 7 ___ ___ ___

3.4.6. 3 | 9 | 5 | 17 | 13 | 49 ___ ___
3.4.7. -6 | -3 | -8 | -10 | -5 | -16 | -18 ___ ___ ___
3.4.8. 10 | 8 | 6 | 4 ___ ___ ___
3.4.9. 6 | -18 | -26 | -6 | 18 | 46 | 66 ___ ___ ___
3.4.10. 9 | 4 | 12 | 15 | 6 | 18 | 21 | 8 ___ ___ ___
3.4.11. -12 | -20 | -18 | -8 | -4 | -12 | -10 | -4 | 0 ___ ___ ___
3.4.12. -1 | -1 | 4 | 1 | 5 | 10 | -7 ___ ___ ___
3.4.13. 6 | 3 | 8 | 4 | 1 | 6 | 2 | -1 ___ ___ ___
3.4.14. -4 | -3 | -1 | 3 | 11 ___ ___ ___
3.4.15. -2 | -2 | 2 | 6 | -6 | -10 ___ ___ ___
3.4.16. 9 | 3 | 6 | 18 | 6 | 9 | 27 ___ ___ ___
3.4.17. 0 | 3 | 5 | 9 | 10 | -7 | -5 | -11 | -10 ___ ___ ___
3.4.18. -8 | -4 | 4 | 2 | 10 | 5 ___
3.4.19. 5 | 8 | 2 | 2 | -4 | -10 ___ ___ ___
3.4.20. 14 | 11 | 6 | 8 | 7 | 4 | -1 | 1 | 0 ___ ___ ___
3.4.21. -17 | 7 | 10 | -20 | -17 | ___ ___ ___
3.4.22. 2 | 1 | -1 | -5 ___ ___ ___
3.4.23. 10 | 6 | 3 | 14 | 8 | 4 | 18 | 10 | 5 ___ ___ ___
3.4.24. -4 | 8 | 2 | 4 | -8 | -2 | -4 ___ ___
3.4.25. -16 | -12 | -4 | -14 | -12 | -8 | 0 | -2 | 0 ___ ___ ___
3.4.26. 12 | 20 | 8 | 12 | 0 | -4 | -16 ___ ___ ___ ___
3.4.27. 5 | 10 | 6 | 11 | 7 | 12 ___ ___
3.4.28. -2 | -6 | -2 | 2 | 2 | 6 | -6 ___ ___ ___

3.4.29. -3 | 18 | 8 | 2 | -12 | -7 | -13 ___ ___ ___
3.4.30. 11| 12 | 17 | 30 | 53 ___ ___
3.4.31. 1 | 4 | 13 | 40 ___ ___
3.4.32. 3 | 0 | 5 | 2 | -2 | 3 | 0 ___ ___ ___
3.4.33. 16 | 8 | -16 | -8 | -4 | 8 | 4 ___ ___ ___
3.4.34. 2 | 7 | 10 | -9 | -8 | -3 | 0 | 1 | 2 ___ ___ ___
3.4.35. -1 | -3 | 0 | 0 | 3 ___ ___ ___
3.4.36. 3 | 5 | 1 | 2 | 4 | 0 | 1 | 3 ___ ___ ___
3.4.37. -2 | -4 | -10 | -28 ___
3.4.38. 4 | 5 | 8 | 13 | 24 | 45 ___ ___
3.4.39. -3 | -6 | -5 | -4 | -9 | -11 | -10 ___ ___ ___
3.4.40. -5 | -10 | -4 | -8 | -2 | -4 | 2 ___ ___ ___
3.4.41. 10 | 12 | 8 | 11 | 14 | 10 | 13 ___ ___ ___
3.4.42. 2 | 0 | -3 | -15 | -18 ___ ___
3.4.43. -1 | -5 | -3 | -5 | 0 | 0 | 7 | 5 | 10 ___ ___ ___
3.4.44. 11 | 7 | 3 | -1 | -5 ___ ___
3.4.45. -5 | -9 | -8 | -3 | -5 | 0 | 5 | 11 ___ ___ ___
3.4.46. -3 | 0 | 0 | 2 | 1 | 4 | 12 | 26 | 25 ___ ___ ___
3.4.47. 1 | 6 | 3 | -1 | -6 | -3 | 1 ___ ___ ___
3.4.48. -4 | -9 | -10 | -1 | 0 | 8 | 17 ___ ___ ___
3.4.49. 11 | 9 | 6 | 1 | 0 | -2 | -5 | -10 | -11 ___ ___ ___
3.4.50. 0 | 3 | 1 | 6 | 4 | 15 | 13 ___ ___ ___

## 3.5. Schwierigkeit: extrem
**(Grundrechenarten und Rechnung mit unabhängigen Zahlenfolgen)**

3.5.1.  -10 | -9 | -12 | -17 | -24 | -15 | -26 ___ ___ ___

3.5.2.  2 | 7 | 12 | 4 | 9 | 3 | 8 | 13 ___ ___ ___

3.5.3.  3 | 6 | 5 | 4 | 8 | 7 | 5 | 10 | 9 | 6 ___ ___ ___

3.5.4.  -10 | -5 | -20 | -16 | -8 | -32 | -36 | -18 ___ ___ ___

3.5.5.  -20 | -19 | -17 | -20 | -16 | -11 | -17 ___ ___ ___

3.5.6.  3 | 6 | 3 | 4 | 8 | 5 | 7 | 14 | 11 | 14 ___ ___ ___

3.5.7.  20 | 15 | 12 | 11 | 12 | 15 | 20 | 27 ___ ___ ___

3.5.8.  -2 | -4 | -12 | -60 ___

3.5.9.  10 | 12 | 9 | 13 | 8 | 14 | 7 ___ ___ ___

3.5.10. -4 | -16 | 8 | 5 | 20 | -10 | -14 | -68 ___ ___

3.5.11. 5 | 10 | 0 | 6 | -3 | 4 | -4 | 2 ___ ___ ___ ___

3.5.12. 3 | 3 | 5 | 15 | 19 ___ ___ ___

3.5.13. -30 | -29 | -27 | 27 | 30 | 34 | -34 | -29 ___ ___ ___

3.5.14. -2 | 7 | 3 | 12 | 8 | 17 ___ ___

3.5.15. -4 | -3 | 0 | 0 | 1 | 2 | 4 | 5 | 4 ___ ___ ___

3.5.16. 1 | 2 | 6 | 0 | 0 | 10 | -2 | -28 ___ ___

3.5.17. 10 | 9 | 8 | 24 | 20 | 15 | 45 | 38 ___ ___ ___

3.5.18. 2 | 3 | 5 | 8 | 13 | 21 ___

3.5.19. 20 | 18 | 21 | 17 | 23 | 17 ___ ___ ___ ___

3.5.20. -5 | 5 | -10 | 10 | -20 ___ ___

3.5.21. -40 | -38 | -21 | -19 | -6 | -4 ___ ___ ___
3.5.22. 0 | 3 | 8 | 4 | 7 | 12 | 10 | 13 | 18 | 18 ___ ___ ___
3.5.23. -12 | -2 | -6 | 2 | 4 | 10 | 10 ___ ___ ___
3.5.24. -19 | -12 | -8 | -4 | 3 | 7 | 11 | 18 ___ ___ ___
3.5.25. 5 | 3 | 6 | 5 | 0 | -3 | -6 | -7 | 0 | -4 ___ ___ ___ ___
3.5.26. 3 | 4 | 3 | 5 | 3 | 7 | 4 | 12 | 8 | 24 ___ ___ ___
3.5.27. -3 | -12 | -6 | -4 | -16 | -8 | -5 | -20 | -10 | -5 ___ ___ ___
3.5.28. -4 | -6 | -6 | -4 | 0 | 6 ___ ___ ___ ___ ___
3.5.29. 3 | 4 | 8 | 11 | 44 ___
3.5.30. 4 | 8 | 5 | 6 | 5 | 20 | 14 | 15 | 14 | 84 ___ ___ ___
3.5.31. -5 | -2 | -10 | -6 | -3 | -11 | -6 | -3 | -11 ___ ___ ___
3.5.32. -20 | -19 | -17 | -13 | -8 | -1 ___ ___ ___
3.5.33. 4 | -4 | -2 | -5 | 5 | 7 | 4 ___ ___ ___
3.5.34. 4| 12 | 24 | 24 | 0 | ___ ___ ___ ___
3.5.35. -10 | 0 | 9 | 3 | 11 | 18 | 12 | 18 ___ ___ ___
3.5.36. 0 | 0 | 0 | 1 | 3 | 18 | 6 | 8 | 10 ___ ___ ___ ___
3.5.37. -4 | -1 | 1 | -2 | -5 | -2 | 0 | -3 | -6 ___ ___ ___
3.5.38. -10 | -6 | -8 | -4 | -7 |-3 | -7 | -3 ___ ___ ___
3.5.39. 6 | -1 | 1 | 2 | -4 | -1 | -2 | -7 | -3 | -6 ___ ___ ___
3.5.40. 5 | 30 | 15 | 10 | 60 | 30 | 20 | 120 | 60 ___ ___ ___
3.5.41. -20 | -17 | -21 | -16 | -10 | -3 | -11 | -2 ___ ___ ___
3.5.42. 3 | 4 | 2 | 8 | 4 | 5 | 2 | 8 | 4 | 5 ___ ___ ___ ___
3.5.43. 1 | 2 | 2 | 4 | 8 | 32 ___

3.5.44.  -12 | -9 | -8 | -5 | -3 | 0 | 3 ___ ___ ___

3.5.45.  2 | -5 | -4 | -2 | -1 | -7 | -6 | -3 | -2 ___ ___ ___ ___

3.5.46.  -2 | 1 | 6 | 4 | 0 | 4 | 9 | 7 | 0 | 5 | 10 ___ ___ ___

3.5.47.  -1 | 4 | -5 | -3 | 3 | -6 | -3 | 4 | -5 ___ ___ ___ ___

3.5.48.  3 | 5 | 9 | 3 | 11 | 21 | 9 ___ ___

3.5.49.  -15 | -12 | -6 | -3 | 3 | 6 ___ ___ ___

3.5.50.  -5 | 10 | 12 | 9 | -9 | -7 | -10 | 0 | 2 ___ ___ ___

# 4. Sudoku

## 4.1. Einweisung / Erläuterung

Der Klassiker, welcher in keinem mathematischen Rätselbuch fehlen sollte.
Gegeben ist ein Spielfeld mit 9x9 Feldern. In diesem Spielfeld sind wiederum Quadrate mit jeweils 3x3 Feldern verteilt, sodass diese aus insgesamt 9 Feldern bestehen.
In jeder Zeile und jeder Spalte sind die Zahlen 1-9 verteilt. Keine Zahl darf doppelt vorkommen.
In jedem 3x3 Kästchen kommen ebenfalls die Zahlen 1-9 vor, weshalb auch da keine Zahl doppelt vertreten ist.
Die Feldgröße ist somit immer gleich. Zu Beginn sind einige Felder bereits mit Zahlen belegt. Anhand dieser Belegung verteilen Sie die restlichen Zahlen auf das Feld.

## 4.2. Anspruch: leicht

Auf den folgenden Seiten stehen Ihnen pro Seite 3 kleinere Spielfeder zum probieren zur Verfügung. Sollten Sie sich bei einer Lösung nicht sicher sein, dann können Sie die Felder zum Testen nutzen.

### 4.2.1.

|   |   |   |   | 5 | 1 |   |   |   |
|---|---|---|---|---|---|---|---|---|
| 9 | 4 |   |   | 6 |   | 2 | 5 |   |
|   |   | 9 | 4 |   |   |   |   |   |
|   | 2 | 8 | 3 | 7 |   | 4 |   |   |
|   | 8 |   |   | 7 |   |   |   |   |
|   | 9 | 5 | 6 | 4 |   | 3 |   |   |
|   |   |   | 1 | 8 |   |   |   |   |
| 5 | 1 |   | 6 |   |   |   | 8 | 3 |
|   |   | 6 | 4 |   |   |   |   |   |

### 4.2.2.

| 3 | 5 |   |   | 4 | 9 |   | 2 |   |
|---|---|---|---|---|---|---|---|---|
|   | 2 |   |   |   |   |   | 8 | 3 |
|   |   | 1 |   | 7 | 2 | 5 |   |   |
|   |   |   | 5 |   |   |   | 6 |   |
|   |   | 6 |   | 9 |   | 3 |   |   |
|   | 3 |   |   |   | 4 |   |   |   |
|   |   | 2 | 4 | 6 |   | 1 |   |   |
| 1 | 6 |   |   |   |   |   | 3 |   |
|   |   | 4 |   | 9 | 8 |   | 5 | 6 |

### 4.2.3.

| 6 |   |   | 9 |   | 4 |   | 2 |   |
|---|---|---|---|---|---|---|---|---|
|   |   |   |   |   |   | 1 |   |   |
|   |   |   | 8 | 1 | 7 | 9 |   |   |
|   |   |   | 2 | 9 | 8 | 5 |   | 6 |
|   |   | 9 |   |   |   | 7 |   |   |
| 8 |   | 5 | 6 | 7 | 3 |   |   |   |
|   |   | 7 | 4 | 5 | 2 |   |   |   |
|   |   | 2 |   |   |   |   |   |   |
|   | 1 |   | 3 |   | 9 |   |   | 2 |

### 4.2.4.

|   |   | 5 |   | 4 |   |   |   |   |
|---|---|---|---|---|---|---|---|---|
|   | 8 |   |   |   |   | 2 |   |   |
| 9 | 4 |   |   |   |   |   | 3 | 8 |
|   | 3 | 1 | 9 |   | 4 |   |   | 2 |
|   | 9 | 7 |   |   |   | 4 | 6 |   |
| 4 |   |   | 3 |   | 6 | 1 | 5 |   |
| 8 | 7 |   |   |   |   |   | 1 | 5 |
|   |   | 4 |   |   |   |   | 8 |   |
|   |   |   |   | 6 |   | 9 |   |   |

### 4.2.5.

| 3 |   |   |   |   |   |   |   | 8 |
|---|---|---|---|---|---|---|---|---|
|   |   | 5 | 4 |   |   |   | 2 |   |
|   | 2 | 9 |   | 1 |   |   |   | 5 |
|   | 6 | 1 | 8 |   |   |   |   |   |
|   |   | 7 | 9 |   | 4 | 6 |   |   |
|   |   |   |   |   | 7 | 5 | 8 |   |
| 2 |   |   |   | 5 |   | 9 | 7 |   |
|   | 9 |   |   |   | 1 | 4 |   |   |
| 5 |   |   |   |   |   |   |   | 2 |

### 4.2.6.

|   | 4 | 8 | 1 |   |   | 3 |   |   |
|---|---|---|---|---|---|---|---|---|
|   |   |   | 2 | 6 |   | 1 |   |   |
|   |   |   |   |   |   |   | 5 | 2 |
|   | 8 |   | 5 |   | 1 | 2 |   |   |
| 3 |   |   | 8 |   | 4 |   |   | 9 |
|   |   | 9 | 3 |   | 6 |   | 4 |   |
| 8 | 9 |   |   |   |   |   |   |   |
|   |   | 1 |   | 8 | 2 |   |   |   |
|   |   | 4 |   |   | 7 | 6 | 8 |   |

### 4.2.7.

| 4 |   |   | 5 | 1 |   |   | 6 | 9 |
|---|---|---|---|---|---|---|---|---|
|   |   | 7 | 6 |   | 3 |   |   |   |
| 6 |   |   |   |   | 4 |   |   | 3 |
|   |   |   |   | 5 | 6 | 9 |   |   |
|   | 3 |   |   |   |   | 4 |   |   |
|   |   | 9 | 2 | 4 |   |   |   |   |
| 8 |   |   | 7 |   |   |   |   | 1 |
|   |   |   | 1 |   | 2 | 5 |   |   |
| 1 | 7 |   |   | 3 | 5 |   |   | 2 |

### 4.2.8.

| 1 | 7 |   | 2 |   |   |   |   |   |
|---|---|---|---|---|---|---|---|---|
| 8 |   | 4 |   | 1 | 3 |   |   |   |
|   |   | 2 |   |   |   |   | 1 |   |
| 6 |   |   |   |   |   | 8 |   | 2 |
|   | 2 | 3 | 5 |   | 4 | 1 | 9 |   |
| 9 |   | 1 |   |   |   |   |   | 4 |
|   | 9 |   |   |   |   | 5 |   |   |
|   |   |   | 1 | 2 |   | 6 |   | 7 |
|   |   |   |   | 5 |   |   | 2 | 8 |

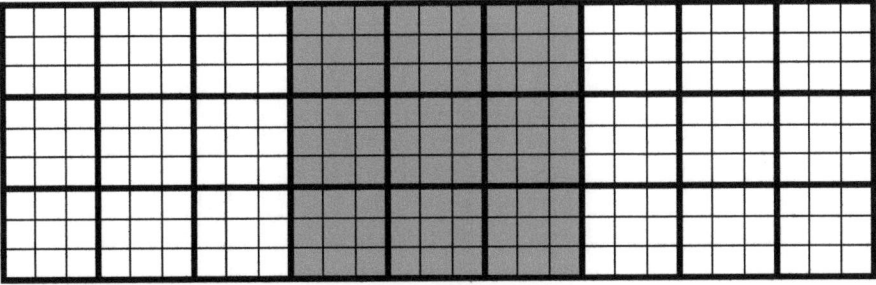

### 4.2.9.

|   |   |   |   | 8 |   | 7 |   |   |
|---|---|---|---|---|---|---|---|---|
| 4 | 5 | 6 |   |   | 8 |   |   |   |
| 3 |   | 8 |   |   | 6 | 1 | 4 |   |
|   |   |   | 3 |   |   |   |   | 7 |
| 9 |   |   | 6 |   | 4 |   |   | 8 |
| 5 |   |   | 8 |   |   |   |   |   |
|   | 9 | 5 | 4 |   |   | 6 |   | 3 |
|   |   | 2 |   |   |   | 5 | 8 | 9 |
|   | 3 |   | 8 |   |   |   |   |   |

### 4.2.10.

|   |   | 2 |   | 4 |   |   | 9 | 8 |
|---|---|---|---|---|---|---|---|---|
| 8 | 5 | 3 |   |   |   |   | 2 |   |
|   | 6 |   |   |   |   |   |   |   |
| 2 |   | 4 | 1 | 6 |   |   | 7 |   |
|   |   |   |   |   |   |   |   |   |
|   | 3 |   |   | 7 | 2 | 5 |   | 8 |
|   |   |   |   |   |   |   | 5 |   |
|   |   | 5 |   |   |   | 8 | 9 | 6 |
|   | 1 | 8 |   | 3 |   | 4 |   |   |

### 4.2.11.

| 4 |   |   |   |   |   |   |   |   |
|---|---|---|---|---|---|---|---|---|
|   | 3 | 1 |   |   | 4 | 6 | 5 | 9 |
|   |   |   | 1 |   |   |   | 4 |   |
|   | 7 |   | 5 | 9 |   |   |   | 3 |
|   |   |   |   | 1 |   |   |   |   |
| 6 |   |   |   | 3 | 7 |   | 8 |   |
|   | 9 |   |   |   | 2 |   |   |   |
| 3 | 2 | 8 | 7 |   |   | 9 | 1 |   |
|   |   |   |   |   |   |   |   | 7 |

### 4.2.12.

| 7 |   |   |   |   |   |   |   | 3 |
|---|---|---|---|---|---|---|---|---|
|   |   |   |   | 9 |   | 1 | 8 |   |
| 6 |   | 9 |   | 3 |   |   | 4 | 7 |
|   |   |   |   |   |   | 4 |   | 1 |
| 5 |   | 3 | 1 |   | 8 | 2 |   | 9 |
| 1 |   | 6 |   |   |   |   |   |   |
| 4 | 9 |   |   | 1 |   | 3 |   | 8 |
|   | 1 | 7 |   | 2 |   |   |   |   |
| 8 |   |   |   |   |   |   |   | 2 |

## 4.2.13.

|   |   |   | 2 |   |   |   |   |   |
|---|---|---|---|---|---|---|---|---|
|   |   |   |   |   |   |   | 5 | 3 |
|   | 7 | 3 |   |   | 6 | 2 |   | 9 |
|   | 4 |   | 1 |   |   | 6 |   | 8 |
|   | 1 |   | 5 |   | 9 |   | 2 |   |
| 7 |   | 9 |   |   | 3 |   | 4 |   |
| 4 |   | 7 | 6 |   |   | 5 | 3 |   |
| 8 | 5 |   |   |   |   |   |   |   |
|   |   |   |   |   | 1 |   |   |   |

## 4.2.14.

|   | 8 | 3 |   |   |   | 7 |   |   |
|---|---|---|---|---|---|---|---|---|
| 9 |   | 7 | 8 |   |   |   | 1 |   |
|   |   |   |   |   | 9 |   |   |   |
|   |   | 4 |   |   | 2 |   | 6 | 9 |
|   | 3 | 1 |   | 6 |   |   | 4 | 5 |
| 6 | 9 |   | 3 |   |   | 2 |   |   |
|   |   |   |   | 8 |   |   |   |   |
|   |   | 2 |   |   | 6 | 7 |   | 3 |
|   |   |   | 2 |   |   | 5 | 9 |   |

## 4.2.15.

|   |   |   | 5 |   |   |   |   | 4 |
|---|---|---|---|---|---|---|---|---|
|   | 6 |   |   | 9 | 1 | 5 |   |   |
|   |   |   | 2 | 8 |   |   | 6 |   |
| 6 | 9 |   |   | 2 |   |   |   |   |
|   |   | 2 | 8 |   | 7 | 5 |   |   |
|   |   |   |   | 1 |   |   | 9 | 3 |
|   | 3 |   |   | 6 | 8 |   |   |   |
|   | 8 | 6 | 1 |   |   |   | 4 |   |
| 5 |   |   |   |   | 3 |   |   |   |

## 4.2.16.

|   | 3 |   | 7 |   | 2 | 6 | 8 |   |
|---|---|---|---|---|---|---|---|---|
|   |   |   |   |   |   |   | 7 |   |
| 5 |   |   |   |   | 6 | 9 |   | 3 |
|   |   | 3 |   |   | 1 |   | 2 |   |
|   |   | 6 | 5 | 2 | 7 | 1 |   |   |
|   | 5 |   | 3 |   |   | 8 |   |   |
| 1 |   | 2 | 6 |   |   |   |   | 8 |
|   | 6 |   |   |   |   |   |   |   |
|   | 9 | 4 | 2 |   | 8 |   | 6 |   |

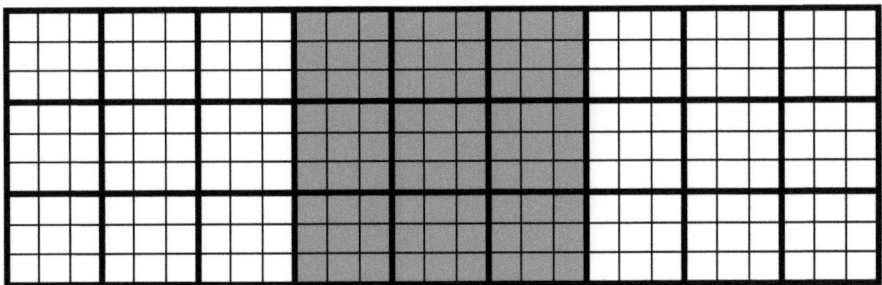

## 4.2.17.

| 1 |   | 7 |   |   |   |   | 5 |   |
|---|---|---|---|---|---|---|---|---|
|   |   |   | 9 | 6 |   |   | 3 |   |
|   |   | 3 | 5 |   |   | 2 | 7 | 6 |
|   |   |   |   | 7 |   | 9 |   | 3 |
|   |   |   | 1 |   | 8 |   |   |   |
| 2 |   | 9 |   | 5 |   |   |   |   |
| 7 | 1 | 2 |   |   |   | 6 | 8 |   |
|   | 4 |   |   | 8 | 9 |   |   |   |
|   | 3 |   |   |   |   | 6 |   | 7 |

## 4.2.18.

|   |   |   |   | 3 | 7 | 4 | 1 |   |
|---|---|---|---|---|---|---|---|---|
| 1 |   |   |   | 6 |   |   | 2 |   |
| 3 | 2 |   |   | 5 |   |   |   | 9 |
|   |   |   |   |   | 3 |   | 7 |   |
| 8 | 5 |   |   |   |   |   | 3 | 2 |
|   |   |   | 6 |   | 9 |   |   |   |
| 6 |   |   |   | 7 |   |   | 9 | 4 |
|   | 7 |   |   | 9 |   |   |   | 3 |
|   | 9 | 5 | 3 | 2 |   |   |   |   |

## 4.2.19.

|   | 5 | 6 |   |   |   |   |   |   |
|---|---|---|---|---|---|---|---|---|
| 7 | 1 |   |   | 5 |   | 2 |   | 4 |
| 9 |   |   |   | 6 | 4 |   |   |   |
|   |   |   | 6 |   |   |   |   | 9 |
| 6 |   | 8 |   |   |   | 3 |   | 2 |
| 1 |   |   |   |   | 5 |   |   |   |
|   |   |   | 9 | 4 |   |   |   | 6 |
| 3 |   | 9 |   | 1 |   |   | 4 | 5 |
|   |   |   |   |   |   | 9 | 7 |   |

## 4.2.20.

| 5 | 3 |   |   |   | 7 | 6 |   | 1 |
|---|---|---|---|---|---|---|---|---|
| 7 |   | 2 | 6 |   |   |   |   |   |
|   |   |   | 1 | 9 |   | 3 |   |   |
| 1 |   |   |   |   |   | 4 |   |   |
| 3 |   | 9 |   |   |   | 1 |   | 8 |
|   |   |   | 4 |   |   |   |   | 7 |
|   |   |   | 4 |   | 9 | 2 |   |   |
|   |   |   |   |   | 6 | 7 |   | 5 |
| 4 |   | 5 | 3 |   |   |   | 6 | 9 |

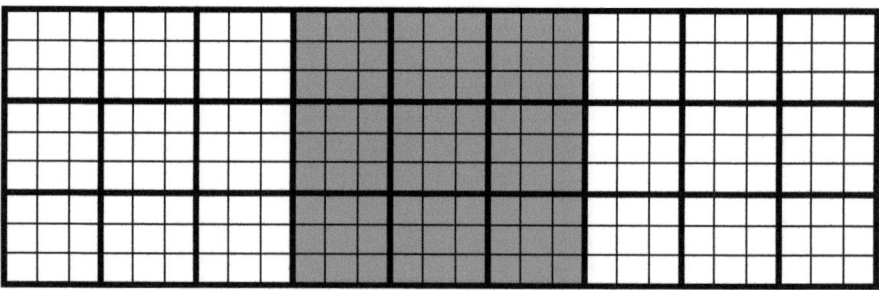

## 4.2.21.

|   | 3 |   | 2 | 7 |   |   | 5 | 9 |
|---|---|---|---|---|---|---|---|---|
|   |   |   |   |   | 5 |   |   |   |
|   | 1 |   |   | 4 |   |   |   | 2 |
|   |   | 6 |   |   | 7 | 1 |   |   |
|   | 8 | 3 |   | 9 |   | 6 |   |   |
|   | 5 | 1 |   |   | 4 |   |   |   |
| 2 |   |   |   | 3 |   | 4 |   |   |
|   |   |   | 5 |   |   |   |   |   |
| 5 | 7 |   |   | 2 | 8 |   | 3 |   |

## 4.2.22.

|   |   | 9 |   |   |   | 4 | 3 | 6 |
|---|---|---|---|---|---|---|---|---|
|   |   | 7 |   |   | 9 |   |   |   |
|   |   | 3 |   | 6 |   |   |   |   |
|   | 6 |   |   | 4 | 3 |   | 8 |   |
| 7 |   |   |   |   |   |   |   | 9 |
|   |   | 2 | 5 | 9 |   |   | 4 |   |
|   |   |   |   | 5 |   | 7 |   |   |
|   |   |   | 8 |   |   | 2 |   |   |
| 5 | 9 | 1 |   |   |   | 3 |   |   |

## 4.2.23.

| 2 |   |   |   |   |   |   | 9 | 5 |
|---|---|---|---|---|---|---|---|---|
|   | 7 | 5 |   |   |   |   |   | 8 |
|   |   | 4 |   | 1 |   |   |   |   |
|   |   | 3 |   |   | 6 | 4 | 2 |   |
|   |   |   | 3 |   | 9 |   |   |   |
|   | 2 | 9 | 7 |   | 3 |   |   |   |
|   |   |   |   | 6 |   | 9 |   |   |
| 1 |   |   |   |   |   | 6 | 3 |   |
| 3 | 9 |   |   |   |   |   |   | 2 |

## 4.2.24.

|   |   |   | 7 | 9 |   |   | 4 |   |
|---|---|---|---|---|---|---|---|---|
|   |   | 5 |   |   | 3 |   | 8 | 7 |
| 7 |   |   | 6 |   | 1 |   |   |   |
|   | 3 |   |   |   |   | 8 |   | 4 |
|   |   |   | 9 | 1 | 2 |   |   |   |
| 6 |   | 2 |   |   |   |   | 5 |   |
|   |   |   | 2 |   | 8 |   |   | 9 |
| 8 | 6 |   | 1 |   |   | 5 |   |   |
|   | 2 |   |   | 6 | 7 |   |   |   |

### 4.2.25.

|   |   |   | 3 |   |   |   |   | 7 |
|---|---|---|---|---|---|---|---|---|
|   | 3 |   |   | 5 |   | 4 | 8 |   |
| 8 |   |   | 4 |   |   |   | 3 |   |
| 5 |   | 3 | 6 |   |   |   | 9 |   |
|   | 1 | 8 |   |   |   | 3 | 6 |   |
|   | 9 |   |   |   | 3 | 2 |   | 1 |
|   | 4 |   |   |   | 7 |   |   | 2 |
|   | 8 | 6 |   | 2 |   |   | 1 |   |
| 9 |   |   |   | 4 |   |   |   |   |

### 4.2.26.

|   | 5 |   |   |   |   | 8 |   |   |
|---|---|---|---|---|---|---|---|---|
| 2 |   |   |   | 1 | 6 |   |   | 5 |
| 1 |   |   |   | 4 | 8 |   | 6 |   |
|   | 5 |   |   | 6 | 9 |   |   |   |
|   | 9 | 2 |   |   |   |   | 4 | 3 |
|   |   |   | 3 | 2 |   |   | 1 |   |
|   | 8 |   | 6 | 7 |   |   |   | 4 |
| 6 |   |   | 1 | 9 |   |   |   | 8 |
|   |   | 7 |   |   |   | 6 |   |   |

### 4.2.27.

| 3 |   |   |   |   |   |   | 8 | 1 |
|---|---|---|---|---|---|---|---|---|
| 7 |   |   |   | 4 |   |   | 5 |   |
|   |   |   | 8 |   |   | 6 |   | 7 |
|   |   | 4 | 6 |   | 9 |   |   |   |
| 6 |   | 3 |   |   |   | 7 |   | 5 |
|   |   |   | 7 |   | 3 | 1 |   |   |
| 1 |   | 9 |   |   | 5 |   |   |   |
|   | 2 |   |   | 7 |   |   |   | 9 |
| 8 | 6 |   |   |   |   |   |   | 3 |

### 4.2.28.

|   |   |   | 1 |   |   | 6 | 3 | 8 |
|---|---|---|---|---|---|---|---|---|
| 4 | 3 |   |   |   |   | 1 | 7 |   |
|   | 6 | 5 | 1 |   |   |   |   |   |
|   |   |   |   | 5 | 6 | 3 | 8 |   |
|   |   |   |   | 8 |   |   |   |   |
|   | 7 | 2 | 3 | 4 |   |   |   |   |
|   |   |   |   |   | 4 | 7 | 1 |   |
|   | 8 | 7 |   |   |   |   | 9 | 3 |
| 2 | 1 | 4 |   |   |   | 8 |   |   |

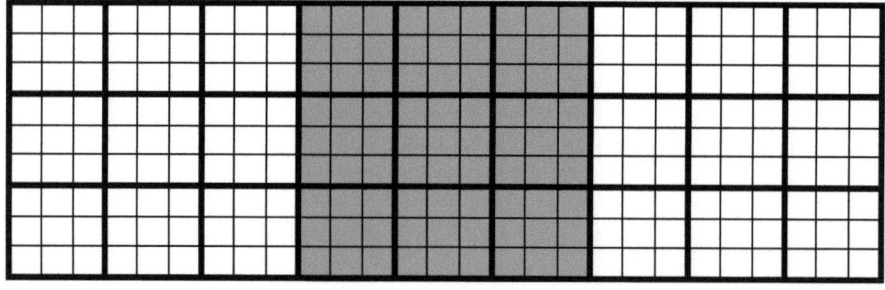

### 4.2.29.

|   | 8 |   |   | 7 | 4 |   |   |   |
|---|---|---|---|---|---|---|---|---|
|   | 4 |   |   | 8 | 6 |   | 9 |   |
|   |   | 9 |   |   |   | 5 | 8 |   |
|   | 2 | 1 | 7 |   |   |   |   |   |
| 4 |   |   |   | 5 |   |   |   | 3 |
|   |   |   |   |   | 9 | 6 | 2 |   |
| 8 | 1 |   |   | 5 |   |   |   |   |
|   | 3 |   | 2 | 6 |   |   | 8 |   |
|   |   |   | 8 | 1 |   |   | 7 |   |

### 4.2.30.

|   |   |   | 1 | 3 |   |   |   |   |
|---|---|---|---|---|---|---|---|---|
|   | 4 | 2 | 9 | 8 |   | 3 |   |   |
|   | 7 |   |   |   | 4 |   |   |   |
|   | 8 |   |   |   | 2 |   | 6 | 5 |
|   |   | 4 |   |   |   | 9 |   |   |
| 1 | 6 |   | 4 |   |   |   | 3 |   |
|   |   |   | 8 |   |   |   | 5 |   |
|   |   | 9 |   | 7 | 5 | 8 | 2 |   |
|   |   |   |   | 6 | 1 |   |   |   |

### 4.2.31.

|   |   |   |   | 1 |   | 6 |   |   |
|---|---|---|---|---|---|---|---|---|
|   |   | 4 |   |   |   | 1 | 2 | 8 |
|   |   |   | 4 |   | 7 |   | 5 |   |
| 9 | 4 |   |   | 6 | 2 |   |   |   |
|   | 2 |   |   |   |   | 3 |   |   |
|   |   |   | 5 | 4 |   |   | 1 | 6 |
|   | 7 |   | 2 |   | 6 |   |   |   |
| 1 | 6 | 2 |   |   |   | 7 |   |   |
|   | 5 |   |   | 3 |   |   |   |   |

### 4.2.32.

| 5 | 9 | 2 |   |   | 6 |   |   | 7 |
|---|---|---|---|---|---|---|---|---|
|   |   | 3 |   |   |   | 7 |   | 9 |
| 7 |   |   |   |   |   |   |   |   |
|   |   | 5 |   | 7 | 8 |   | 6 |   |
|   |   | 8 | 1 |   | 3 | 2 |   |   |
|   | 3 |   | 6 | 4 |   | 8 |   |   |
|   |   |   |   |   |   |   |   | 8 |
|   | 4 |   | 8 |   |   | 7 |   |   |
| 2 |   | 5 |   |   |   | 4 | 1 | 6 |

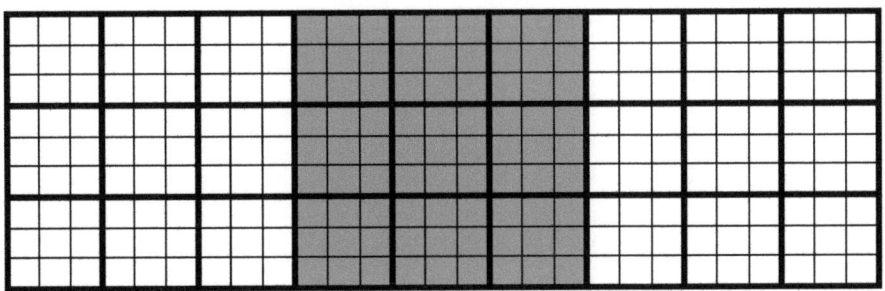

## 4.2.33.

| | 2 | | | | | 8 | | 1 |
|---|---|---|---|---|---|---|---|---|
| 6 | 9 | 5 | | | 2 | | | |
| | | 8 | | | | | 5 | 9 |
| 3 | | | | 2 | 6 | | | 5 |
| | | 9 | 3 | | 7 | 1 | | |
| 8 | | | 1 | 5 | | | | 2 |
| 7 | 3 | | | | 5 | | | |
| | | 7 | | | | 6 | 9 | 4 |
| 9 | | 6 | | | | | 1 | |

## 4.2.34.

| 5 | | | | 7 | | | 3 | |
|---|---|---|---|---|---|---|---|---|
| | | | | 3 | 8 | 2 | 6 | |
| 8 | | 6 | | | | 7 | | 5 |
| 6 | | 1 | | | | 4 | 2 | |
| | 9 | 4 | | | | 1 | | 7 |
| 9 | | 5 | | | | 3 | | 2 |
| | 6 | 7 | 9 | 8 | | | | |
| | 8 | | | 1 | | | | 6 |

## 4.2.35.

| | 3 | 9 | | | | | | 1 |
|---|---|---|---|---|---|---|---|---|
| 7 | | 2 | | 1 | 3 | 5 | | |
| | | 3 | | 8 | 9 | | | |
| | 2 | 6 | 8 | | | | | 9 |
| | | | | 9 | | | | |
| 8 | | | | 3 | 4 | 1 | | |
| | | 4 | 1 | | 2 | | | |
| | 3 | 1 | 4 | | 7 | | | 6 |
| 6 | | | | 9 | 1 | | | |

## 4.2.36.

| 5 | | | 1 | | | 9 | 8 | 7 |
|---|---|---|---|---|---|---|---|---|
| 6 | | | | | | 1 | | |
| | 7 | | | 2 | 4 | | | 6 |
| 1 | 4 | 7 | | | | | | |
| | | | 8 | | 5 | | | |
| | | | | | | 6 | 4 | 3 |
| 3 | | | 2 | 8 | | | 9 | |
| | | 2 | | | | | | 8 |
| 4 | 5 | 8 | | | 3 | | | 2 |

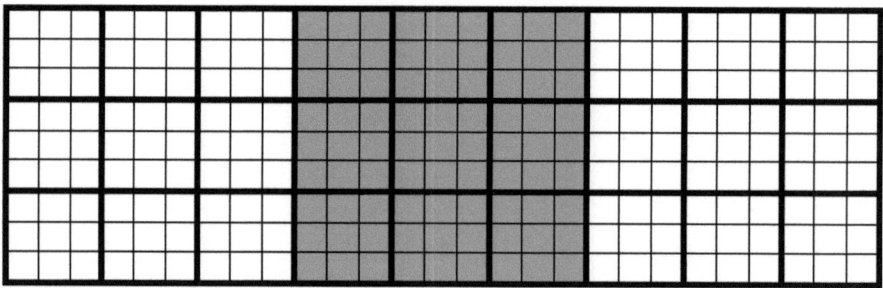

### 4.2.37.

| 9 |   |   | 5 | 6 |   |   | 2 |   |
|---|---|---|---|---|---|---|---|---|
|   | 3 | 6 | 1 |   |   | 9 |   | 4 |
|   |   |   |   |   |   |   |   |   |
|   |   | 1 |   |   |   | 7 | 9 |   |
|   | 9 |   | 7 |   | 5 |   | 1 |   |
|   | 2 | 3 |   |   |   | 5 |   |   |
|   |   |   |   |   |   |   |   |   |
| 2 |   | 7 |   |   | 4 | 1 | 8 |   |
|   | 4 |   |   | 3 | 1 |   |   | 7 |

### 4.2.38.

|   | 5 | 6 | 8 |   |   |   | 4 | 1 |
|---|---|---|---|---|---|---|---|---|
|   |   |   | 6 |   |   | 5 |   |   |
|   |   |   |   |   | 9 |   |   | 8 |
|   |   |   |   |   | 4 | 2 |   | 5 |
|   | 1 | 5 |   |   |   | 8 | 6 |   |
| 9 |   | 2 | 7 |   |   |   |   |   |
|   |   | 2 |   | 4 |   |   |   |   |
|   |   | 8 |   |   | 3 |   |   |   |
|   | 6 | 9 |   |   | 8 | 3 | 2 |   |

### 4.2.39.

|   | 5 |   | 2 | 6 |   |   |   |   |
|---|---|---|---|---|---|---|---|---|
|   | 4 | 9 | 3 |   |   |   | 1 |   |
|   |   | 6 |   | 3 |   |   |   |   |
| 5 |   | 9 |   |   | 1 | 6 |   |   |
|   |   | 1 |   | 7 |   |   |   |   |
|   | 8 | 4 |   |   | 9 |   | 2 |   |
|   | 2 |   |   | 3 |   |   |   |   |
| 9 |   |   | 1 | 6 |   | 3 |   |   |
|   | 7 |   | 8 | 4 |   |   |   |   |

### 4.2.40.

|   | 6 |   |   |   | 9 |   |   |   |
|---|---|---|---|---|---|---|---|---|
|   |   |   | 1 | 7 |   |   |   | 2 |
|   |   |   | 3 | 2 |   |   | 9 | 7 |
|   |   | 3 |   | 6 |   |   | 7 | 9 |
|   | 5 |   | 9 |   | 3 |   | 2 |   |
| 9 | 1 |   |   | 2 |   | 5 |   |   |
| 5 | 2 |   | 4 | 9 |   |   |   |   |
| 4 |   |   |   | 1 | 7 |   |   |   |
|   |   |   | 2 |   |   |   | 1 |   |

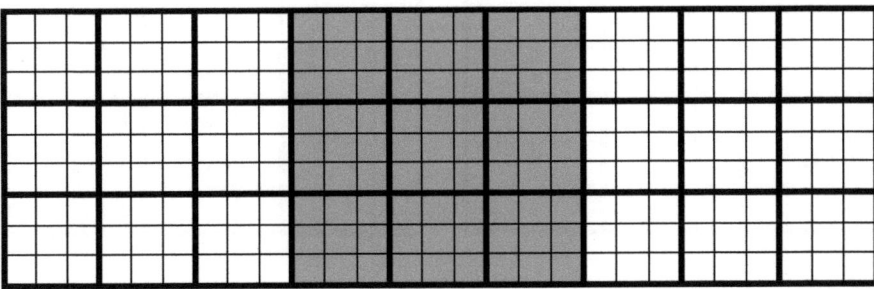

## 4.3. Anspruch: mittel

Auf den folgenden Seiten stehen Ihnen pro Seite 3 kleinere Spielfeder zum probieren zur Verfügung. Sollten Sie sich bei einer Lösung nicht sicher sein, dann können Sie die Felder zum Testen nutzen.

### 4.3.1.

|   |   |   | 7 | 9 |   | 2 |   |   |
|---|---|---|---|---|---|---|---|---|
|   |   |   |   | 1 |   | 4 | 3 | 7 |
|   |   | 8 |   |   | 9 |   |   |   |
|   | 8 | 3 |   |   |   |   |   | 1 |
| 2 |   | 3 |   | 1 |   |   |   | 6 |
| 9 |   |   |   | 8 | 4 |   |   |   |
|   |   | 9 |   |   | 3 |   |   |   |
| 1 | 6 | 5 |   | 3 |   |   |   |   |
|   | 3 |   | 9 | 6 |   |   |   |   |

### 4.3.2.

|   | 4 | 5 |   |   |   | 6 | 3 |   |
|---|---|---|---|---|---|---|---|---|
|   | 6 |   |   | 7 |   |   |   | 9 |
| 3 | 9 |   | 6 |   |   | 1 |   |   |
|   | 3 |   | 4 | 1 |   |   |   |   |
|   |   |   |   |   |   | 6 | 8 |   | 9 |
|   |   | 3 |   |   |   | 1 |   | 7 | 6 |
| 8 |   |   |   |   | 9 |   | 5 |   |
|   | 7 | 6 |   |   |   |   | 9 | 4 |

### 4.3.3.

| 7 |   | 3 | 6 | 2 |   |   |   |   |
|---|---|---|---|---|---|---|---|---|
|   | 4 |   |   |   |   |   | 8 | 7 |
| 2 |   |   |   | 7 |   |   |   |   |
|   | 1 |   |   | 4 | 8 |   |   |   |
| 6 |   |   |   |   |   |   |   | 3 |
|   |   | 5 | 8 |   |   | 7 |   |   |
|   |   |   | 2 |   |   |   |   | 4 |
| 9 | 6 |   |   |   | 5 |   |   |   |
|   |   |   | 9 | 5 | 7 |   | 6 |   |

### 4.3.4.

|   |   | 1 |   |   |   | 8 |   |   |
|---|---|---|---|---|---|---|---|---|
| 4 | 8 |   |   | 1 |   |   | 9 |   |
|   |   | 7 |   | 3 | 5 |   |   | 1 |
|   |   |   | 3 | 7 |   | 6 |   | 2 |
| 1 |   | 6 |   | 8 | 2 |   |   |   |
| 3 |   |   | 5 | 4 |   | 8 |   |   |
|   | 1 |   |   | 6 |   |   | 2 | 4 |
| 7 |   |   |   |   |   | 3 |   |   |

### 4.3.5.

|   | 2 | 8 | 5 |   |   |   | 1 |   |
|---|---|---|---|---|---|---|---|---|
|   |   |   |   | 6 |   |   | 4 |   |
| 3 |   |   |   |   |   | 9 | 6 |   |
|   | 7 |   |   |   | 6 |   | 5 | 8 |
|   |   |   |   | 8 |   |   |   |   |
| 5 | 8 |   | 3 |   |   |   | 2 |   |
|   | 4 | 2 |   |   |   |   |   | 1 |
|   | 6 |   |   | 2 |   |   |   |   |
|   | 3 |   |   |   | 7 | 2 | 8 |   |

### 4.3.6.

|   |   |   | 3 |   | 7 | 4 | 2 | 9 |
|---|---|---|---|---|---|---|---|---|
|   |   | 6 | 1 | 8 |   |   |   |   |
|   | 5 |   |   | 9 |   |   | 1 | 4 |
| 7 |   |   |   |   |   |   |   | 8 |
| 6 | 4 |   |   | 3 |   |   | 5 |   |
|   |   |   | 7 | 9 | 5 |   |   |   |
| 3 | 8 | 5 | 4 |   | 1 |   |   |   |

### 4.3.7.

|   | 1 | 8 |   |   | 4 | 2 |   |   |
|---|---|---|---|---|---|---|---|---|
| 4 |   |   |   |   | 9 |   | 5 |   |
|   |   |   | 7 | 2 |   |   |   |   |
|   |   |   |   | 8 |   |   |   | 9 |
| 2 | 3 |   | 9 |   |   | 8 | 4 |   |
| 8 |   | 3 |   |   |   |   |   |   |
|   |   | 2 | 3 |   |   |   |   |   |
| 3 | 9 |   |   |   |   |   |   | 1 |
|   | 1 | 7 |   |   | 6 | 2 |   |   |

### 4.3.8.

|   |   | 7 |   |   |   |   |   | 3 |
|---|---|---|---|---|---|---|---|---|
| 3 | 4 |   |   |   |   |   | 2 |   |
|   |   | 8 |   |   | 6 | 5 | 7 |   |
|   |   |   | 1 |   |   | 9 |   | 5 |
|   | 5 | 3 |   | 9 |   | 2 | 6 |   |
| 1 |   | 9 |   | 6 |   |   |   |   |
|   | 3 | 6 | 4 |   |   |   | 5 |   |
|   | 7 |   |   |   |   |   | 9 | 6 |
| 8 |   |   |   |   |   | 3 |   |   |

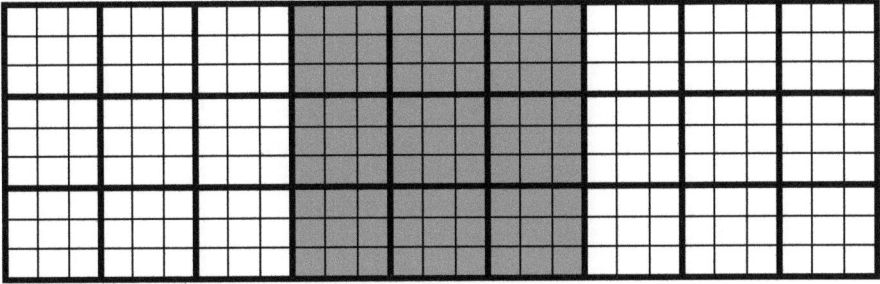

## 4.3.9.

|   |   | 7 |   |   | 5 |   |   |   |
|---|---|---|---|---|---|---|---|---|
|   | 1 |   | 3 |   | 6 | 4 |   |   |
|   |   | 5 | 4 |   | 8 |   |   |   |
|   | 9 | 2 | 6 |   | 8 |   |   |   |
|   |   |   |   |   |   |   |   |   |
|   | 2 |   | 4 | 1 |   | 9 |   |   |
|   | 1 | 9 | 8 |   |   |   |   |   |
| 6 | 7 | 1 |   |   | 9 |   |   |   |
| 8 |   |   |   | 6 |   |   |   |   |

## 4.3.10.

| 6 | 4 |   |   |   |   |   |   | 3 |
|---|---|---|---|---|---|---|---|---|
|   | 8 | 9 | 4 |   |   |   | 2 |   |
|   |   | 2 |   |   |   |   | 5 |   |
|   |   |   | 3 | 2 |   |   |   | 8 |
|   |   |   | 5 |   | 6 |   |   |   |
| 7 |   |   |   | 1 | 8 |   |   |   |
|   | 3 |   |   |   |   | 5 |   |   |
|   | 6 |   |   |   | 7 | 3 | 9 |   |
| 4 |   |   |   |   |   |   | 1 | 6 |

## 4.3.11.

| 5 |   |   |   | 6 | 3 | 4 | 7 |   |
|---|---|---|---|---|---|---|---|---|
|   |   | 9 |   |   |   | 1 |   |   |
|   | 1 |   | 3 |   |   |   |   | 8 |
| 2 |   | 9 |   |   |   |   |   |   |
| 4 | 6 |   |   | 8 |   |   | 3 | 9 |
|   |   |   |   |   | 6 |   |   | 2 |
| 9 |   |   | 7 |   |   | 6 |   |   |
|   | 8 |   |   |   | 1 |   |   |   |
| 7 | 2 | 1 | 4 |   |   |   |   | 3 |

## 4.3.12.

|   |   | 8 |   |   | 2 |   |   |   |
|---|---|---|---|---|---|---|---|---|
| 1 | 4 |   | 6 |   |   |   |   |   |
| 7 |   |   |   |   |   | 1 | 5 | 3 |
| 8 |   | 5 |   |   | 9 |   | 2 |   |
|   |   |   |   |   |   |   |   |   |
|   | 1 |   | 5 |   |   | 3 |   | 9 |
| 4 | 9 | 7 |   |   |   |   |   | 6 |
|   |   |   |   | 4 |   |   | 7 | 8 |
|   |   | 2 |   |   | 9 |   |   |   |

## 4.3.13.

|   | 4 |   | 1 |   |   |   |   | 8 |
|---|---|---|---|---|---|---|---|---|
| 5 | 1 | 9 |   |   | 8 |   |   |   |
| 8 |   |   | 4 | 3 |   |   |   |   |
|   | 5 |   |   |   | 4 |   | 3 |   |
|   |   | 1 |   | 5 |   | 7 |   |   |
|   | 7 |   | 2 |   |   |   | 4 |   |
|   |   |   |   | 8 | 5 |   |   | 6 |
|   |   |   | 6 |   |   | 1 | 5 | 3 |
| 1 |   |   |   | 4 |   | 8 |   |   |

## 4.3.14.

|   |   |   |   |   |   |   | 1 | 9 |
|---|---|---|---|---|---|---|---|---|
|   | 8 |   |   | 2 |   |   | 6 | 5 |
|   |   |   | 5 |   | 9 |   |   |   |
|   |   | 3 | 2 |   | 8 |   |   |   |
|   | 6 | 1 |   |   |   | 8 | 2 |   |
|   |   |   | 9 |   | 6 | 4 |   |   |
|   |   |   | 8 |   | 4 |   |   |   |
| 8 | 9 |   |   | 7 |   |   | 5 |   |
| 1 |   | 2 |   |   |   |   |   |   |

## 4.3.15.

|   |   | 3 |   |   | 8 |   |   |   |
|---|---|---|---|---|---|---|---|---|
|   | 6 | 1 |   |   |   |   |   |   |
| 5 | 2 |   |   | 7 |   | 6 |   |   |
| 9 |   |   | 1 | 2 |   | 6 |   | 7 |
|   |   |   | 9 |   | 5 |   |   |   |
| 1 |   | 2 |   | 6 | 7 |   |   | 5 |
|   | 5 |   |   | 3 |   |   | 1 | 4 |
|   |   |   |   |   | 2 | 9 |   |   |
|   |   | 9 |   |   | 4 |   |   |   |

## 4.3.16.

| 7 | 5 |   | 4 | 6 | 3 |   |   | 8 |
|---|---|---|---|---|---|---|---|---|
|   |   |   |   |   |   |   |   | 4 |
|   |   | 2 | 1 |   |   |   |   |   |
|   |   |   |   | 5 |   | 8 |   | 7 |
| 6 | 9 |   |   | 7 |   |   | 5 | 3 |
| 5 |   | 3 |   | 1 |   |   |   |   |
|   |   |   |   |   | 5 | 3 |   |   |
| 8 |   |   |   |   |   |   |   |   |
| 2 |   |   | 8 | 4 | 9 |   | 7 | 1 |

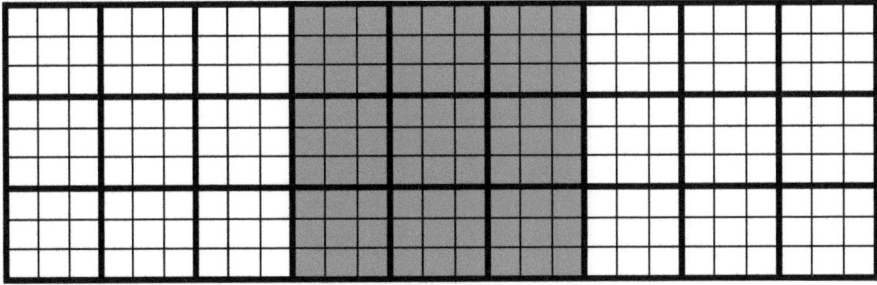

## 4.3.17.

| 3 |   |   |   | 4 |   |   |   |   |
|---|---|---|---|---|---|---|---|---|
|   | 8 |   |   |   | 1 | 5 |   | 7 |
|   |   | 4 | 5 |   |   |   |   |   |
| 1 |   | 9 |   |   |   |   | 5 |   |
| 2 | 7 |   | 1 |   | 5 |   | 6 | 8 |
|   | 6 |   |   |   |   | 7 |   | 9 |
|   |   |   |   | 3 | 6 |   |   |   |
| 6 |   | 2 | 4 |   |   |   | 3 |   |
|   |   |   | 9 |   |   |   |   | 1 |

## 4.3.18.

| 6 | 8 |   |   | 2 | 5 |   |   |   |
|---|---|---|---|---|---|---|---|---|
| 5 |   |   |   |   |   | 6 |   |   |
|   |   | 9 |   |   | 8 |   |   | 5 |
| 8 | 6 |   |   | 1 |   | 3 | 4 |   |
|   |   |   |   | 4 |   |   |   |   |
|   | 4 | 2 |   | 3 |   |   | 9 | 8 |
| 2 |   |   | 6 |   |   | 9 |   |   |
|   | 1 |   |   |   |   |   |   | 2 |
|   |   |   | 2 | 8 |   |   | 5 | 3 |

## 4.3.19.

|   |   | 1 | 5 |   |   |   |   | 6 |
|---|---|---|---|---|---|---|---|---|
|   | 6 |   | 2 | 1 |   |   |   | 4 |
| 9 |   | 2 |   |   | 6 |   | 1 | 3 |
|   |   |   | 4 |   |   | 1 | 8 |   |
|   |   |   |   |   |   |   |   |   |
|   | 5 | 7 |   |   | 2 |   |   |   |
| 7 | 3 |   | 6 |   |   | 2 |   | 1 |
| 5 |   |   | 3 | 1 |   | 6 |   |   |
| 6 |   |   |   | 5 | 9 |   |   |   |

## 4.3.20.

|   |   | 4 |   | 6 |   |   | 8 |   |
|---|---|---|---|---|---|---|---|---|
| 2 |   |   |   |   |   | 6 | 4 |   |
|   |   | 1 |   | 5 | 9 |   |   |   |
|   | 7 |   |   |   |   |   |   | 3 |
|   |   |   | 7 | 3 | 2 |   |   |   |
| 9 |   |   |   |   |   | 1 |   |   |
|   |   |   | 6 | 9 |   | 8 |   |   |
|   | 5 | 8 |   |   |   |   |   | 4 |
|   | 1 |   |   | 4 |   | 7 |   |   |

## 4.3.21.

|   |   |   |   |   |   |   |   | 7 |
|---|---|---|---|---|---|---|---|---|
| 6 |   | 2 | 4 |   |   | 9 |   |   |
|   | 3 |   | 5 |   | 9 |   |   |   |
|   | 1 |   |   |   | 6 | 8 |   |   |
| 5 | 8 |   |   |   |   |   | 6 | 2 |
|   |   | 9 | 3 |   |   |   | 7 |   |
|   |   |   | 9 |   | 1 |   | 2 |   |
|   |   | 4 |   |   | 2 | 5 |   | 1 |
| 3 |   |   |   |   |   |   |   |   |

## 4.3.22.

|   |   | 9 |   |   |   |   | 1 |   |
|---|---|---|---|---|---|---|---|---|
|   |   | 7 |   |   | 6 |   |   | 8 |
|   | 4 |   |   |   | 7 |   | 3 |   |
| 2 | 1 |   | 6 | 9 | 5 |   |   |   |
|   |   |   | 3 | 1 | 8 |   | 5 | 4 |
|   | 6 |   | 8 |   |   |   | 2 |   |
| 9 |   | 2 |   |   |   | 5 |   |   |
|   | 5 |   |   |   |   | 1 |   |   |

## 4.3.23.

|   | 3 | 6 |   |   | 9 |   |   |   |
|---|---|---|---|---|---|---|---|---|
|   | 6 |   |   | 8 |   |   |   | 5 |
| 9 |   | 5 | 7 | 1 |   |   |   |   |
|   | 3 |   |   |   | 2 | 1 |   |   |
| 5 |   |   |   |   |   |   |   | 6 |
|   | 2 | 1 |   |   |   | 8 |   |   |
|   |   | 3 |   | 5 | 7 |   |   | 9 |
| 7 |   | 1 |   |   | 6 |   |   |   |
|   | 9 |   |   | 6 | 1 |   |   |   |

## 4.3.24.

| 7 |   |   |   | 5 |   |   |   |   |
|---|---|---|---|---|---|---|---|---|
|   | 5 | 4 | 2 |   |   |   | 3 |   |
|   |   |   |   |   |   |   | 1 | 6 |
| 3 |   | 9 |   | 8 | 4 |   |   |   |
| 5 |   |   |   |   |   |   |   | 8 |
|   |   |   | 1 | 3 |   | 2 |   | 5 |
| 9 | 6 |   |   |   |   |   |   |   |
|   | 8 |   |   |   | 2 | 9 | 7 |   |
|   |   | 7 |   |   |   |   |   | 1 |

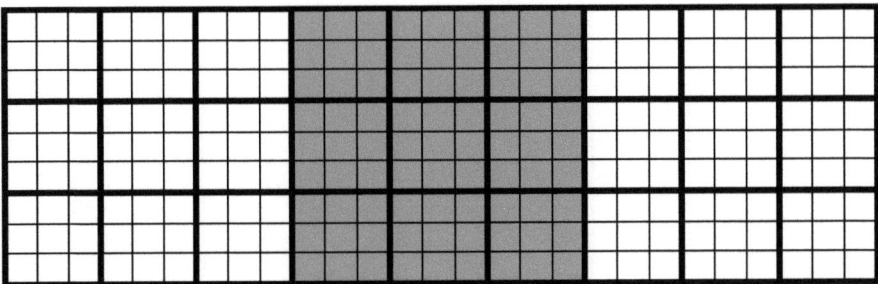

### 4.3.25.

|   |   | 9 |   |   | 5 |   |   |   |
|---|---|---|---|---|---|---|---|---|
| 1 |   |   |   | 4 |   |   | 7 |   |
|   | 4 | 8 |   |   |   | 3 |   | 1 |
|   | 9 |   |   |   | 6 | 2 |   |   |
|   |   |   |   | 2 |   |   |   |   |
|   |   | 6 | 5 |   |   |   | 3 |   |
| 8 |   | 1 |   |   |   | 9 | 5 |   |
|   | 5 |   |   | 7 |   |   |   | 8 |
|   |   |   | 1 |   |   | 6 |   |   |

### 4.3.26.

| 4 |   |   |   |   |   |   | 2 |   |
|---|---|---|---|---|---|---|---|---|
|   |   |   |   | 4 | 5 |   | 7 | 3 |
| 9 |   |   | 8 |   |   |   | 4 |   |
|   |   |   | 2 |   |   | 3 |   |   |
|   | 7 |   | 1 |   | 8 |   | 6 |   |
|   |   | 4 |   |   | 3 |   |   |   |
|   | 4 |   |   |   | 1 |   |   | 9 |
| 3 | 2 |   | 6 | 8 |   |   |   |   |
|   | 6 |   |   |   |   |   |   | 8 |

### 4.3.27.

|   | 2 |   |   |   |   |   |   | 3 |
|---|---|---|---|---|---|---|---|---|
| 7 |   |   | 6 |   |   | 1 |   |   |
| 1 | 4 |   |   |   | 3 |   |   |   |
|   | 5 |   | 2 | 3 |   |   | 8 | 6 |
| 8 | 1 |   |   | 9 | 6 |   | 5 |   |
|   |   |   | 8 |   |   |   | 9 | 5 |
|   |   | 7 |   |   | 4 |   |   | 1 |
| 9 |   |   |   |   | 8 |   |   |   |

### 4.3.28.

|   | 6 |   |   |   |   |   |   | 4 |
|---|---|---|---|---|---|---|---|---|
| 5 |   |   | 1 |   |   |   | 3 |   |
|   | 7 | 1 |   | 4 |   |   |   | 8 |
|   |   |   | 4 |   |   |   |   | 2 |
|   |   | 3 | 8 |   | 6 | 1 |   |   |
| 1 |   |   |   |   | 5 |   |   |   |
| 4 |   |   |   | 9 |   | 5 | 8 |   |
|   | 2 |   |   |   | 8 |   |   | 7 |
| 9 |   |   |   |   |   | 2 |   |   |

### 4.3.29.

|   |   |   | 8 |   | 5 |   | 6 | 2 |
|---|---|---|---|---|---|---|---|---|
|   |   |   |   | 3 |   | 1 |   |   |
|   |   |   | 9 |   |   |   |   | 4 |
|   | 9 |   |   |   |   |   | 2 | 1 |
| 1 |   | 4 | 2 | 9 | 6 | 5 |   | 3 |
| 5 |   | 8 |   |   |   | 4 |   |   |
| 8 |   |   |   |   | 3 |   |   |   |
|   |   | 5 |   | 7 |   |   |   |   |
| 7 | 4 |   | 1 |   | 8 |   |   |   |

### 4.3.30.

|   | 7 |   |   | 9 | 3 |   |   | 1 |
|---|---|---|---|---|---|---|---|---|
|   | 1 |   |   |   |   | 2 |   |   |
|   |   |   |   |   |   | 3 | 8 |   |
| 9 |   |   |   | 6 |   | 1 |   |   |
|   | 4 |   | 9 | 8 | 7 |   | 3 |   |
|   |   | 8 |   | 1 |   |   |   | 2 |
|   | 8 | 7 |   |   |   |   |   |   |
|   |   | 2 |   |   |   |   | 6 |   |
| 3 |   |   | 5 | 2 |   |   | 1 |   |

### 4.3.31.

|   | 7 |   | 1 | 9 |   | 2 |   |   |
|---|---|---|---|---|---|---|---|---|
|   |   |   |   |   | 8 | 3 | 9 |   |
|   |   | 1 |   | 6 |   | 8 | 7 |   |
|   |   | 5 | 3 |   |   |   |   |   |
|   |   |   | 7 | 1 | 5 |   |   |   |
|   |   |   |   |   | 2 | 9 |   |   |
|   | 4 | 7 |   | 2 |   | 1 |   |   |
|   | 1 | 8 | 9 |   |   |   |   |   |
|   |   | 9 |   | 5 | 1 |   | 8 |   |

### 4.3.32.

| 5 |   | 8 |   | 9 |   | 3 |   |   |
|---|---|---|---|---|---|---|---|---|
|   | 9 |   |   |   |   |   |   | 6 |
|   |   | 3 | 2 | 8 |   | 9 |   |   |
| 8 | 7 | 6 |   |   | 3 | 4 |   |   |
|   |   | 3 | 2 |   |   | 6 | 7 | 5 |
|   | 7 |   |   | 4 | 5 | 8 |   |   |
| 3 |   |   |   |   |   |   | 6 |   |
|   |   | 1 |   | 8 |   | 7 |   | 3 |

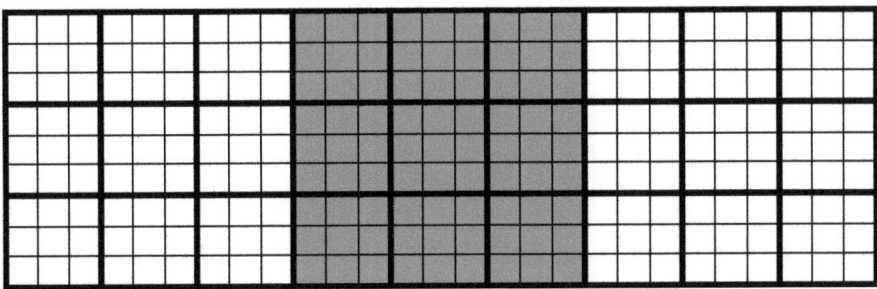

## 4.3.33.

|   |   |   | 9 |   |   |   |   |   |
|---|---|---|---|---|---|---|---|---|
|   |   | 6 |   | 1 | 2 | 4 |   |   |
|   | 4 | 7 |   |   |   |   |   |   |
| 3 |   | 8 |   | 6 |   |   | 1 |   |
| 5 | 7 |   | 2 |   | 3 |   | 6 | 9 |
|   | 6 |   |   | 1 |   | 3 |   | 2 |
|   |   |   |   |   |   | 8 | 9 |   |
|   | 3 | 2 | 8 |   |   | 6 |   |   |
|   |   |   |   | 4 |   |   |   |   |

## 4.3.34.

|   |   |   | 3 | 5 | 1 | 2 |   |   |
|---|---|---|---|---|---|---|---|---|
|   |   |   |   |   |   |   | 8 | 5 |
| 2 | 9 |   | 8 |   | 7 | 6 |   |   |
|   |   |   |   | 2 |   |   | 3 |   |
|   |   |   | 6 |   | 1 |   |   |   |
|   | 7 |   |   | 4 |   |   |   |   |
|   |   | 1 | 3 |   | 8 |   | 5 | 9 |
| 9 | 8 |   |   |   |   |   |   |   |
|   |   | 5 | 3 | 1 | 9 |   |   |   |

## 4.3.35.

|   |   | 7 | 3 |   |   |   |   |   |
|---|---|---|---|---|---|---|---|---|
|   | 7 |   | 2 | 1 |   | 6 |   |   |
| 8 |   |   | 6 |   |   |   | 5 | 1 |
|   |   |   |   |   | 6 | 3 |   |   |
| 2 |   | 8 |   | 6 |   |   |   | 7 |
|   | 6 | 7 |   |   |   |   |   |   |
| 4 | 8 |   | 1 |   |   |   |   | 5 |
|   | 1 |   | 3 | 8 |   | 4 |   |   |
|   |   |   | 5 | 2 |   |   |   |   |

## 4.3.36.

| 7 | 6 |   | 3 |   | 4 |   |   | 5 |
|---|---|---|---|---|---|---|---|---|
|   | 4 |   |   |   |   |   |   | 7 |
| 9 |   | 5 | 1 |   |   |   |   |   |
|   |   |   |   |   | 7 |   | 8 |   |
|   |   | 4 |   |   |   | 9 |   |   |
|   | 2 |   | 5 |   |   |   |   |   |
|   |   |   |   |   | 1 | 5 |   | 8 |
| 6 |   |   |   |   |   | 3 |   |   |
| 5 |   |   | 6 |   | 3 |   | 7 | 4 |

### 4.3.37.

|   | 9 |   |   |   | 5 | 8 |   |   |
|---|---|---|---|---|---|---|---|---|
|   |   | 6 |   | 2 | 9 | 3 |   |   |
|   |   |   | 8 |   |   |   |   | 6 |
| 9 |   |   | 6 | 8 |   | 4 |   |   |
| 4 | 6 |   |   | 1 |   |   | 2 | 9 |
|   | 1 |   |   | 9 | 2 |   |   | 3 |
| 7 |   |   |   |   | 8 |   |   |   |
|   | 2 | 9 |   | 3 |   | 4 |   |   |
|   | 3 | 8 |   |   |   | 6 |   |   |

### 4.3.38.

|   | 5 | 6 |   |   |   | 7 |   | 9 |
|---|---|---|---|---|---|---|---|---|
|   |   | 1 |   | 9 |   |   |   | 2 |
| 4 |   |   |   |   |   |   | 3 |   |
|   | 8 |   | 9 |   | 6 |   | 5 | 3 |
|   |   |   | 3 |   | 5 |   |   |   |
| 5 | 9 |   | 1 |   | 4 |   | 6 |   |
|   | 6 |   |   |   |   |   |   | 5 |
| 1 |   |   |   | 6 |   |   | 2 |   |
| 9 |   | 2 |   |   |   | 3 | 1 |   |

### 4.3.39.

|   |   | 3 |   |   |   | 6 | 4 |   |
|---|---|---|---|---|---|---|---|---|
|   |   |   | 6 | 2 |   | 3 |   |   |
| 3 |   | 5 |   | 8 |   |   |   | 9 |
|   |   | 9 |   |   |   |   |   | 2 |
|   | 3 |   | 2 | 1 | 9 |   | 4 |   |
| 7 |   |   |   |   | 3 |   |   |   |
| 6 |   |   | 7 |   |   | 2 |   | 5 |
|   | 2 |   | 8 | 5 |   |   |   |   |
| 1 | 5 |   |   | 6 |   |   |   |   |

### 4.3.40.

|   | 7 |   |   | 5 |   | 6 |   | 1 |
|---|---|---|---|---|---|---|---|---|
| 6 |   |   |   |   |   | 4 |   | 8 |
|   |   | 8 |   |   | 6 |   |   |   |
|   |   |   |   |   | 8 | 5 |   |   |
| 9 | 4 |   | 7 |   | 1 |   | 2 | 6 |
|   |   | 7 | 2 |   |   |   |   |   |
|   |   | 5 |   |   | 1 |   |   |   |
| 1 |   | 4 |   |   |   |   |   | 2 |
| 3 |   | 6 |   | 1 |   |   | 8 |   |

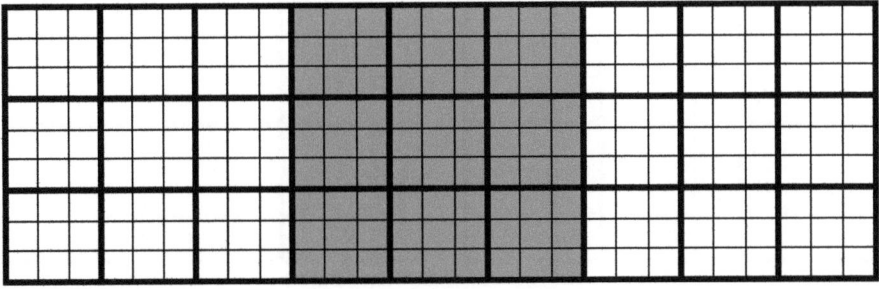

## 4.4. Anspruch: schwer

Auf den folgenden Seiten stehen Ihnen pro Seite 3 kleinere Spielfeder zum probieren zur Verfügung. Sollten Sie sich bei einer Lösung nicht sicher sein, dann können Sie die Felder zum Testen nutzen.

### 4.4.1.

|   | 2 | 4 |   | 6 |   |   |   |   |
|---|---|---|---|---|---|---|---|---|
| 5 |   |   |   | 7 | 1 |   |   |   |
| 7 | 1 |   |   | 6 |   |   |   |   |
|   | 5 |   |   |   | 6 |   |   | 9 |
| 4 | 7 |   |   |   |   |   | 6 | 5 |
| 9 |   |   | 1 |   |   | 8 |   |   |
|   |   |   | 4 |   |   | 9 | 3 |   |
|   |   |   | 9 | 1 |   |   |   | 6 |
|   |   | 9 |   |   | 3 | 5 |   |   |

### 4.4.2.

|   |   |   |   |   | 2 |   | 9 |   |
|---|---|---|---|---|---|---|---|---|
| 1 |   |   |   |   | 8 |   | 3 | 7 |
|   |   | 3 |   |   | 5 |   |   |   |
| 5 |   | 8 |   |   |   |   |   |   |
|   | 3 | 7 |   |   |   |   | 6 | 9 |
|   |   |   |   |   |   | 4 |   | 3 |
|   |   |   |   | 6 |   | 4 |   |   |
| 2 | 5 |   | 7 |   |   |   |   | 1 |
|   |   | 9 | 8 |   |   |   |   |   |

### 4.4.3.

|   | 9 | 6 | 8 |   |   | 7 |   |   |
|---|---|---|---|---|---|---|---|---|
| 5 |   |   |   |   | 4 | 1 |   | 8 |
|   |   |   |   | 7 |   |   |   |   |
|   | 4 |   |   |   |   | 5 |   | 1 |
|   | 5 | 4 |   | 2 | 7 |   |   |   |
| 1 |   | 6 |   |   |   | 8 |   |   |
|   |   |   | 2 |   |   |   |   |   |
| 4 |   | 8 | 5 |   |   |   |   | 7 |
|   | 3 |   |   | 4 | 6 | 8 |   |   |

### 4.4.4.

| 5 |   |   | 8 |   |   |   | 1 |   |
|---|---|---|---|---|---|---|---|---|
|   | 4 |   | 5 |   |   |   | 6 | 8 |
|   |   |   |   | 9 | 7 |   |   |   |
|   |   | 7 | 9 |   |   |   | 4 | 2 |
|   |   |   |   | 3 |   | 4 |   |   |
| 8 |   | 4 |   |   |   | 2 | 1 |   |
|   |   |   | 7 | 3 |   |   |   |   |
| 2 |   | 8 |   |   |   | 9 |   | 5 |
|   | 9 |   |   |   |   | 8 |   | 4 |

### 4.4.5.

| 3 |   |   |   |   |   |   |   |   |
|---|---|---|---|---|---|---|---|---|
| 4 | 8 |   | 7 |   |   |   | 2 | 6 |
|   | 5 | 2 |   |   | 8 |   | 1 |   |
|   |   |   | 8 |   |   | 9 |   |   |
|   | 3 |   |   | 1 |   |   | 7 |   |
|   |   | 5 |   |   | 9 |   |   |   |
|   | 7 |   | 4 |   |   | 5 | 6 |   |
| 6 | 4 |   |   |   | 7 |   | 9 | 1 |
|   |   |   |   |   |   |   |   | 7 |

### 4.4.6.

|   | 4 |   |   | 1 |   |   | 3 |   |
|---|---|---|---|---|---|---|---|---|
|   |   | 5 | 2 |   |   | 6 |   |   |
| 9 |   |   |   | 3 |   | 8 |   |   |
|   |   |   |   |   | 7 |   | 8 |   |
| 2 |   |   | 4 |   | 5 |   |   | 1 |
|   | 7 |   | 8 |   |   |   |   |   |
|   |   | 6 |   | 5 |   |   |   | 4 |
|   |   | 1 |   |   | 9 | 5 |   |   |
|   | 3 |   |   | 4 |   |   | 6 |   |

### 4.4.7.

|   | 3 |   |   |   | 1 |   |   |   |
|---|---|---|---|---|---|---|---|---|
| 9 | 2 |   | 8 |   |   | 3 | 6 |   |
|   | 5 |   | 2 |   |   |   |   |   |
|   |   | 6 | 7 | 5 | 3 |   |   |   |
|   | 1 |   |   |   |   |   | 7 |   |
|   |   |   | 1 | 9 | 2 | 6 |   |   |
|   |   |   |   |   | 7 |   | 3 |   |
|   | 9 | 2 |   |   | 6 |   | 4 | 8 |
|   |   | 8 |   |   |   | 1 |   |   |

### 4.4.8.

| 7 |   | 4 |   |   | 1 |   |   | 2 |
|---|---|---|---|---|---|---|---|---|
|   |   | 6 |   |   |   | 7 | 8 |   |
|   |   | 9 |   | 2 |   |   |   |   |
| 6 |   |   | 1 |   | 4 |   |   | 2 |
|   | 5 |   |   |   |   |   | 4 |   |
| 8 |   |   | 5 |   | 6 |   |   | 1 |
|   |   |   |   | 1 |   | 5 |   |   |
|   | 2 | 8 |   |   |   | 3 |   |   |
| 1 |   |   | 2 |   |   | 4 |   | 7 |

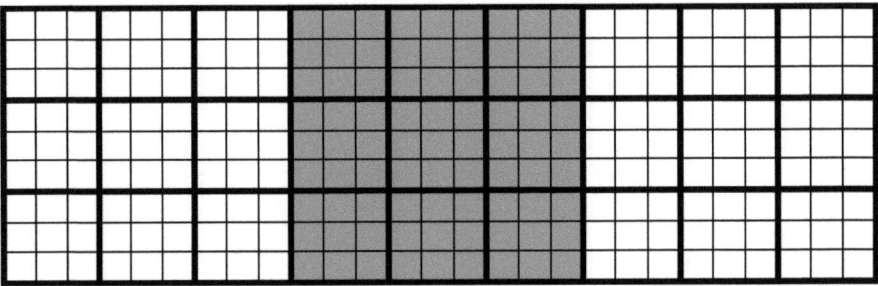

### 4.4.9.

|   | 4 |   | 9 | 8 | 7 | 2 |   |   |
|---|---|---|---|---|---|---|---|---|
|   |   |   | 4 |   |   |   | 8 |   |
| 8 |   |   |   | 5 |   |   |   | 7 |
| 9 |   |   |   |   | 3 |   |   |   |
|   | 3 |   | 2 |   | 8 |   | 9 |   |
|   |   |   | 1 |   |   |   |   | 6 |
| 1 |   |   |   | 3 |   |   |   | 5 |
|   | 7 |   |   |   | 5 |   |   |   |
|   |   | 6 | 8 | 4 | 1 |   | 2 |   |

### 4.4.10.

|   |   |   | 3 |   |   | 5 |   | 7 |
|---|---|---|---|---|---|---|---|---|
|   |   | 2 | 1 |   |   |   | 4 |   |
|   |   |   | 6 | 4 |   |   | 1 | 9 |
|   |   |   |   |   |   | 4 | 2 |   |
| 9 |   |   |   |   |   |   |   | 5 |
|   | 6 | 3 |   |   |   |   |   |   |
| 4 | 8 |   |   | 2 | 9 |   |   |   |
|   | 2 |   |   |   |   | 8 | 1 |   |
| 3 |   | 5 |   |   | 6 |   |   |   |

### 4.4.11.

|   | 4 | 3 | 5 | 7 |   |   | 6 | 1 |
|---|---|---|---|---|---|---|---|---|
|   |   |   |   | 8 |   |   |   |   |
|   |   |   | 6 |   | 3 | 4 |   | 5 |
| 2 | 6 |   |   |   |   |   |   |   |
|   |   | 5 |   | 1 |   | 7 |   |   |
|   |   |   |   |   |   | 3 | 6 |   |
| 6 |   | 8 | 7 |   | 1 |   |   |   |
|   |   |   |   | 3 |   |   |   |   |
| 4 | 3 |   |   | 6 | 5 | 9 | 2 |   |

### 4.4.12.

|   | 4 |   | 5 |   |   |   |   |   |
|---|---|---|---|---|---|---|---|---|
| 1 |   |   |   | 7 | 3 |   | 4 |   |
| 3 | 9 |   |   | 4 |   | 5 |   | 7 |
| 7 | 3 |   |   |   |   |   |   |   |
|   |   |   | 1 |   |   |   | 6 |   |
|   |   |   |   |   |   |   | 5 | 9 |
| 5 |   | 4 |   | 2 |   |   | 1 | 6 |
|   | 8 |   | 7 | 1 |   |   |   | 2 |
|   |   |   |   |   | 6 |   | 3 |   |

## 4.4.13.

|   | 8 |   | 1 |   |   |   |   |   |
|---|---|---|---|---|---|---|---|---|
| 2 |   |   | 6 |   |   | 7 |   |   |
| 3 |   | 5 |   | 7 |   |   |   |   |
| 5 |   | 9 |   | 3 |   | 4 |   |   |
|   | 2 |   |   |   |   | 8 |   |   |
|   | 4 |   |   | 9 |   | 2 |   | 3 |
|   |   |   |   | 6 |   | 3 |   | 2 |
|   |   | 8 |   |   | 2 |   |   | 9 |
|   |   |   |   |   | 9 |   | 1 |   |

## 4.4.14.

| 4 | 5 |   | 8 |   | 3 |   | 2 |   |
|---|---|---|---|---|---|---|---|---|
|   | 7 |   | 6 |   |   |   |   |   |
| 1 |   |   |   | 5 |   |   |   |   |
|   | 6 | 7 |   |   | 1 |   |   |   |
| 3 |   |   |   |   |   |   |   | 2 |
|   |   |   | 5 |   |   | 9 | 3 |   |
|   |   |   |   | 4 |   |   |   | 3 |
|   |   |   |   |   | 7 |   | 5 |   |
|   | 2 |   | 9 |   | 6 |   | 8 | 1 |

## 4.4.15.

|   | 8 |   |   |   |   |   | 4 | 6 |
|---|---|---|---|---|---|---|---|---|
|   |   |   | 3 |   |   |   |   |   |
|   |   |   | 7 | 8 | 1 |   |   |   |
|   |   | 8 | 6 |   |   | 3 | 7 |   |
| 4 | 2 |   |   | 5 |   |   | 6 | 1 |
|   | 7 | 5 |   |   | 3 | 9 |   |   |
|   |   | 7 | 5 | 9 |   |   |   |   |
|   |   |   |   | 4 |   |   |   |   |
| 5 | 9 |   |   |   |   | 1 |   |   |

## 4.4.16.

| 7 |   | 9 | 5 | 6 |   |   |   |   |
|---|---|---|---|---|---|---|---|---|
| 3 |   |   |   |   |   | 6 |   | 8 |
|   |   |   |   |   | 4 |   | 7 |   |
| 6 |   |   |   | 5 |   |   |   | 7 |
|   |   | 7 | 1 |   | 3 | 9 |   |   |
| 8 |   |   |   | 4 |   |   |   | 1 |
|   | 3 |   | 8 |   |   |   |   |   |
| 9 |   | 1 |   |   |   |   |   | 6 |
|   |   |   |   | 1 | 6 | 2 |   | 3 |

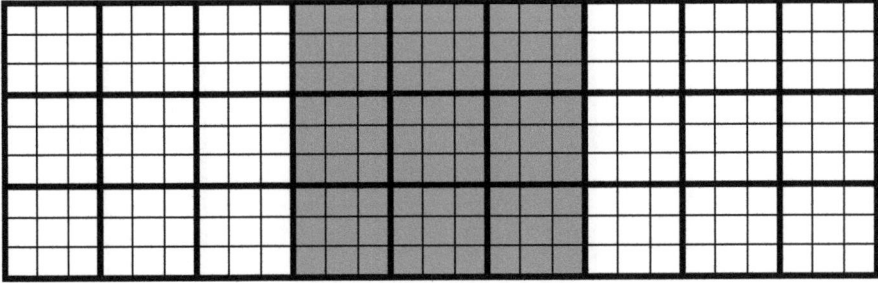

## 4.4.17.

|   | 5 |   | 2 |   |   |   |   | 9 |
|---|---|---|---|---|---|---|---|---|
|   | 1 |   | 5 | 8 | 9 | 4 | 3 |   |
|   | 9 |   |   |   |   |   | 7 |   |
|   |   |   |   | 7 | 1 | 3 |   |   |
| 5 |   |   | 4 |   | 3 |   |   | 1 |
|   |   | 3 | 9 | 5 |   |   |   |   |
|   | 3 |   |   |   |   |   | 4 |   |
|   | 5 | 7 | 6 | 4 | 8 |   | 1 |   |
| 8 |   |   |   | 1 |   | 9 |   |   |

## 4.4.18.

| 8 | 2 |   |   |   | 5 |   |   | 3 |
|---|---|---|---|---|---|---|---|---|
|   |   |   |   |   | 7 | 9 | 2 |   |
|   |   |   |   | 2 |   | 7 |   |   |
| 1 |   | 9 |   |   |   |   | 3 |   |
| 5 |   |   |   | 6 |   |   |   | 9 |
|   | 3 |   |   |   |   | 2 |   | 6 |
|   | 3 |   | 8 |   |   |   |   |   |
|   | 4 | 6 | 1 |   |   |   |   |   |
| 7 |   |   | 3 |   |   |   | 4 | 2 |

## 4.4.19.

|   | 4 |   | 1 |   |   |   |   |   |
|---|---|---|---|---|---|---|---|---|
| 3 |   |   |   | 4 | 7 | 8 | 1 |   |
|   | 1 |   | 3 |   |   |   |   | 4 |
| 1 |   |   |   |   | 6 | 5 |   |   |
| 4 |   | 6 |   |   |   | 1 |   | 9 |
|   |   | 2 | 9 |   |   |   |   | 7 |
| 5 |   |   |   |   | 4 |   | 7 |   |
|   | 2 | 1 | 7 | 5 |   |   |   | 8 |
|   |   |   | 8 |   | 2 |   |   |   |

## 4.4.20.

|   |   |   | 7 |   |   | 4 |   |   |
|---|---|---|---|---|---|---|---|---|
| 6 |   | 5 | 8 |   |   |   |   |   |
| 1 |   |   |   | 3 |   | 2 |   |   |
|   |   | 6 | 2 |   |   | 1 |   | 3 |
|   | 2 |   |   |   |   |   | 6 |   |
| 3 |   | 7 |   |   | 9 | 5 |   |   |
|   |   | 4 |   | 8 |   |   |   | 9 |
|   |   |   |   |   | 2 | 6 |   | 4 |
|   |   | 2 |   | 5 |   |   |   |   |

### 4.4.21.

|   | 3 |   | 2 |   |   | 1 | 5 |   |
|---|---|---|---|---|---|---|---|---|
|   | 4 |   |   |   | 1 | 9 |   |   |
|   |   | 9 |   |   |   | 8 | 6 |   |
|   |   | 7 | 3 |   |   | 5 | 8 |   |
|   |   |   | 2 |   | 8 |   |   |   |
| 3 | 8 |   |   | 1 | 9 |   |   |   |
|   | 5 | 6 |   |   |   | 3 |   |   |
|   |   | 7 | 1 |   |   |   | 9 |   |
|   | 9 | 4 |   | 7 |   | 6 |   |   |

### 4.4.22.

|   |   |   |   |   | 6 | 8 |   | 5 |
|---|---|---|---|---|---|---|---|---|
|   |   |   |   |   |   |   |   | 9 |
|   | 4 | 2 |   | 5 |   | 1 |   |   |
|   | 3 |   | 6 |   |   |   | 1 |   |
|   |   | 5 | 2 |   | 4 | 9 |   |   |
|   | 8 |   |   |   | 1 |   | 6 |   |
|   |   | 6 |   | 3 |   | 2 | 5 |   |
| 4 |   |   |   |   |   |   |   |   |
| 8 |   | 9 | 5 |   |   |   |   |   |

### 4.4.23.

|   |   | 7 | 4 |   |   |   |   |   |
|---|---|---|---|---|---|---|---|---|
|   |   | 6 |   | 5 | 9 |   |   |   |
| 9 | 4 |   | 7 |   |   |   |   |   |
| 8 |   |   | 2 |   |   |   | 7 | 9 |
| 7 |   | 2 |   |   | 1 |   |   | 4 |
| 3 | 9 |   |   |   | 7 |   |   | 8 |
|   |   |   |   |   | 6 |   | 1 | 3 |
|   |   |   | 1 | 2 |   | 6 |   |   |
|   |   |   |   |   | 3 | 4 |   |   |

### 4.4.24.

| 7 |   |   | 6 |   |   |   |   |   |
|---|---|---|---|---|---|---|---|---|
|   | 1 | 9 | 8 |   |   |   |   |   |
|   |   | 5 |   | 4 | 7 |   |   |   |
| 6 |   |   |   | 1 |   |   | 4 | 9 |
|   | 8 |   |   |   |   |   | 6 |   |
| 1 | 9 |   |   | 2 |   |   |   | 8 |
|   |   | 5 | 9 |   | 3 |   |   |   |
|   |   |   |   |   | 4 | 2 | 5 |   |
|   |   |   |   |   | 3 |   |   | 7 |

### 4.4.25.

| 2 |   | 5 | 6 |   | 9 | 8 |   |   |
|---|---|---|---|---|---|---|---|---|
|   | 6 |   |   | 5 |   |   |   |   |
| 3 |   |   | 7 |   |   |   |   | 6 |
|   | 8 |   | 4 |   |   |   |   |   |
| 7 |   |   |   | 8 |   |   |   | 4 |
|   |   |   |   |   | 6 |   | 1 |   |
| 9 |   |   |   |   | 7 |   |   | 1 |
|   |   |   |   | 4 |   |   | 7 |   |
|   |   | 8 | 1 |   | 2 | 4 |   | 5 |

### 4.4.26.

|   |   |   |   |   |   |   |   | 7 |
|---|---|---|---|---|---|---|---|---|
| 1 |   | 2 | 6 |   | 7 |   |   |   |
|   | 9 | 6 |   |   | 2 | 1 |   |   |
|   |   |   |   |   |   | 1 |   | 3 |
| 9 |   | 1 |   |   |   | 7 |   | 2 |
|   | 5 |   | 9 |   |   |   |   |   |
|   |   | 7 | 8 |   |   | 4 | 6 |   |
|   |   |   | 4 |   | 3 | 9 |   | 1 |
| 4 |   |   |   |   |   |   |   |   |

### 4.4.27.

|   | 8 |   |   | 5 |   |   |   |   |
|---|---|---|---|---|---|---|---|---|
|   |   | 7 | 4 |   |   |   | 3 |   |
|   |   | 4 |   |   | 8 | 7 |   | 9 |
|   | 4 |   | 5 |   |   | 9 |   | 3 |
|   |   | 3 |   |   |   | 2 |   |   |
| 6 |   | 5 |   |   | 3 |   | 7 |   |
| 7 |   | 8 | 2 |   |   | 4 |   |   |
|   | 2 |   |   |   | 5 | 3 |   |   |
|   |   |   |   | 9 |   |   | 8 |   |

### 4.4.28.

|   | 4 |   | 3 | 7 |   | 1 |   |   |
|---|---|---|---|---|---|---|---|---|
|   | 1 |   | 5 |   | 9 |   |   |   |
|   | 2 |   |   |   |   | 5 |   |   |
|   |   |   | 8 |   |   |   |   |   |
| 1 | 5 |   |   |   |   |   | 8 | 3 |
|   |   |   |   |   | 6 |   |   |   |
|   |   | 4 |   |   |   |   | 2 |   |
|   |   |   | 7 |   | 3 |   | 6 |   |
|   |   | 2 |   | 1 | 5 |   | 3 |   |

## 4.4.29.

|   |   | 3 |   | 1 |   | 9 |   | 2 |
|---|---|---|---|---|---|---|---|---|
| 8 |   | 7 |   |   |   |   |   |   |
| 2 | 5 |   |   |   | 9 |   | 7 |   |
|   |   |   |   | 9 |   |   | 4 |   |
| 7 |   |   |   | 2 |   |   |   | 1 |
|   | 6 |   |   | 5 |   |   |   |   |
|   | 3 |   | 4 |   |   |   | 1 | 9 |
|   |   |   |   |   |   | 4 |   | 7 |
| 9 |   | 4 |   | 6 |   | 3 |   |   |

## 4.4.30.

| 3 |   |   |   |   |   | 4 | 6 |   |
|---|---|---|---|---|---|---|---|---|
|   | 7 | 1 |   |   |   | 9 |   |   |
|   |   |   |   |   | 7 |   | 9 | 8 | 
|   |   | 7 |   |   |   |   | 9 | 8 |
|   |   |   | 9 |   | 2 |   |   |   |
| 9 | 5 |   |   |   |   | 1 |   |   |
| 6 | 1 | 3 |   | 4 |   |   |   |   |
|   |   |   |   | 7 |   |   | 8 | 6 |
|   |   | 9 | 6 |   |   |   |   | 4 |

## 4.4.31.

|   | 5 |   |   | 4 |   | 1 | 6 |   |
|---|---|---|---|---|---|---|---|---|
| 6 |   |   | 3 |   |   | 4 |   |   |
| 4 | 1 |   | 8 |   |   |   |   |   |
| 5 |   |   | 1 |   |   | 9 |   |   |
|   |   |   | 5 |   |   |   |   |   |
|   | 4 |   |   | 2 |   |   |   | 7 |
|   |   |   |   | 8 |   | 7 | 9 |   |
|   | 2 |   | 1 |   |   |   |   | 4 |
| 7 | 9 |   | 5 |   |   | 6 |   |   |

## 4.4.32.

|   |   |   | 4 |   |   | 2 |   | 5 |
|---|---|---|---|---|---|---|---|---|
|   | 4 | 6 |   |   | 5 |   | 3 |   |
| 7 |   |   | 8 |   |   |   |   |   |
| 9 |   |   |   |   | 8 | 1 |   |   |
|   | 8 | 3 |   |   |   | 5 | 9 |   |
|   |   | 4 | 6 |   |   |   |   | 3 |
|   |   |   |   | 2 |   |   |   | 9 |
|   | 2 |   | 5 |   |   | 3 | 7 |   |
| 4 |   | 9 |   | 3 |   |   |   |   |

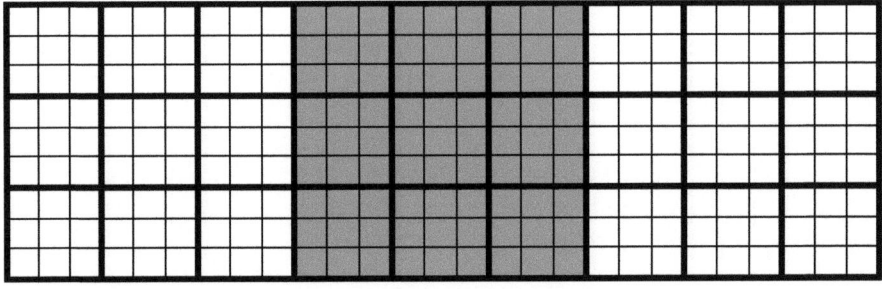

## 4.3.33.

|   |   | 9 |   |   |   |   |   |   |
|---|---|---|---|---|---|---|---|---|
|   | 6 |   |   | 1 | 2 | 4 |   |   |
|   | 4 | 7 |   |   |   |   |   |   |
| 3 |   | 8 |   | 6 |   |   | 1 |   |
| 5 | 7 |   | 2 |   | 3 |   | 6 | 9 |
|   | 6 |   |   | 1 |   | 3 |   | 2 |
|   |   |   |   |   | 8 | 9 |   |   |
|   | 3 | 2 | 8 |   | 6 |   |   |   |
|   |   |   |   | 4 |   |   |   |   |

## 4.3.34.

|   |   |   | 3 | 5 | 1 | 2 |   |   |
|---|---|---|---|---|---|---|---|---|
|   |   |   |   |   |   |   | 8 | 5 |
| 2 | 9 |   | 8 |   | 7 | 6 |   |   |
|   |   |   |   | 2 |   |   | 3 |   |
|   |   |   | 6 |   | 1 |   |   |   |
|   | 7 |   |   | 4 |   |   |   |   |
|   |   | 1 | 3 |   | 8 |   | 5 | 9 |
| 9 | 8 |   |   |   |   |   |   |   |
|   |   | 5 | 3 | 1 | 9 |   |   |   |

## 4.4.35.

|   |   |   |   |   | 4 | 9 |   |   |
|---|---|---|---|---|---|---|---|---|
|   |   |   | 5 |   | 7 |   |   | 1 |
|   | 1 |   | 3 | 2 |   | 5 |   |   |
|   | 7 |   |   | 8 |   |   |   | 9 |
|   | 8 |   |   | 7 |   | 4 |   |   |
| 6 |   |   | 5 |   |   | 7 |   |   |
|   |   | 5 |   | 8 | 1 |   | 6 |   |
| 7 |   | 2 |   | 4 |   |   |   |   |
|   | 9 | 1 |   |   |   |   |   |   |

## 4.4.36.

|   | 3 | 7 |   |   |   | 2 |   |   |
|---|---|---|---|---|---|---|---|---|
| 6 | 8 |   | 1 | 4 |   |   |   |   |
|   |   | 1 |   |   |   |   | 5 |   |
| 1 |   |   |   | 6 | 7 |   |   | 4 |
|   |   |   |   | 3 |   |   |   |   |
| 3 |   |   | 8 | 9 |   |   |   | 5 |
|   | 5 |   |   |   |   | 7 |   |   |
|   |   |   |   | 5 | 9 |   | 4 | 2 |
|   |   | 4 |   |   |   | 5 | 6 |   |

### 4.4.37.

|   |   | 3 | 2 |   |   | 7 |   |   |
|---|---|---|---|---|---|---|---|---|
|   |   |   |   | 6 |   |   |   |   |
| 2 | 6 |   |   |   |   | 8 | 4 |   |
|   | 4 |   |   | 6 |   | 1 |   |   |
|   |   | 9 | 8 |   | 5 | 4 |   |   |
|   |   | 7 |   | 4 |   |   | 5 |   |
|   | 8 | 5 |   |   |   |   | 9 | 3 |
|   |   |   | 1 |   |   |   |   |   |
|   | 7 |   |   | 3 | 9 |   |   |   |

### 4.4.38.

|   |   | 7 | 8 |   |   | 1 | 3 | 2 |
|---|---|---|---|---|---|---|---|---|
|   |   |   | 2 | 7 |   |   |   | 9 |
|   |   |   | 6 |   | 9 |   |   |   |
|   | 6 |   |   |   |   |   |   | 4 |
|   |   | 5 | 3 |   | 8 | 6 |   |   |
| 4 |   |   |   |   |   |   | 7 |   |
|   |   |   | 4 |   | 5 |   |   |   |
| 1 |   |   |   | 2 | 6 |   |   |   |
| 2 | 4 | 6 |   |   |   | 3 | 8 |   |

### 4.4.39.

|   |   |   |   | 5 | 7 |   |   |   |
|---|---|---|---|---|---|---|---|---|
| 2 |   | 6 |   |   | 5 |   |   |   |
| 7 | 3 |   |   | 2 | 9 |   |   |   |
|   | 5 | 3 |   |   |   |   |   |   |
|   |   |   | 4 |   | 1 |   |   |   |
|   |   |   |   |   |   | 4 | 3 |   |
|   |   | 1 | 4 |   |   |   | 7 | 6 |
|   |   | 1 |   |   |   | 9 |   | 8 |
|   |   | 2 | 6 |   |   |   |   |   |

### 4.4.40.

|   |   | 2 |   | 7 |   |   |   | 4 |
|---|---|---|---|---|---|---|---|---|
|   |   |   | 4 |   |   |   | 7 |   |
| 6 | 4 |   |   | 2 |   |   |   |   |
|   |   | 9 |   |   |   |   | 4 | 8 |
| 8 | 2 |   |   |   |   |   | 1 | 9 |
| 4 | 1 |   |   |   |   | 7 |   |   |
|   |   |   | 9 |   |   |   | 6 | 7 |
|   | 3 |   |   |   | 8 |   |   |   |
| 2 |   |   | 5 |   | 1 |   |   |   |

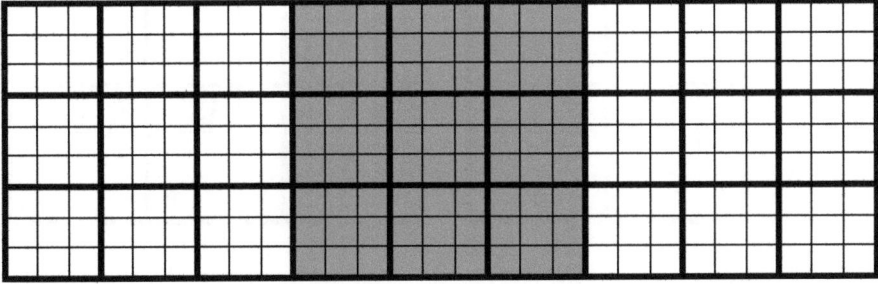

## 4.5. Anspruch: extrem

Auf den folgenden Seiten stehen Ihnen pro Seite 3 kleinere Spielfeder zum probieren zur Verfügung. Sollten Sie sich bei einer Lösung nicht sicher sein, dann können Sie die Felder zum Testen nutzen.

### 4.5.1.

| 3 |   |   | 8 | 5 |   |   |   |   |
|---|---|---|---|---|---|---|---|---|
|   |   |   |   |   |   |   | 4 | 6 |
|   | 4 |   |   | 6 |   |   |   |   |
| 7 |   |   |   | 4 | 2 |   | 5 |   |
| 4 | 2 |   |   |   |   |   | 3 | 7 |
| 5 |   | 3 | 8 |   |   |   |   | 9 |
|   |   | 9 |   |   | 5 |   |   |   |
| 1 | 8 |   |   |   |   |   |   |   |
|   |   | 6 | 7 |   |   |   | 4 |   |

### 4.5.2.

| 9 |   |   |   |   |   |   | 8 |   |
|---|---|---|---|---|---|---|---|---|
| 3 | 8 |   | 5 |   |   |   |   | 1 |
| 6 | 7 | 5 |   | 8 | 4 |   |   |   |
|   | 3 |   | 7 |   |   |   |   |   |
| 2 |   | 3 |   | 8 |   |   |   | 5 |
|   |   |   |   | 9 |   |   | 1 |   |
|   |   |   | 7 | 2 |   | 4 | 5 | 9 |
| 7 |   |   | 4 |   |   |   | 3 | 8 |
|   | 9 |   |   |   |   |   |   | 6 |

### 4.5.3.

| 8 | 1 |   | 2 | 9 | 6 |   |   |   |
|---|---|---|---|---|---|---|---|---|
| 7 |   |   |   |   |   |   |   |   |
|   |   | 3 |   | 4 |   |   | 1 |   |
|   | 5 | 7 |   |   | 4 |   | 8 |   |
| 6 |   |   |   |   |   |   |   | 3 |
|   | 2 |   | 7 |   |   | 9 | 5 |   |
|   | 8 |   |   | 2 |   | 3 |   |   |
|   |   |   |   |   |   |   |   | 1 |
|   |   |   | 1 | 8 | 3 |   | 6 | 5 |

### 4.5.4.

|   |   |   |   | 5 |   | 8 |   | 4 |
|---|---|---|---|---|---|---|---|---|
|   |   |   | 8 |   |   |   |   |   |
|   | 2 | 3 |   | 6 |   |   | 1 | 8 |
|   | 7 | 5 | 2 |   |   | 3 |   |   |
|   |   |   |   |   |   |   |   |   |
|   |   | 1 |   |   |   | 7 | 8 | 2 |
|   | 1 | 6 |   | 4 |   |   | 7 | 3 |
|   |   |   |   |   |   |   | 4 |   |
| 3 |   |   | 9 |   | 6 |   |   |   |

### 4.5.5.

|   | 4 |   | 9 | 6 |   |   |   | 7 |
|---|---|---|---|---|---|---|---|---|
|   | 2 |   | 1 | 8 | 5 |   |   |   |
|   | 9 |   | 7 |   |   |   |   | 4 |
|   |   |   |   |   |   |   | 2 | 8 |
|   |   | 5 |   |   | 4 |   |   |   |
| 8 | 3 |   |   |   |   |   |   |   |
| 6 |   |   |   | 9 |   | 4 |   |   |
|   |   | 9 | 8 | 6 |   | 1 |   |   |
| 4 |   |   | 2 | 3 |   | 6 |   |   |

### 4.5.6.

|   | 8 | 5 |   |   |   | 1 |   |   |
|---|---|---|---|---|---|---|---|---|
| 6 |   |   |   | 9 |   |   | 8 |   |
|   | 9 | 2 |   | 8 |   |   |   | 4 |
|   |   |   |   | 6 |   |   |   | 2 |
| 4 |   |   |   |   |   |   |   | 3 |
| 7 |   |   |   |   | 9 |   |   |   |
| 9 |   |   |   | 5 |   |   | 4 | 2 |
|   | 5 |   |   | 4 |   |   |   | 7 |
|   |   |   | 8 |   |   | 5 | 9 |   |

### 4.5.7.

| 6 |   |   |   | 4 | 9 |   |   | 7 |
|---|---|---|---|---|---|---|---|---|
| 7 |   |   |   | 6 |   | 3 |   |   |
|   | 8 |   | 7 |   | 3 |   |   |   |
| 8 |   | 4 |   | 7 |   |   | 9 |   |
|   | 1 |   |   | 5 |   | 6 |   | 8 |
|   |   |   | 2 |   | 7 |   | 1 |   |
|   |   | 5 |   | 3 |   |   |   | 6 |
| 9 |   |   | 5 | 1 |   |   |   | 4 |

### 4.5.8.

| 8 | 5 |   |   |   | 9 |   |   |   |
|---|---|---|---|---|---|---|---|---|
|   | 4 | 1 | 6 | 7 |   |   |   | 2 |
|   |   |   |   |   |   |   |   | 3 |
|   |   | 8 | 5 | 2 |   |   |   |   |
| 9 |   |   |   |   |   |   |   | 5 |
|   |   |   |   |   | 4 | 1 | 3 |   |
| 4 |   |   |   |   |   |   |   |   |
| 6 |   |   |   | 5 | 3 | 9 | 4 |   |
|   |   | 8 |   |   |   |   | 5 | 7 |

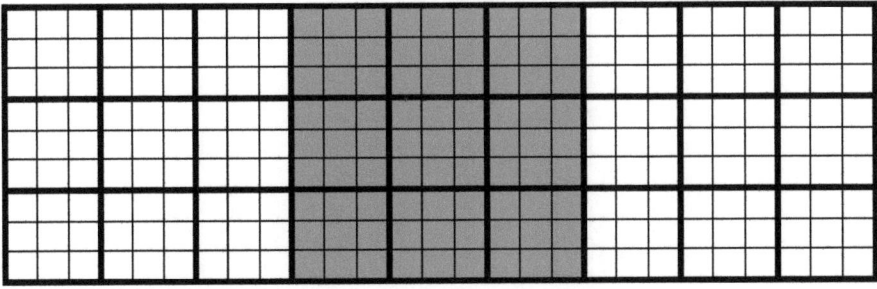

### 4.5.9.

|   |   |   |   |   |   | 4 | 8 | 2 |
|---|---|---|---|---|---|---|---|---|
| 4 | 5 |   |   |   |   |   | 9 |   |
| 3 |   |   |   |   | 4 |   | 6 |   |
|   |   | 1 |   | 5 |   | 8 |   |   |
|   | 4 |   | 8 |   | 6 |   | 2 |   |
|   |   | 3 |   | 9 |   | 5 |   |   |
|   | 8 |   | 7 |   |   |   |   | 4 |
|   | 3 |   |   |   |   |   | 5 | 9 |
| 1 | 6 | 4 |   |   |   |   |   |   |

### 4.5.10.

|   | 3 |   |   | 7 |   |   |   | 2 |
|---|---|---|---|---|---|---|---|---|
|   |   | 5 |   |   | 9 | 7 |   |   |
|   |   |   | 1 |   | 5 |   |   | 4 |
|   | 9 |   |   |   |   | 8 |   | 3 |
| 2 |   |   |   |   |   |   |   | 7 |
| 3 |   | 8 |   |   |   |   | 2 |   |
| 8 |   |   | 5 |   | 4 |   |   |   |
|   |   | 9 | 2 |   |   | 1 |   |   |
| 5 |   |   |   | 6 |   |   | 7 |   |

### 4.5.11.

|   |   |   |   | 1 | 3 |   |   |   |
|---|---|---|---|---|---|---|---|---|
|   | 3 | 8 |   |   |   | 1 |   |   |
| 4 | 1 |   | 7 |   |   |   |   |   |
| 2 |   | 1 | 3 |   |   |   |   | 7 |
|   | 7 | 9 |   |   |   | 6 | 2 |   |
| 6 |   |   |   |   | 2 | 8 |   | 9 |
|   |   |   |   |   | 1 |   | 9 | 5 |
|   |   | 4 |   |   |   | 2 | 1 |   |
|   |   |   | 5 | 4 |   |   |   |   |

### 4.5.12.

|   | 5 |   |   |   |   |   | 8 | 3 |
|---|---|---|---|---|---|---|---|---|
| 8 |   |   |   |   | 1 |   | 4 | 2 |
|   |   |   | 6 |   |   | 7 |   |   |
|   | 4 | 6 |   | 1 |   |   |   |   |
|   |   |   |   | 3 |   | 7 |   |   |
|   |   |   |   | 4 |   | 8 | 9 |   |
|   |   | 9 |   |   | 6 |   |   |   |
| 7 | 6 |   | 8 |   |   |   |   | 5 |
| 4 | 1 |   |   |   |   |   | 6 |   |

### 4.5.13.

| | | | | | | | | |
|---|---|---|---|---|---|---|---|---|
| 9 |   |   |   |   | 2 |   | 6 |   |
|   | 2 |   |   | 8 |   |   |   |   |
|   | 7 | 8 |   |   | 3 |   | 4 |   |
|   | 5 |   | 3 | 9 |   |   |   | 4 |
|   |   |   |   |   |   |   |   |   |
| 8 |   |   |   | 4 | 7 |   | 3 |   |
|   | 8 |   | 7 |   |   | 3 | 5 |   |
|   |   |   | 2 |   |   |   | 1 |   |
| 7 |   | 5 |   |   |   |   |   | 2 |

### 4.5.14.

| | | | | | | | | |
|---|---|---|---|---|---|---|---|---|
| 7 |   | 9 |   |   |   | 1 |   |   |
|   | 4 |   |   | 1 | 3 |   |   |   |
|   |   |   |   |   |   |   | 8 | 3 |
|   | 8 | 7 | 6 |   | 5 |   |   |   |
| 3 |   |   |   |   |   |   |   | 5 |
|   |   |   | 2 |   | 9 | 6 | 3 |   |
| 4 | 1 |   |   |   |   |   |   |   |
|   |   |   | 1 | 6 |   |   | 5 |   |
|   |   | 2 |   |   | 4 |   |   | 9 |

### 4.5.15.

| | | | | | | | | |
|---|---|---|---|---|---|---|---|---|
| 8 | 1 |   | 9 |   | 7 |   |   |   |
|   |   |   |   | 8 | 2 |   |   |   |
| 2 |   | 9 |   | 4 |   | 5 |   |   |
| 9 |   | 6 |   |   |   | 7 |   |   |
|   | 5 |   |   |   |   |   | 9 |   |
|   |   | 8 |   |   |   | 3 |   | 2 |
|   |   | 4 |   | 2 |   | 9 |   | 5 |
|   |   |   | 4 | 9 |   |   |   |   |
|   |   |   | 7 |   | 8 |   | 6 | 1 |

### 4.5.16.

| | | | | | | | | |
|---|---|---|---|---|---|---|---|---|
|   |   | 4 | 7 |   |   | 2 |   |   |
| 7 |   |   |   |   |   | 3 | 4 | 1 |
|   | 1 |   |   |   |   |   |   |   |
|   |   | 2 | 6 |   | 1 |   | 3 | 4 |
|   |   |   | 5 |   | 2 |   |   |   |
| 1 | 3 |   | 8 |   | 4 | 6 |   |   |
|   |   |   |   |   |   |   | 5 |   |
| 6 | 5 | 1 |   |   |   |   |   | 9 |
|   |   | 3 |   |   | 5 | 4 |   |   |

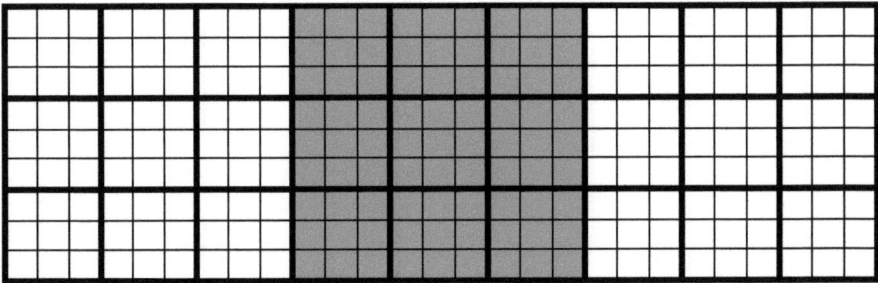

### 4.5.17.

|   | 7 |   |   | 3 |   | 8 |   |   |
|---|---|---|---|---|---|---|---|---|
|   | 1 |   | 5 |   | 4 |   | 2 |   |
|   |   |   |   |   |   |   |   | 7 |
|   | 3 |   |   | 4 | 2 | 7 |   |   |
|   | 2 |   |   | 3 |   |   | 4 |   |
|   |   | 5 | 7 | 8 |   | 3 |   |   |
| 6 |   |   |   |   |   |   |   |   |
| 2 |   | 4 |   | 6 |   |   | 7 |   |
|   | 5 |   | 9 |   |   | 8 |   |   |

### 4.5.18.

|   | 9 |   |   |   | 5 | 3 |   |   |
|---|---|---|---|---|---|---|---|---|
|   | 2 |   |   |   |   |   | 4 |   |
| 5 |   | 4 | 3 |   |   |   |   | 8 |
|   |   |   |   |   | 8 | 5 |   |   |
| 7 |   | 3 |   |   |   |   | 1 | 9 |
|   |   | 5 | 6 |   |   |   |   |   |
| 2 |   |   |   |   | 3 | 9 |   | 5 |
|   |   | 9 |   |   |   |   | 3 |   |
|   |   | 8 | 4 |   |   |   | 7 |   |

### 4.5.19.

| 4 |   | 9 |   |   |   |   |   |   |
|---|---|---|---|---|---|---|---|---|
|   | 7 |   | 5 |   |   | 4 |   |   |
|   |   |   | 2 |   | 9 |   | 5 |   |
| 1 | 8 |   |   | 3 |   |   |   |   |
|   |   | 3 | 1 |   | 4 | 2 |   |   |
|   |   |   | 9 |   |   |   | 1 | 8 |
|   | 6 |   | 4 |   | 7 |   |   |   |
|   |   | 7 |   |   | 5 |   | 4 |   |
|   |   |   |   |   |   | 1 |   | 6 |

### 4.5.20.

| 7 |   |   |   | 9 |   |   | 2 | 1 |
|---|---|---|---|---|---|---|---|---|
| 6 |   |   | 3 | 8 |   |   |   |   |
|   | 5 |   |   |   | 2 |   |   |   |
| 2 | 3 |   |   | 8 |   |   |   |   |
|   |   | 9 |   |   |   | 6 |   |   |
|   |   |   | 1 |   |   |   | 9 | 5 |
|   |   |   | 6 |   |   |   | 7 |   |
|   |   |   |   | 7 | 1 |   |   | 9 |
| 1 | 9 |   |   | 4 |   |   |   | 2 |

### 4.5.21.

| 1 |   |   |   |   |   |   |   |   |
|---|---|---|---|---|---|---|---|---|
|   | 7 | 5 |   |   |   |   |   | 3 |
|   | 6 | 5 |   |   | 3 | 9 |   |   |
| 4 | 2 |   |   |   |   |   |   | 9 |
|   |   | 7 |   | 8 |   |   |   |   |
| 8 |   |   |   |   | 3 |   |   | 4 |
|   |   | 4 | 1 |   |   | 2 | 9 |   |
| 3 |   |   |   | 5 | 6 |   |   |   |
|   |   |   |   |   |   |   |   | 1 |

### 4.5.22.

|   | 4 | 2 |   | 3 |   |   | 6 |   |
|---|---|---|---|---|---|---|---|---|
| 9 |   |   |   |   |   |   |   | 3 |
| 3 |   |   |   |   | 7 | 1 | 9 |   |
|   | 8 |   | 2 | 9 |   |   |   | 7 |
|   |   | 3 |   |   |   | 2 |   |   |
| 2 |   |   |   | 6 | 8 |   | 1 |   |
|   | 5 | 9 | 7 |   |   |   |   | 1 |
| 7 |   |   |   |   |   |   |   | 5 |
|   | 3 |   |   | 5 |   | 6 | 7 |   |

### 4.5.23.

| 1 |   |   | 9 | 8 |   |   |   | 6 |
|---|---|---|---|---|---|---|---|---|
|   |   |   | 7 |   |   | 1 |   | 9 |
|   |   |   |   |   |   | 5 | 8 |   |
| 7 |   |   | 5 | 2 |   | 6 |   |   |
|   | 3 |   |   |   |   | 4 |   |   |
|   | 2 | 3 | 7 |   |   |   |   | 1 |
| 5 | 1 |   |   |   |   |   |   |   |
| 9 |   | 6 |   |   | 1 |   |   |   |
| 2 |   |   |   | 9 | 8 |   |   | 5 |

### 4.5.24.

|   |   |   |   |   |   | 9 | 7 |   |
|---|---|---|---|---|---|---|---|---|
|   |   | 2 |   | 6 |   | 1 | 3 |   |
|   |   | 8 | 3 | 7 |   |   |   | 2 |
|   |   | 4 |   | 8 |   |   | 9 |   |
|   |   |   | 7 |   | 5 |   |   |   |
|   | 7 |   |   | 2 |   | 6 |   |   |
| 4 |   |   |   | 1 | 6 | 8 |   |   |
|   | 8 | 5 |   | 3 |   | 2 |   |   |
|   | 3 | 1 |   |   |   |   |   |   |

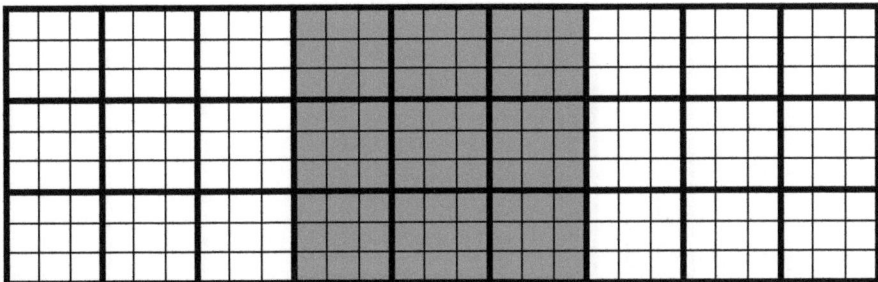

## 4.5.25.

|   |   | 7 |   |   | 2 | 5 |   |   |
|---|---|---|---|---|---|---|---|---|
|   | 1 |   |   | 6 |   |   |   |   |
|   | 2 |   |   |   | 5 |   |   | 1 |
| 7 |   |   |   |   | 4 | 8 |   |   |
|   | 6 |   | 5 | 8 | 1 |   | 4 |   |
|   |   | 3 | 7 |   |   |   |   | 2 |
| 2 |   |   | 4 |   |   |   | 8 |   |
|   |   |   |   | 2 |   |   | 7 |   |
|   | 4 | 6 |   |   |   | 1 |   |   |

## 4.5.26.

| 2 | 9 |   |   | 7 |   |   |   | 6 |
|---|---|---|---|---|---|---|---|---|
|   |   |   |   |   | 8 |   | 9 |   |
|   |   |   |   |   | 2 |   |   | 7 |
| 8 | 6 |   | 2 |   |   |   | 1 |   |
|   |   | 2 |   |   |   |   | 3 |   |
|   | 5 |   |   |   | 7 |   | 6 | 8 |
| 5 |   |   | 8 |   |   |   |   |   |
|   |   | 7 |   | 1 |   |   |   |   |
| 1 |   |   |   | 3 |   |   | 8 | 5 |

## 4.5.27.

|   |   |   | 2 |   | 5 |   |   |   |
|---|---|---|---|---|---|---|---|---|
|   | 3 |   |   | 8 |   | 7 |   |   |
|   |   | 7 | 4 |   | 6 |   |   |   |
|   | 2 | 3 | 5 |   |   | 8 |   |   |
| 3 |   |   |   |   |   |   |   | 2 |
|   |   | 6 |   | 9 | 4 | 3 |   |   |
|   | 9 |   | 6 | 7 |   |   |   |   |
| 4 |   | 1 |   |   | 2 |   |   |   |
|   |   | 5 |   | 8 |   |   |   |   |

## 4.5.28.

| 8 |   |   |   |   |   |   |   |   |
|---|---|---|---|---|---|---|---|---|
|   |   |   |   | 3 | 6 |   |   |   |
|   |   | 1 |   | 2 |   | 6 | 3 | 9 |
| 9 |   |   |   |   | 2 | 4 | 1 |   |
| 3 |   |   |   | 4 |   |   |   | 6 |
|   |   | 1 | 7 | 5 |   |   |   | 3 |
| 1 | 7 | 3 |   | 9 |   | 2 |   |   |
|   |   |   | 6 | 1 |   |   |   |   |
|   |   |   |   |   |   |   |   | 4 |

### 4.5.29.

|   | 5 |   | 9 |   |   |   |   |   |
|---|---|---|---|---|---|---|---|---|
| 9 | 7 |   |   |   |   | 4 |   |   |
| 2 |   |   |   |   | 5 |   | 7 | 3 |
|   | 1 | 4 |   |   | 9 | 8 |   |   |
|   |   |   |   | 2 |   |   |   |   |
|   |   | 2 | 7 |   |   | 5 | 3 |   |
| 6 | 8 |   | 3 |   |   |   |   | 5 |
|   |   | 9 |   |   |   |   | 2 | 8 |
|   |   |   |   |   | 1 |   | 9 |   |

### 4.5.30.

|   |   |   |   |   |   |   | 8 | 9 |
|---|---|---|---|---|---|---|---|---|
|   | 2 | 7 |   |   |   |   | 1 |   |
| 4 | 8 |   | 3 |   |   |   |   |   |
|   |   |   | 9 | 8 |   |   |   | 4 |
|   |   | 3 | 7 |   | 1 | 6 |   |   |
| 1 |   |   |   | 3 | 4 |   |   |   |
|   |   |   |   |   | 3 |   | 2 | 1 |
|   | 1 |   |   |   |   | 3 | 6 |   |
| 8 |   | 2 |   |   |   |   |   |   |

### 4.5.31.

|   |   | 5 |   |   |   |   |   | 4 |
|---|---|---|---|---|---|---|---|---|
|   | 8 | 4 |   |   | 1 | 3 |   |   |
|   | 3 |   | 4 |   |   | 2 |   |   |
|   |   |   |   |   | 7 |   |   | 3 |
|   | 4 | 3 | 1 |   | 5 | 6 | 8 |   |
| 2 |   | 5 |   |   |   |   |   |   |
|   | 9 |   |   | 7 |   | 4 |   |   |
|   |   | 8 | 6 |   |   | 1 | 9 |   |
| 4 |   |   |   | 9 |   |   |   |   |

### 4.5.32.

| 8 |   | 2 | 5 |   |   |   | 3 |   |
|---|---|---|---|---|---|---|---|---|
|   |   |   | 4 | 7 |   | 8 |   |   |
|   |   |   |   | 1 |   |   |   |   |
|   | 5 |   |   |   |   |   | 1 | 6 |
|   |   | 9 |   |   |   | 4 |   |   |
| 6 | 2 |   |   |   |   |   |   | 9 |
|   |   |   |   | 4 |   |   |   |   |
|   |   | 1 |   | 8 | 7 |   |   |   |
|   | 4 |   |   |   | 9 | 7 |   | 8 |

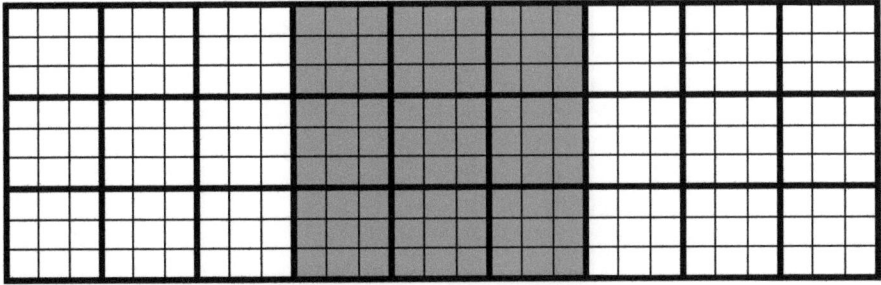

### 4.5.33.

|   |   |   |   |   | 5 |   |   |   |
|---|---|---|---|---|---|---|---|---|
| 6 | 1 |   |   | 8 |   | 4 |   |   |
|   |   | 5 |   |   | 1 |   |   | 8 |
| 5 |   |   |   |   | 8 | 6 |   |   |
| 8 | 9 |   |   |   |   |   | 1 | 5 |
|   |   | 4 | 2 |   |   |   |   | 9 |
| 2 |   |   | 7 |   |   | 1 |   |   |
|   |   | 3 |   | 5 |   |   | 4 | 6 |
|   |   | 8 |   |   |   |   |   |   |

### 4.5.34.

| 1 | 7 |   |   |   | 3 |   |   |   |
|---|---|---|---|---|---|---|---|---|
| 8 |   | 5 | 2 |   |   |   |   |   |
|   |   |   |   |   |   |   | 5 | 8 |
|   |   | 4 | 7 |   |   |   |   | 1 |
|   | 5 |   |   | 9 |   |   | 2 |   |
| 7 |   |   |   |   | 4 | 3 |   |   |
| 2 |   | 3 |   |   |   |   |   |   |
|   |   |   |   |   | 7 | 6 |   | 3 |
|   |   |   | 6 |   |   |   | 9 | 2 |

### 4.5.35.

| 9 |   |   |   | 4 |   | 3 |   |   |
|---|---|---|---|---|---|---|---|---|
|   | 8 |   |   | 1 |   |   |   |   |
|   |   | 1 | 6 |   |   | 8 | 2 |   |
|   |   |   |   | 6 | 2 | 5 |   |   |
| 4 |   |   |   |   |   |   |   | 6 |
|   | 6 | 3 | 8 |   |   |   |   |   |
|   | 1 | 5 |   | 3 | 7 |   |   |   |
|   |   | 7 |   |   |   | 4 |   |   |
|   | 3 |   | 9 |   |   |   |   | 5 |

### 4.5.36.

|   | 3 | 1 |   |   | 5 |   |   | 7 |
|---|---|---|---|---|---|---|---|---|
|   |   |   | 3 |   |   | 1 |   |   |
|   | 7 | 2 |   | 8 |   | 6 |   | 5 |
| 4 |   |   |   |   | 3 |   | 1 |   |
|   |   |   |   |   |   |   |   |   |
|   | 5 |   | 9 |   |   |   |   | 2 |
| 1 |   | 8 |   | 3 |   | 2 | 5 |   |
|   |   | 5 |   |   | 9 |   |   |   |
| 6 |   |   | 5 |   |   | 3 | 9 |   |

## 4.5.37.

|   |   |   |   | 7 | 9 |   |   |   |
|---|---|---|---|---|---|---|---|---|
| 5 |   |   |   | 7 | 9 |   |   |   |
|   | 7 |   | 4 |   |   | 5 |   |   |
| 8 |   | 2 | 3 |   |   |   | 9 |   |
|   |   |   |   |   | 6 |   | 8 |   |
| 1 |   |   |   |   |   |   |   | 6 |
|   | 2 |   | 7 |   |   |   |   |   |
|   | 3 |   |   |   | 4 | 9 |   | 7 |
|   |   | 8 |   |   | 7 |   | 6 |   |
|   |   |   | 6 | 5 |   |   |   | 2 |

## 4.5.38.

|   |   | 6 | 8 |   |   |   | 4 |   |
|---|---|---|---|---|---|---|---|---|
| 8 |   |   |   |   | 4 |   |   | 6 |
| 9 |   |   |   |   |   | 3 |   | 1 |
|   | 7 |   |   |   | 3 | 4 |   |   |
|   |   |   | 6 |   | 9 |   |   |   |
|   |   | 9 | 4 |   |   |   | 6 |   |
| 1 |   | 2 |   |   |   |   |   | 4 |
| 4 |   |   | 9 |   |   |   |   | 8 |
|   | 3 |   |   |   | 6 | 7 |   |   |

## 4.5.39.

|   | 2 |   |   |   | 8 |   |   |   |
|---|---|---|---|---|---|---|---|---|
|   |   | 8 |   | 9 |   |   | 1 |   |
| 9 |   | 3 |   |   | 8 |   |   |   |
| 1 |   |   | 7 | 3 | 9 |   |   | 6 |
|   |   | 9 |   | 4 |   |   |   |   |
| 7 |   | 9 | 6 | 5 |   |   |   | 8 |
|   |   | 5 |   |   |   | 1 |   | 9 |
|   | 1 |   |   | 6 |   | 4 |   |   |
|   |   |   | 4 |   |   |   | 6 |   |

## 4.5.40.

| 9 |   |   | 7 |   |   |   | 2 |   |
|---|---|---|---|---|---|---|---|---|
|   | 8 |   |   | 9 |   | 1 |   |   |
| 4 |   |   |   |   | 1 | 9 |   |   |
| 1 |   | 9 | 5 | 2 |   |   | 6 |   |
| 8 |   |   |   |   |   |   |   | 1 |
|   | 6 |   |   | 1 | 4 | 8 |   | 2 |
|   |   | 4 | 1 |   |   |   |   | 9 |
|   |   | 7 |   | 5 |   |   | 4 |   |
|   | 9 |   |   |   | 3 |   |   | 7 |

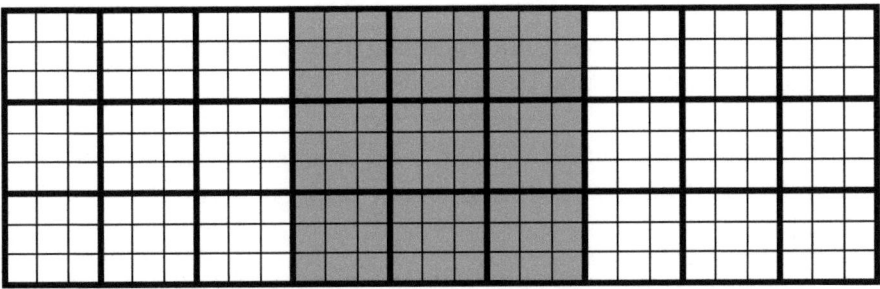

# 5. Rechnungen in Textform
Gesucht ist immer der Wert der Variablen.

## 5.1. Schwierigkeit: leicht

5.1.1. A und B ergeben 10. Um 2 zu erhalten zieht man A von B ab.

5.1.2. Das Doppelte von B ergibt die Summe aus 3 und A. Das Vierfache von A ergibt das Fünffache von B.

5.1.3. Sie errechnen 3 wenn Sie B von A abziehen. Das Doppelte von B ergibt die Summe aus A und 5.

5.1.4. Sie erhalten 0 wenn Sie von -4 A abziehen. Die Summe aus B und 3 ist A.

5.1.5. Um -5 zu erhalten müssen Sie das Doppelte von A von B abziehen. B ist das Siebenfache von A.

5.1.6. Bilden Sie die Hälfte der Summe aus B und 5 um ein Drittel von A zu erhalten. 0 ist die Summe aus A und B.

5.1.7. Addieren Sie 4 und 11. Sie erhalten das Dreifache von B. 12 ist die Summe aus A und dem Doppelten von B.

5.1.8. Zieht man B von A ab erhält man das Doppelte von 3. 7 ist die Summe von A, 3 und B.

5.1.9. Ziehen Sie A von 11 ab um B zu erhalten. 0 erhalten Sie, wenn Sie die Summe aus B und 1 vom Doppelten von A abziehen.

5.1.10. Die Summe aus A und B ist -15. Ziehen Sie von B 11 ab und Sie erhalten A.

5.1.11. Die Hälfte von A ist B. Die Summe aus -B und A ist 9.

5.1.12. Die Summe aus -5, A und 3 ist B. Sie erhalten -2 wenn Sie A von B abziehen.

5.1.13. 9 und B ergeben das Doppelte von A. Die Summe aus A und B ist das Produkt aus 7 und 3.

5.1.14. Die Faktoren B und 3 ergeben die Summe aus 10 und 5. Ziehen Sie B von 10 ab um A zu erhalten.

5.1.15. Ziehen Sie von A 12 ab. Sie erhalten die Summe aus 3 und B. Das Produkt aus B und -2 ergibt A.

5.1.16. Die Hälfte der Summe aus B und A ist 9. Wenn Sie den Vorgänger von B halbieren, dann erhalten Sie die Summe aus A und 7.

5.1.17. Zieht man 4 und A von 20 ab, dann erhält man B. Halbieren Sie B. Sie erhalten die Summe aus 11 und A.

5.1.18. B und A bilden die Summe 13. B und das Doppelte von A ergeben die Summe 17.

5.1.19. Die Faktoren -1, 2 und A ergeben B. Ziehen Sie 12 von B ab und Sie errechnen A.

5.1.20. Die Summe aus B und 3 ergibt die Hälfte von 10. Teilen Sie A durch B und Sie erhalten 5.

5.1.21. -9 ist die Summe aus 3, -B und A. B ergibt sich aus der Addition von A, 8 und 4.

5.1.22. Beim Addieren der Hälfte von A zu 5 erhalten Sie 14. Ziehen Sie -2 von B ab und Sie errechnen A.

5.1.23. Durch die Teilung von B durch 4 erhalten Sie die Summe aus 3 und A. Ziehen Sie 9 von A ab und Sie erhalten -8.

5.1.24. Wenn man die Summe aus A und 8 verdoppelt errechnet man 28. 2 erhalten Sie, wenn Sie A von B subtrahieren.

5.1.25. B ist die Summe aus 3 und A. Die Summe aus -2 und A ergibt das Doppelte von B.

5.1.26. Halbieren Sie 20 um A zu errechnen. Halbieren Sie A um B zu errechnen.

5.1.27. 13 und 15 ergeben dieselbe Summe wie A und B. Die Hälfte von A ist die Summe aus 2 und B.

5.1.28. Die Hälfte der Zahl A ist die Summe aus B und 5. Addieren Sie B und 7 um A zu errechnen.

5.1.29. Subtrahieren Sie –B von 3. Sie erhalten A. A erhalten Sie auch wenn Sie B verdoppeln.

5.1.30. 10 ist die Summe aus B, A, -4 und 1. Die Hälfte von B ist das Sechsfache von A.

## 5.2. Schwierigkeit: mittel

5.2.1. Addiert man zum Doppelten von A die Zahl C, dann erhält man das Vierfache von B. Bilden Sie das Produkt aus -2 und C. Sie erhalten A. Ziehen Sie B von C ab und Sie erhalten 0 wenn Sie 7 addieren.

5.2.2. 7 erhalten Sie bei der Addition von B und C und beim Subtrahieren der Zahl 5 von A. Wenn Sie den vierten Teil von A mit 3 multiplizieren erhalten Sie C. Ziehen Sie 2 von A ab und Sie erhalten den Nachfolger von C.

5.2.3. Wenn Sie die Hälfte von A verdreifachen erhalten Sie 7, wenn Sie vom Ergebnis B abziehen. Der Nachfolger von B ist die Summe von A und C. Bilden Sie die Summe aus 2 und 3. Das Ergebnis erhalten Sie auch bei der Addition von A, B und C.

5.2.4. Wenn Sie zur Hälfte der Summe aus B, C und 3 die Zahl 4 addieren, dann erhalten Sie das Produkt der Zahlen 5 und A. Ziehen Sie von A 8 ab und Sie erhalten die Hälfte von B. Addieren Sie –C und B um den Vorgänger des Vierfachen von A zu erhalten.

5.2.5. Der vierte Teil von A ist um 2 kleiner als der fünfte Teil der Summe aus B und 1. Die Summe aus 3, 6 und A ist der Vorgänger von B. 0 ist das Ergebnis der Faktoren 2, B, C und -4.

5.2.6. Sie ziehen von B die Zahl –A und 6 ab. Dadurch errechnen Sie die Summe der Zahlen 6, -4 und C. Diese Summe errechnen Sie bei der Teilung der Summe von B und C durch 2 ebenfalls. A ist der fünfte Teil der Summe aus B und C.

5.2.7. Um 25 zu errechnen addieren Sie B, 12 und das Doppelte von A. Wenn Sie C von 19 subtrahieren und 1 addieren, dann erhalten Sie ebenfalls dieses Ergebnis. Addieren Sie den Vorgänger von C und den Nachfolger von B um 0 zu errechnen.

5.2.8. Der Vorgänger der Hälfte von B ist das Produkt von -2 und C. Addieren Sie B und C um A zu errechnen. Ziehen Sie von C die Zahlen 5 und B ab und Sie errechnen 13.

5.2.9. Verdoppelt man das Dreifache der Hälfte des Nachfolgers von B, dann errechnet man das Doppelte von C. Ziehen Sie –B von 9 ab. Sie errechnen damit die Summe aus C und 5. A ist die Differenz von B und C.

5.2.10. Verdoppeln Sie die Summe von 3 und des Doppelten von A. Sie erhalten die Summe der Zahlen 2, 5, -5 und C. Das Quadrat von C ist der Vorgänger der Zahl B. A, C und B ergeben die Summe 11.

5.2.11. Addieren Sie zur Hälfte von B das Doppelte von A und Sie errechnen ein Viertel der Summe von C und 1. Dieses Ergebnis ergibt sich auch bei der Addition von A und C. 0 ist das Produkt aus 5 und der Summe von -3 und C.

5.2.12. Ziehen Sie von A 7 ab um B zu errechnen. Wenn Sie von B –C abziehen errechnen Sie A. 0 errechnen Sie, wenn Sie vom Siebenfachen von A das Fünffache von C abziehen.

5.2.13. Wenn Sie zum Nachfolger von A das Doppelte des Nachfolgers von C addieren, dann errechnen Sie 23. B ist der Vorgänger des Vorgängers von C. C und B ergeben in Summe 20.

5.2.14. Addieren Sie B zu A hinzu um 8 zu errechnen. Die Summe aus B und C ist 3. Die beiden Summanden A und C ergeben 5.

5.2.15. Ziehen Sie von C 9 ab und Sie errechnen die Differenz von A und B. Sie errechnen 7, wenn Sie von C B und A abziehen. Verdoppeln Sie ein Drittel von B und Sie errechnen das Vierfache von A.

5.2.16. Wenn Sie von 20 die Zahlen 3, -5, B und A abziehen, dann errechnen Sie C. Wenn Sie B und 2 addieren errechnen Sie die Summe von A und C. Multiplizieren Sie den fünften Teil von A mit -1 und Sie errechnen C.

5.2.17. Wenn Sie den Vorgänger von A vom Nachfolger von C abziehen, dann errechnen Sie B. Multiplizieren Sie den Nachfolger von A mit -3 um B zu errechnen. Die Summanden A, B und C ergeben -12.

5.2.18. Subtrahieren Sie C von -B. Sie errechnen den Nachfolger von 11. Bilden Sie die Summe aus –C und B. Der dritte Teil des Ergebnisses ist -6. Die Summanden B, C und 5 ergeben -A.

5.2.19. Die Summe aus 4, 3 und A ist -B. Addieren Sie das Doppelte von A zu B hinzu. Wenn Sie das Ergebnis durch -2 teilen errechnen Sie C. –C und A ergeben die Summe 4.

5.2.20. Addieren Sie -A, -B und C um 9 zu errechnen. Der dritte Teil von –B ist A. Wenn Sie zur Summe von B und C 1 addieren errechnen Sie 0.

5.2.21. Subtrahend A und Minuend B ergeben -3. Das Produkt aus 2, -1 und B ist C. Die Summe aus A, B und C ist 3.

5.2.22. Subtrahieren Sie C von -11 und Sie errechnen das Doppelte von B. Führen Sie eine Subtraktion mit 3 und dem

Minuend B durch. Wenn Sie dazu 5 addieren errechnen Sie A. Wenn Sie die Summe von B und A halbieren errechnen Sie -7.

5.2.23. Addieren Sie den Vorgänger von A zu C hinzu. Das Ergebnis ist die Hälfte der Summe von B und 5.Ziehen Sie 10 von der Summe aus A und C ab. Sie errechnen damit B. Vierteln Sie den Nachfolger der Summe aus B und C. Das gleiche Ergebnis ergibt das Produkt aus A und -1.

5.2.24. 11 und der Subtrahend A ergeben das Produkt aus 4 und C. B ist das Doppelte der Summe aus A und C. Wenn Sie B durch 2 teilen errechnen Sie 5.

5.2.25. Ziehen Sie die Hälfte von B von -6 ab um die Summe aus A und C zu errechnen. Teilen Sie C durch -1. Sie erhalten den Nachfolger der Summe aus B und A. Wenn Sie A halbieren und zum Ergebnis 3 addieren dann errechnen Sie B, wenn Sie das Ergebnis mit -2 multiplizieren.

5.2.26. B und –C ergeben die Summe A. A ist das Doppelte von B. Die Summe aus B und C ist 0.

5.2.27. Die Summe aus den Zahlen 3, 7 und –B ist 11. Wenn Sie C von A abziehen errechnen Sie B. Bilden Sie die Summe aus -4 und dem Doppelten von A um C zu errechnen.

5.2.28. Ziehen Sie vom Produkt aus -1, 3, A und 2 die Zahl 4 ab und Sie errechnen -4. Die Summe aus A, 3 und B ist 1. Das Produkt aus B und C ist 10.

5.2.29. Ziehen Sie vom Doppelten von C das Dreifache von A ab und Sie errechnen B. Der Vorgänger des Doppelten von A ist C. A ist die Summe aus 7, B und C.

5.2.30. Wenn Sie die Hälfte von B verdreifachen errechnen Sie die Summe aus C und A. Der dritte Teil der Summe aus B und C ist 3. Subtrahieren Sie B von A und multiplizieren Sie das Ergebnis mit -1. Sie errechnen den Vorgänger von C.

**5.3. Schwierigkeit: schwer**

5.3.1. Addieren Sie alle Variablen bis auf D und Sie errechnen 2. Sie errechnen D indem Sie das Doppelte von C von –B abziehen. Das Dreifache der Hälfte der Summe aus B und C ist 15. Wenn Sie 2/3 des Nachfolgers der Zahl D ausrechnen erhalten Sie A.

5.3.2. Addieren Sie zu A und B jeweils die Zahl 5. Das Ergebnis mit A ist das Doppelte der Summe mit B. Das Siebenfache von B ergibt A. Der Vorgänger des Doppelten der Summe aus A und B ist C. Teilen Sie C durch -3 und Sie errechnen die Hälfte von D. Die Summe aus A, B, C, D und -3 ist 10.

5.3.3. Addieren Sie C zur Hälfte von B und Sie errechnen D. Teilen Sie den vierten Teil von –B durch 2 und Sie errechnen D. Teilen Sie A durch -1 um D zu errechnen. 2 ist die Summe aus –A und D.

5.3.4. Minuend A und Subtrahend B ergeben das Doppelte von C. Der Vorgänger des Doppelten vom Nachfolger der Zahl B ist D. Ziehen Sie A von D ab. Teilen Sie das Ergebnis durch 2 und Sie errechnen B. Die Summe aus B und C ist das Dreifache von A.

5.3.5. Ziehen Sie von der Summe aus A, D und -5 die Zahl B ab und Sie errechnen -3. Wenn Sie B verdoppeln und durch -1 teilen errechnen Sie das Ergebnis der Faktoren -1 und D. Teilen Sie die Summe aus B und D durch 3 und Sie errechnen B. Das gleiche Ergebnis ergibt die Addition von A und C.

5.3.6. Addieren Sie D zu C hinzu. Sie erhalten das Doppelte des Ergebnisses der Subtraktion der Zahl A von 1. Die Hälfte der Summe aus –C, 5 und A ergibt den dritten Teil der Summe aus C und B. Addieren Sie A und B und multiplizieren Sie dieses Ergebnis mit 3. Sie werden 0 errechnen. Die Summe aller Variablen, ausgenommen A, ergibt -13.

5.3.7. Ziehen Sie die Summe aus B, C und 3 von D ab und verdoppeln Sie das Ergebnis. Sie errechnen den vierten Teil von A. Wenn Sie –B mit D multiplizieren und danach -B addieren errechnen Sie A. Die Summe aus B und C ist -1. Ziehen Sie C vom Doppelten der Zahl B ab um -5 zu errechnen. Die Summe aus A und D ergibt C wenn Sie vom Ergebnis 10 abziehen.

5.3.8. B ist das Dreifache von A und das Doppelte von D. C ist das Produkt aus -A und -4. Die Summe aus A, 3, B, C, D und -6 ist 35.

5.3.9. Die Hälfte des Dreifachen der Summe aus B, C und 5 ist A. Mit der Bildung des Produktes der Zahlen B, C und -1 errechnen Sie A. D ist ein Drittel von A. 12 ist die Hälfte der Summe aus A und D. Ziehen Sie von der Summe aus A und C die Zahl D ab um 21 zu errechnen. 5 ist ein Drittel der Summe aus D und C.

5.3.10. A ist die Hälfte von B und bildet mit C die Summe -7. Subtrahend C und die Differenz 15 ergeben den Minuend D. Multiplizieren Sie ein Drittel des Vorgängers von D mit -2. Subtrahieren Sie von dem Ergebnis -2 und Sie errechnen B. Die Summe aus A und B ist der Vorgänger von C.

5.3.11. Verdoppeln Sie die Summe aus A und D und ziehen Sie von dem Ergebnis 2 ab. Sie errechnen damit B. Wenn Sie D durch 3 teilen dann errechnen Sie die Summe aus A, 6, -B und 1.

C ist das Doppelte von D und auch das Dreifache von A. Multiplizieren Sie die Differenz von C und B mit -1 um -A zu errechnen. 14 ist die Summe aus B und C.

5.3.12. Die Summe aus -B, -A und 5 ergibt -9. Halbieren Sie B um das Dreifache von A zu errechnen. Ziehen Sie C und 3 von B ab um 11 zu errechnen. Ziehen Sie vom Nachfolger der Zahl D 7 ab und Sie errechnen das Fünffache der Zahl A. 0 ist die Summe aus C und A.

5.3.13. Die Summe aus B und D ist -15. Das Produkt aus A, 3 und -2 ergibt die Summe aus C und der Hälfte von C. Ziehen Sie von A D ab um die Hälfte der Summe aus C und 2 zu errechnen. B ist die Hälfte von D. 2 ist die Summe aus C und D.

5.3.14. Addieren Sie A und C um ein Drittel von D zu errechnen. Die Summe aus D, -2 und A ist das Doppelte von B. Wenn Sie B halbieren und das Ergebnis verdreifachen errechnen Sie D. Das Dreifache von C addiert mit dem Doppelten von A ergibt die Hälfte von D.

5.3.15. B ist die Summe aus A und C. C ist der Vorgänger des Vorgängers von A. D ist größer als C und kleiner als A. Die Summe aus A, B, C und -5 ist 11.

5.3.16. Das Doppelte der Summe aus A und D ist 12. Multiplizieren Sie die Summe aus B und C mit A um 0 zu errechnen. Ziehen Sie B und A von 20 ab um 23 zu erhalten. D ist die Hälfte von A.

5.3.17. Der Vorgänger der Summe aus A und D ist -20. Multiplizieren Sie B mit 3 und -2 um die Summe aus A, C und D zu errechnen. Der Nachfolger von A ist D. Ziehen Sie C von D ab um A zu errechnen.

5.3.18. Die Summe aus C und der Hälfte der Zahl B ergibt den Vorgänger des Doppelten von D. Die Hälfte der Summe aus B und C ist 4. Halbieren Sie den Vorgänger von A. Sie errechnen damit das Doppelte der Zahl B.

5.3.19. Die Summe aus A, B, 3, C und D ist 33. D ist die Summe aus A und B. B ist das Doppelte von A. C ist die Hälfte von D.

5.3.20. Sie errechnen D indem Sie die Summe aus A und 3 durch 2 teilen. Teilen Sie C durch 3 um die Summe aus A und B zu errechnen. Der Nachfolger des Produktes aus B und -1 ist der dritte Teil von C. Die Hälfte der Summe aus A und C ergibt 7.

5.3.21. Die Summe aus D, C und -1 ist 2. Durch die Subtraktion des Produktes der Zahlen A und 3 von 20 errechnen Sie B. Das Produkt aus -2, 1 und C ergibt D. Die Summe aus B, C, A und D ist 15. Sie errechnen A wenn Sie 4 von B abziehen.

5.3.22. Ziehen Sie die Hälfte der Zahl D von C ab um –B zu errechnen. Die Hälfte des Vorgängers von A ist die Summe aus 2 und dem Nachfolger von –B. Die Summe aus C, B und A ist 0. Wenn Sie -D von -C abziehen errechnen Sie 14.

5.3.23. Teilen Sie die Summe aus B und A durch -3 um C zu errechnen. Wenn Sie D und B addieren und den Nachfolger der Summe halbieren erhalten Sie das Produkt aus -C und -2. Die Faktoren A, 2 und -1 ergeben die Summe aus C und D. C ist der vierte Teil von D.

5.3.24. Der Nachfolger der Summe aus A, B und C ist das Doppelte von –D. Addieren Sie 3 zu –A um 3 zu errechnen. Die Summe aus B und 2 ist der Nachfolger von C. Ziehen Sie 5 von

A ab um -5 zu errechnen. Die Summe aus D und C ist A. -1 ist die Summe aus B und D.

5.3.25. Sie errechnen D wenn Sie B halbieren und das Ergebnis mal 3 rechnen. Wenn Sie A verdoppeln dann ist B der fünfte Teil vom Ergebnis. Die Summe aus A, B, C und D ist 28. C ist das Doppelte von B.

5.3.26. Ziehen Sie -4 von D ab um C zu errechnen. Ziehen Sie A von B ab. Der Vorgänger des Ergebnisses ist das Doppelte von D. Der Vorgänger von –A ergibt 12 wenn man B addiert. Wenn Sie die Summe aus –A und D mit C multiplizieren dann errechnen Sie 0. 16 ist die Summe aus A und C.

5.3.27. B ist kleiner als D. A und D ergeben die Summe 14. Auch 2 und –C ergeben diese Summe. A ist kleiner als B. Die Hälfte von D ergibt die gleiche Zahl wie die Subtraktion der Zahl 2 von A.

5.3.28. Das Produkt aus -1 und A ergibt D. Addieren Sie 2 jeweils zu B und D. Die Summe mit B ist das Doppelte der Summe mit D. Die Summe aus -A, C und 1 ergibt B. B ist das Doppelte von C. C ist der Nachfolger von D.

5.3.29. D und A ergeben die Summe -5. Ziehen Sie von -3 die Zahl -7 ab um die Summe aus –C und D zu errechnen. Das Doppelte von C ist A. Wenn Sie C vervierfachen dann erhalten Sie das Dreifache der Zahl B.

5.3.30. Der fünfte Teil von D ist A. A ist der vierte Teil von B. C ist das Doppelte von A. 9 ist die Hälfte der Summe aus B und C.

## 6. Aufgaben vervollständigen

Sie erhalten einen Block mit Rechenaufgaben aus Grundrechenarten in senkrechter und waagerechter Richtung. Einige Teile der Aufgaben fehlen. Sie müssen die Aufgaben nun so ergänzen, dass die Ergebnisse passen. Die Regel „Punktrechnung geht vor Strichrechnung" wird nicht angewandt. Zum Zahlenbereich gehören alle natürlichen Zahlen inklusive Null.

### 6.1. Schwierigkeit: leicht

**6.1.1.**

| 3 | + |   | = | 4 |
|---|---|---|---|---|
|   |   |   |   |   |
|   |   | 2 | = | 4 |
| = |   | = |   |   |
| 11 |  | 2 |   |   |

**6.1.2.**

| 9 |   |   | = | 2 |
|---|---|---|---|---|
|   |   | - |   |   |
|   | + |   | = | 4 |
| = |   | = |   |   |
| 3 |   | 6 |   |   |

**6.1.3.**

| 4 |   |   | = | 1 |
|---|---|---|---|---|
|   |   |   |   |   |
|   |   | 9 | = | 12 |
| = |   | = |   |   |
| 1 |   | 12 |   |   |

**6.1.4.**

| 14 |   |   | = | 11 |
|----|---|---|---|----|
|    |   | + |   |    |
|    | x |   | = | 8  |
| =  |   | = |   |    |
| 7  |   | 7 |   |    |

**6.1.5.**

| 21 |   | 3 | = | 7 |
|----|---|---|---|---|
|    |   |   |   |   |
|    | - |   | = | 12 |
| =  |   | = |   |   |
| 7  |   | 6 |   |   |

**6.1.6.**

|   | + | 2 | = | 10 |
|---|---|---|---|----|
|   |   |   |   |    |
| 8 |   |   | = | 2  |
| = |   | = |   |    |
| 1 |   | 6 |   |    |

## 6.1.7.

| 25 |   |   | = | 5 |
|----|---|---|---|---|
|    |   |   |   |   |
|    |   |   | = | 15 |
| =  |   | = |   |   |
| 13 |   | 2 |   |   |

## 6.1.8.

|    | x | 2 | = | 6 |
|----|---|---|---|---|
| +  |   |   |   |   |
| 24 |   |   | = | 4 |
| =  |   | = |   |   |
|    |   | 12 |  |   |

## 6.1.9.

| 5  |   |   | = | 26 |
|----|---|---|---|----|
|    |   |   |   |    |
|    |   | 7 | = | 10 |
| =  |   | = |   |    |
| 15 |   | 3 |   |    |

## 6.1.10.

| 10 |   |   | = | 7 |
|----|---|---|---|---|
|    |   |   |   |   |
|    | x |   | = | 2 |
| =  |   | = |   |   |
| 5  |   | 2 |   |   |

## 6.1.11

|   | - |   | = | 8 |
|---|---|---|---|---|
| - |   | + |   |   |
|   | - |   | = | 6 |
| = |   | = |   |   |
| 2 |   | 2 |   |   |

## 6.1.12

| 3  |   |   | = | 18 |
|----|---|---|---|----|
|    |   |   |   |    |
|    |   | 5 | = | 20 |
| =  |   | = |   |    |
| 12 |   | 1 |   |    |

## 6.1.13

|    |   | 3 | = | 6 |
|----|---|---|---|---|
| -  |   |   |   |   |
| 5  |   |   | = | 1 |
| =  |   | = |   |   |
| 13 |   | 8 |   |   |

## 6.1.14

| 14 |   |   | = | 7 |
|----|---|---|---|---|
|    |   | x |   |   |
|    |   |   | = | 3 |
| =  |   | = |   |   |
| 5  |   | 6 |   |   |

## 6.1.15

|    |   |   | = | 15 |
|----|---|---|---|----|
|    |   | + |   |    |
| 4  |   |   | = | 20 |
| =  |   | = |   |    |
| 20 |   | 19 |  |    |

## 6.1.16

| 3 |   |   | = | 1 |
|---|---|---|---|---|
|   |   |   |   |   |
| 3 |   |   | = | 15 |
| = |   | = |   |   |
| 9 |   | 7 |   |   |

## 6.1.17

| 15 |   |   | = | 7 |
|----|---|---|---|---|
|    |   |   |   |   |
|    |   |   | = | 3 |
| =  |   | = |   |   |
| 10 |   | 4 |   |   |

## 6.1.18

|    | / |   | = | 7 |
|----|---|---|---|---|
|    |   |   |   |   |
| 2  |   |   | = | 9 |
| =  |   | = |   |   |
| 19 |   | 21 |  |   |

## 6.1.19

| 16 |   |   | = | 4 |
|----|---|---|---|---|
|    |   |   |   |   |
| 2  |   |   | = | 6 |
| =  |   | = |   |   |
| 8  |   | 8 |   |   |

## 6.1.20

|    |   |   | = | 10 |
|----|---|---|---|----|
|    |   |   |   |    |
| 2  |   |   | = | 10 |
| =  |   | = |   |    |
| 11 |   | 8 |   |    |

## 6.1.21

|   |   | 6 | = | 9 |
|---|---|---|---|---|
|   |   |   |   |   |
|   |   |   | = | 1 |
| = |   | = |   |   |
| 6 |   | 3 |   |   |

## 6.1.22

| 10 |   |   | = | 5  |
|----|---|---|---|----|
|    |   |   |   |    |
|    |   |   | = | 14 |
| =  |   | = |   |    |
| 3  |   | 1 |   |    |

## 6.1.23

| 16 |   |   | = | 4 |
|----|---|---|---|---|
|    |   |   |   |   |
|    |   |   | = | 5 |
| =  |   | = |   |   |
| 2  |   | 12 |  |   |

## 6.1.24

| 5  |   |   | = | 15 |
|----|---|---|---|----|
|    |   |   |   |    |
|    |   |   | = | 11 |
| =  |   | = |   |    |
| 14 |   | 6 |   |    |

## 6.1.25

|    | + |   | = | 23 |
|----|---|---|---|----|
| +  |   | / |   |    |
|    | / |   | = | 5  |
| =  |   | = |   |    |
| 17 |   | 7 |   |    |

## 6.1.26

|    |   | 9 | = | 13 |
|----|---|---|---|----|
|    |   | x |   |    |
|    |   |   | = | 12 |
| =  |   | = |   |    |
| 10 |   | 18 |  |   |

## 6.1.27

|    |   |   | = | 45 |
|----|---|---|---|----|
|    |   | / |   |    |
| 10 |   |   | = | 20 |
| =  |   | = |   |    |
| 25 |   | 15 |  |    |

## 6.1.28

|   |   | 17 | = | 4  |
|---|---|----|---|----|
|   |   |    |   |    |
|   | + |    | = | 19 |
| = |   | =  |   |    |
| 7 |   | 1  |   |    |

## 6.1.29

|   |   | 5  | = | 12 |
|---|---|----|---|----|
|   |   |    |   |    |
|   |   |    | = | 7  |
| = |   | =  |   |    |
| 4 |   | 20 |   |    |

## 6.1.30

|    |   |    | = | 13 |
|----|---|----|---|----|
|    |   |    |   |    |
| 10 | + |    | = | 16 |
| =  |   | =  |   |    |
| 7  |   | 24 |   |    |

## 6.1.31

|    | + |    | = | 11 |
|----|---|----|---|----|
|    |   |    |   |    |
| 3  |   |    | = | 15 |
| =  |   | =  |   |    |
| 18 |   | 17 |   |    |

## 6.1.32

|    |   | 6  | = | 5  |
|----|---|----|---|----|
|    |   |    |   |    |
|    | x |    | = | 10 |
| =  |   | =  |   |    |
| 15 |   | 1  |   |    |

## 6.1.33

|    |   |    | = | 11 |
|----|---|----|---|----|
|    |   |    |   |    |
| 15 |   |    | = | 21 |
| =  |   | =  |   |    |
| 18 |   | 18 |   |    |

## 6.1.34

|   |   | 6 | = | 14 |
|---|---|---|---|----|
|   | x |   |   |    |
|   | - |   | = | 3  |
| = |   | = |   |    |
| 4 |   | 6 |   |    |

## 6.1.35

|    |   |    | = | 24 |
|----|---|----|---|----|
|    |   |    |   |    |
| 18 |   |    | = | 2  |
| =  |   | =  |   |    |
| 30 |   | 11 |   |    |

## 6.1.36

| 11 |   |   | = | 22 |
|----|---|---|---|----|
|    | / |   |   |    |
|    | - |   | = | 9  |
| =  |   | = |   |    |
| 22 |   | 1 |   |    |

## 6.1.37

|   |   |    | = | 24 |
|---|---|----|---|----|
|   |   |    |   |    |
| 4 |   |    | = | 12 |
| = |   | =  |   |    |
| 2 |   | 13 |   |    |

## 6.1.38

|   |   |    | = | 1  |
|---|---|----|---|----|
|   |   |    |   |    |
|   |   | 7  | = | 12 |
| = |   | =  |   |    |
| 9 |   | 11 |   |    |

## 6.1.39

|    |   |    | = | 5 |
|----|---|----|---|---|
|    | x |    |   |   |
| 14 |   |    | = | 2 |
| =  |   | =  |   |   |
| 1  |   | 21 |   |   |

## 6.1.40

| 18 |   |    | = | 2 |
|----|---|----|---|---|
|    | + |    |   |   |
|    |   |    | = | 2 |
| =  |   | =  |   |   |
| 6  |   | 10 |   |   |

## 6.2. Schwierigkeit: mittel (Diagonale auch möglich)

### 6.2.1.

| | | 3 | = | 3 |
|---|---|---|---|---|
| | | | | |
| 4 | | | = | |
| = | | = | | = |
| 5 | | 12 | | 19 |

### 6.2.2.

| | | 4 | = | 8 |
|---|---|---|---|---|
| | + | | | |
| 4 | + | | = | |
| = | | = | = | = |
| 3 | | 28 | | 19 |

### 6.2.3.

| | | | = | 16 |
|---|---|---|---|---|
| | | / | | |
| 5 | x | | = | 30 |
| = | | = | = | |
| | | 2 | = | 10 |

### 6.2.4.

| 12 | | | = | 4 |
|---|---|---|---|---|
| - | + | | | |
| 8 | | | = | |
| = | | = | = | = |
| | | 20 | = | 24 |

### 6.2.5.

| | - | 4 | = | |
|---|---|---|---|---|
| | | | | |
| | | 5 | = | 10 |
| = | | = | = | |
| 11 | | 20 | | 21 |

### 6.2.6.

| 8 | | | = | |
|---|---|---|---|---|
| | | | | |
| | / | | = | 7 |
| = | | = | | = |
| 22 | | 8 | | 5 |

### 6.2.7.

| | x | 2 | = | 18 |
|---|---|---|---|---|
| | | | | |
| | | | = | 11 |
| = | | = | = | |
| 7 | | 11 | = | |

### 6.2.8.

| 3 | x | | = | 9 |
|---|---|---|---|---|
| | | x | | - |
| | | | = | |
| = | | = | = | = |
| 7 | | | = | 4 |

### 6.2.9.

| | | | = | 30 |
|---|---|---|---|---|
| / | | - | | |
| | | | = | 12 |
| = | | = | = | |
| 5 | | 11 | | 19 |

### 6.2.10.

| 19 | | | = | 5 |
|---|---|---|---|---|
| | | | | |
| | + | | = | |
| = | | = | = | = |
| | | 9 | = | 14 |

### 6.2.11

| | | | = | 24 |
|---|---|---|---|---|
| / | | | | |
| 3 | | | = | 11 |
| = | | = | = | |
| | | 16 | = | 20 |

### 6.2.12

| | | 26 | = | 46 |
|---|---|---|---|---|
| | | | | |
| | + | | = | |
| = | | = | = | = |
| 4 | | 8 | | 2 |

## 6.2.13

|   |   |   | = | 1 |
|---|---|---|---|---|
| - |   | - |   |   |
| 20 |   |   | = |   |
| = |   | = | = | = |
|   |   | 6 | = | 7 |

## 6.2.14

|   |   | 4 | = |   |
|---|---|---|---|---|
| + |   |   |   | + |
| 7 |   |   | = |   |
| = |   | = | = | = |
| 12 |   |   | = | 20 |

## 6.2.15

| 4 |   |   | = | 22 |
|---|---|---|---|---|
|   |   | / |   |   |
|   | x |   | = |   |
| = |   | = | = | = |
| 9 |   |   |   | 7 |

## 6.2.16

| 35 |   |   | = | 27 |
|---|---|---|---|---|
|   |   |   |   |   |
|   |   | = |   |   |
| = |   | = | = | = |
| 5 |   | 15 |   | 28 |

## 6.2.17

|   |   | 4 | = | 4 |
|---|---|---|---|---|
| - |   |   |   |   |
|   | - |   | = | 2 |
| = |   | = | = | = |
| 6 |   | 12 |   | 8 |

## 6.2.18

|   |   |   | = |   |
|---|---|---|---|---|
| + |   |   |   |   |
|   |   | 17 | = | 9 |
| = |   | = | = | = |
|   |   | 25 |   | 22 |

## 6.2.19

|   | / | 3 | = | 2 |
|---|---|---|---|---|
|   |   |   |   |   |
| 7 |   |   | = |   |
| = |   |   |   | = |
|   |   | 21 | = | 2 |

## 6.2.20

|   | + | 19 | = |   |
|---|---|---|---|---|
|   | x |   |   |   |
| 5 |   |   | = | 20 |
| = |   | = | = |   |
|   |   | 23 | = | 24 |

## 6.2.21

|   |   |   | = |   |
|---|---|---|---|---|
| x |   | - |   |   |
|   |   |   | = | 11 |
| = |   | = | = | = |
| 14 |   |   |   | 16 |

## 6.2.22

|   |   | 3 | = | 7 |
|---|---|---|---|---|
|   | x |   |   |   |
| 11 |   |   | = |   |
| = |   | = | = | = |
| 15 |   |   | = | 24 |

## 6.2.23

| 17 |   |   | = | 12 |
|---|---|---|---|---|
|   |   |   |   |   |
|   |   |   | = | 9 |
| = |   | = | = |   |
|   |   | 9 | = | 13 |

## 6.2.24

| 12 |   |   | = | 27 |
|---|---|---|---|---|
|   | + |   |   |   |
|   |   | 5 | = | 9 |
| = |   | = | = |   |
| 3 |   | 3 |   |   |

## 6.2.25

| 48 |   |   | = | 12 |
|----|---|---|---|----|
|    |   |   |   |    |
|    | + |   | = | 30 |
| =  |   | = | = |    |
|    |   | 10 | = | 22 |

## 6.2.26

| 18 |   | 6 | = |   |
|----|---|---|---|---|
|    | - |   |   |   |
|    |   |   | = | 1 |
| =  |   | = | = |   |
| 2  |   | 21 |   | 3 |

## 6.2.27

|    |   | 3 | = | 7 |
|----|---|---|---|---|
|    | + |   |   |   |
| 8  |   |   | = | 4 |
| =  |   | = | = |   |
| 12 | - | 6 | = | 6 |

## 6.2.28

| 16 |   |   | = | 7 |
|----|---|---|---|---|
|    | + |   |   |   |
|    | x |   | = | 16 |
| =  |   | = | = |    |
|    |   | 5 | = | 20 |

## 6.2.29

|    | - |   | = | 20 |
|----|---|---|---|----|
|    |   | / |   |    |
|    | + |   | = | 18 |
| =  |   | = |   |    |
| 5  |   | 2 |   | 4  |

## 6.2.30

|    |   |   | = | 8 |
|----|---|---|---|---|
|    |   | + |   |   |
| 7  |   |   | = | 1 |
| =  |   | = | = |   |
| 4  |   | 9 |   | 5 |

## 6.2.31

|    | - |   | = | 7  |
|----|---|---|---|----|
|    |   |   |   |    |
|    |   | 11 | = | 14 |
| =  |   | = | = |    |
|    |   | 3 | = | 10 |

## 6.2.32

|    |   | 15 | = | 23 |
|----|---|----|---|----|
|    |   |    |   |    |
|    |   | 5  | = | 12 |
| =  |   | =  |   |    |
| 15 |   |    | = | 12 |

## 6.2.33

| 28 |   |   | = | 7  |
|----|---|---|---|----|
|    |   |   |   |    |
|    | + |   | = | 20 |
| =  |   | = | = |    |
|    |   | 5 | = | 12 |

## 6.2.34

|   | + |   | = |    |
|---|---|---|---|----|
|   | - |   |   |    |
| 8 |   |   | = | 6  |
| = |   | = | = | =  |
| 9 |   |   | = | 15 |

## 6.2.35

|    |   | 5 | = |    |
|----|---|---|---|----|
|    |   |   |   |    |
| 10 |   |   | = | 17 |
| =  |   | = | = | =  |
| 4  |   | 12 |   | 2 |

## 6.2.36

|   | / | 8 | = | 2  |
|---|---|---|---|----|
|   |   |   |   |    |
|   |   |   | = | 24 |
| = |   |   | = |    |
|   |   | 11 | = | 19 |

### 6.2.37

| 18 |   |   | = | 6  |
|----|---|---|---|----|
|    |   |   |   |    |
|    | - |   | = | 5  |
| =  |   | = | = |    |
| 27 |   | 12|   | 14 |

### 6.2.38

| 18 |   |   | = | 2  |
|----|---|---|---|----|
|    |   |   |   |    |
|    | x |   | = | 30 |
| =  |   | = | = |    |
| 3  |   | 11|   | 23 |

### 6.2.39

| 9  |   |   | = | 27 |
|----|---|---|---|----|
|    | / | - |   |    |
|    |   |   | = | 6  |
| =  |   | = | = |    |
| 18 |   |   | = | 3  |

### 6.2.40

|   |   |   | = |    |
|---|---|---|---|----|
|   |   | - |   |    |
|   |   | 9 | = | 20 |
| = |   | = | = | =  |
| 2 |   | 2 |   | 13 |

## 6.3. Schwierigkeit: schwer

### 6.3.1.

| 5 |   | 17 |   |   | = | 1  |
|---|---|----|---|---|---|----|
|   |   | -  |   |   |   |    |
|   |   |    | - |   | = | 10 |
| / |   | -  | / | + |   |    |
| 4 |   | 5  |   |   | = | 25 |
| = |   | =  |   | = | = |    |
| 3 |   | 2  |   | 8 |   | 3  |

### 6.3.2.

| 7  | + | 13|   |   | = | 5  |
|----|---|---|---|---|---|----|
|    |   | - |   | x |   |    |
|    | - |   | x | 6 | = | 18 |
| -  |   | - |   |   |   |    |
| 11 | x | 2 |   |   | = |    |
| =  |   | = |   | = | = | =  |
| 5  |   | 5 |   | 7 |   | 18 |

### 6.3.3.

| 27 |   | 3 |   | 2 | = |    |
|----|---|---|---|---|---|----|
| /  | - |   |   | x |   |    |
|    |   |   | - | 10| = | 13 |
|    |   |   |   | - |   |    |
| 4  | x | 6 |   |   | = | 19 |
| =  |   | = |   | = |   | =  |
| 13 |   | 17|   | 15|   | 12 |

### 6.3.4.

|   |   | 13 |   |   | = | 7 |
|---|---|----|---|---|---|---|
|   |   | -  |   | + |   | + |
| 7 | + | 1  | / |   | = | 1 |
| / |   | /  |   |   |   | + |
| 3 |   |    | - |   | = | 5 |
| = |   | =  |   | = |   | = |
| 7 | x | 4  |   |   | = |   |

### 6.3.5.

| 11 | - | 3 |   |   | = | 4 |
|----|---|---|---|---|---|---|
| +  | x |   |   |   |   | x |
| 14 | - |   |   |   | = | 2 |
| -  |   | + |   | + |   | x |
|    |   | 5 | - |   | = | 2 |
| =  |   | = |   | = |   | = |
|    |   | 10|   | 14|   |   |

### 6.3.6.

|    |   | 10 | + | 10 | = | 35 |
|----|---|----|---|----|---|----|
|    |   | +  |   | +  |   |    |
| 3  | + | 2  |   |    | = | 16 |
| +  |   | /  | - |    |   |    |
| 7  |   |    | + |    | = | 17 |
| =  |   | =  |   |    |   | =  |
| 12 |   |    | x | 9  | = | 18 |

### 6.3.7.

|    |   | 10 | / | 4 | = | 4  |
|----|---|----|---|---|---|----|
|    |   |    |   | x |   | +  |
|    | + |    | + |   | = | 10 |
| -  |   | /  | / |   |   | -  |
| 8  | x | 2  |   |   | = | 12 |
| =  |   | =  |   | = |   | =  |
| 10 |   | 6  |   | 16|   |    |

### 6.3.8.

|    |   | 5 |   | 8 | = | 1  |
|----|---|---|---|---|---|----|
| +  | x | + |   | - |   | x  |
|    |   | 8 | x | 5 | = | 25 |
|    |   |   | / |   |   |    |
| 3  | x |   | - |   | = |    |
| =  |   | = |   | = |   | =  |
| 46 |   | 18|   | 1 |   | 12 |

## 6.3.9.

| 30 | / | 3 |   |   | = | 15 |
|----|---|---|---|---|---|----|
| /  | - | x |   |   |   |    |
|    |   | 4 | x | 7 | = | 14 |
|    |   | - |   | / |   |    |
|    | - | 7 |   |   | = |    |
| =  | = |   | = | = | = |    |
| 1  |   | 5 |   | 4 |   | 29 |

## 6.3.10.

| 3  | + | 5 |   |    | = | 9 |
|----|---|---|---|----|---|---|
|    | + |   |   | x  |   | + |
| 17 |   |   | / | 10 | = |   |
|    |   | x |   |    |   |   |
|    | + | 1 | - |    | = | 2 |
| =  |   | = |   | =  | = | = |
| 16 | / | 8 | + | 7  | = |   |

## 6.3.11.

| 21 | - | 11 |   |    | = | 1 |
|----|---|----|---|----|---|---|
|    | / |    |   | -  |   | x |
|    | + |    |   | 12 | = | 1 |
| /  |   | -  |   |    |   |   |
| 5  | - | 1  |   |    | = |   |
| =  |   | =  |   | =  | = | = |
| 3  | / | 3  | x | 1  | = |   |

## 6.3.12.

| 5 |   |   | - |   | = | 13 |
|---|---|---|---|---|---|----|
| + |   | - |   |   |   |    |
| 9 |   |   | x | 5 | = | 15 |
|   |   | x |   | / |   |    |
|   | + | 2 |   |   | = | 11 |
| = |   | = |   | = | = |    |
| 2 | x | 6 |   |   | = | 9  |

## 6.3.13.

| 1 | x | 14 |   |   | = | 2  |
|---|---|----|---|---|---|----|
| + |   |    |   |   |   | x  |
| 7 |   |    | + |   | = | 18 |
|   |   | -  | - | - |   |    |
|   | + | 5  |   | 5 | = |    |
| = |   | =  |   | = | = | =  |
| 4 | + | 3  | / | 7 | = |    |

## 6.3.14.

|    |   |   | - | 4 | = | 6  |
|----|---|---|---|---|---|----|
| /  | / |   |   | + |   |    |
| 9  |   |   | - | 1 | = |    |
| x  |   |   |   |   |   | x  |
|    | x | 3 |   |   | = | 2  |
| =  | = |   | = |   | = | =  |
| 10 |   | 11 |  | 18 |  | 16 |

### 6.3.15.

| | | 11 | / | | = | 16 |
|---|---|---|---|---|---|---|
| / | - | - | | | | |
| 7 | - | 12 | | | = | |
| | | | | / | | |
| | + | | + | | = | 12 |
| = | | = | | = | = | |
| 1 | x | 6 | - | 3 | = | |

### 6.3.16.

| 6 | | | - | 13 | = | 10 |
|---|---|---|---|---|---|---|
| x | | | | | | |
| 7 | | | x | | = | 15 |
| - | | - | | - | | |
| 12 | | | / | 14 | = | 2 |
| = | | = | | = | = | |
| 30 | / | | | 4 | = | 10 |

### 6.3.17.

| 12 | | | / | 2 | = | 13 |
|---|---|---|---|---|---|---|
| x | | / | | x | | |
| 2 | + | | | | = | 3 |
| | | x | x | / | | |
| | + | 5 | | | = | 4 |
| = | | = | | = | = | = |
| 13 | | 10 | | 3 | = | |

### 6.3.18.

| 25 | | | - | | = | 5 |
|---|---|---|---|---|---|---|
| - | - | - | | | | |
| 20 | / | | | 8 | = | 10 |
| | | | | - | | |
| | - | | x | 10 | = | 20 |
| = | | = | | = | = | |
| 15 | + | 5 | | | = | 5 |

### 6.3.19.

| | - | | | | = | 41 |
|---|---|---|---|---|---|---|
| | - | | | - | | |
| 12 | + | 11 | | | = | 8 |
| + | | / | | - | | |
| 3 | | | x | | = | 25 |
| = | | = | | = | = | |
| | | 8 | + | 10 | = | 25 |

### 6.3.20.

| 35 | | | | 20 | = | 5 |
|---|---|---|---|---|---|---|
| | / | + | | - | | |
| | + | 7 | | | = | 20 |
| | | | - | | | |
| 7 | - | | | | = | 3 |
| = | | = | | = | = | |
| 6 | | 18 | | 7 | | 3 |

## 6.3.21.

| 1 |   |   | / | 3 | = | 3 |
| --- | --- | --- | --- | --- | --- | --- |
| + |   | + |   |   |   | x |
|   | + |   |   |   | = | 5 |
|   |   | - | + | + |   |   |
| 5 |   |   | - | 10 | = |   |
| = |   | = |   | = | = | = |
| 9 |   | 10 |   | 9 |   | 5 |

## 6.3.22.

| 40 |   |   | / | 32 | = | 1 |
| --- | --- | --- | --- | --- | --- | --- |
|   | / |   |   |   |   |   |
|   | + |   | + |   | = | 12 |
| + |   | + |   | - |   |   |
|   |   | 2 | + |   | = | 13 |
| = |   | = |   | = | = |   |
| 8 | - | 6 | x | 4 | = |   |

## 6.3.23.

|   | - | 16 | + |   | = | 7 |
| --- | --- | --- | --- | --- | --- | --- |
|   | / |   |   |   |   |   |
| 12 |   |   |   |   | = | 4 |
| + |   | - |   | - |   |   |
| 1 | x | 6 | + |   | = | 11 |
| = |   | = |   | = | = |   |
| 7 | x | 1 |   |   | = | 7 |

## 6.3.24.

| 21 | - |   |   |   |   | = | 20 |
| --- | --- | --- | --- | --- | --- | --- | --- |
| - | - | + |   | + |   |   | + |
| 15 |   |   | / | 8 | = | 2 |   |
|   |   | + |   |   | - |   |   |
|   | x |   | x |   |   | = |   |
| = |   | = |   | = | = | = |   |
| 2 |   | 9 |   | 11 |   | 10 |   |

## 6.3.25.

|   | + | 5 |   |   | = | 4 |
| --- | --- | --- | --- | --- | --- | --- |
|   | + |   |   | - |   |   |
| 1 | x |   | - | 7 | = | 2 |
| / |   | - | / | - |   |   |
| 2 | + | 6 | / | 2 | = |   |
| = |   | = |   | = | = | = |
| 5 | + | 8 |   |   | = |   |

## 6.3.26.

| 18 | / |   |   | 1 | = | 8 |
| --- | --- | --- | --- | --- | --- | --- |
| / |   |   |   | x |   |   |
| 2 | + |   |   |   | = | 15 |
|   |   | - | - | / |   |   |
|   |   | 5 | / |   | = | 4 |
| = |   | = |   | = | = |   |
| 3 | x | 4 |   |   | = | 9 |

### 6.3.27.

| | | 12 | - | 5 | = | 2 |
|---|---|---|---|---|---|---|
| | | - | | | | |
| 1 | + | | x | | = | |
| / | | - | / | / | | |
| 6 | | | / | 2 | = | 5 |
| = | | = | | = | = | |
| 3 | | | - | 4 | = | 11 |

### 6.3.28.

| | | 5 | | 8 | = | 7 |
|---|---|---|---|---|---|---|
| | - | + | | + | | |
| | / | | | 10 | = | 20 |
| + | | | | - | | |
| 9 | | | + | 15 | = | 17 |
| = | | = | | = | = | |
| | - | 1 | - | 3 | = | 15 |

### 6.3.29.

| 21 | + | 3 | | | = | 3 |
|---|---|---|---|---|---|---|
| | | | | + | | x |
| | | | - | 5 | = | 4 |
| + | | + | / | | | |
| 3 | | | + | | = | |
| = | | = | | = | = | = |
| 10 | | 10 | | 18 | | 3 |

### 6.3.30.

| | | | | 8 | = | 3 |
|---|---|---|---|---|---|---|
| | - | | | - | | |
| 6 | | | / | 2 | = | |
| - | | | / | - | | - |
| 2 | + | 3 | | | = | 10 |
| = | | = | | = | = | = |
| 4 | | 25 | | 1 | | 4 |

### 6.3.31.

| | | | / | 10 | = | 3 |
|---|---|---|---|---|---|---|
| | / | | | - | | |
| | / | | + | | = | 8 |
| x | | - | + | | | |
| 5 | + | 6 | | | = | 8 |
| = | | = | | = | = | |
| | / | 2 | + | 5 | = | 10 |

### 6.3.32.

| | + | 5 | | | = | 4 |
|---|---|---|---|---|---|---|
| / | | + | | | | |
| | / | 3 | | | = | |
| | | | / | + | | - |
| 1 | + | | / | 4 | = | 3 |
| = | | = | | = | = | = |
| 2 | | 19 | | 10 | | 6 |

### 6.3.33.

|   |   |   | / | 8 | = | 4  |
|---|---|---|---|---|---|----|
| / |   |   |   | + |   |    |
|   |   |   | / | 3 | = | 5  |
|   |   | / | / |   |   |    |
|   | + | 2 | x |   | = | 25 |
| = |   | = |   | = | = |    |
| 7 | + | 5 |   |   | = | 6  |

### 6.3.34.

| 12 | x | 2 |   |   | = | 10 |
|----|---|---|---|---|---|----|
| /  | / |   |   |   |   |    |
| 2  | x |   | / | 3 | = |    |
|    |   |   |   | - |   | /  |
|    |   | 2 | - | 5 | = | 2  |
| =  |   | = |   | = | = | =  |
| 1  |   | 4 |   | 12 |  | 7  |

### 6.3.35.

| 16 | - | 13 |   |   | = | 33 |
|----|---|----|---|---|---|----|
| /  |   | -  |   |   |   |    |
| 8  |   |    |   |   | = | 18 |
|    |   | -  | x |   |   |    |
|    | - | 6  | x |   | = | 10 |
| =  |   | =  |   | = | = |    |
| 10 |   | 3  |   | 9 | = | 20 |

### 6.3.36.

| 1  | x |   | + | 20 | = | 25 |
|----|---|---|---|----|---|----|
|    |   |   |   | -  |   |    |
|    |   |   |   |    | = | 10 |
| +  |   | / | x |    |   |    |
|    |   | 4 | + | 5  | = | 5  |
| =  |   | = |   | =  | = |    |
| 12 | x | 2 |   |    | = | 20 |

### 6.3.37.

|    |   | 3 | + | 4 | = | 40 |
|----|---|---|---|---|---|----|
|    |   |   |   |   |   | /  |
| 12 |   |   | / |   | = |    |
| +  |   |   | / | + |   |    |
| 8  | - |   | - | 4 | = | 3  |
| =  |   | = |   | = | = | =  |
| 9  |   | 10|   | 4 |   | 5  |

### 6.3.38.

|   | - | 3 |   |   | = | 4 |
|---|---|---|---|---|---|---|
| / |   | - |   | + |   | - |
|   | + |   | / |   | = | 4 |
|   |   |   | / |   |   |   |
| 4 | + | 16| / |   | = |   |
| = |   | = |   | = | = | = |
| 3 | - | 4 | + | 3 | = |   |

| 6.3.39. | | | | | |
|---|---|---|---|---|---|
|   | / | 2 |   | = | 5 |
|   | - | - |   |   | + |
| 9 | + |   | - | 8 | = | 15 |
| + |   |   |   |   |   |
| 8 | + | 16 |   | = |   |
| = |   | = |   | = | = | = |
| 10 |   | 4 |   | 4 |   | 12 |

| 6.3.40. | | | | | |
|---|---|---|---|---|---|
|   |   | 12 | - | 3 | = | 11 |
|   |   |   |   |   |   |
| 13 | + |   |   |   | = | 27 |
| + |   |   | / | - | - |
| 9 | / | 3 |   |   | = | 2 |
| = |   | = |   |   | = |
| 11 | + | 9 |   |   | = | 10 |

## 7. Turmspiel

### 7.1. Einweisung/Erläuterung

Gegeben ist ein quadratisches Spielfeld mit 4x4 bis 6x6 Feldern. In jeder Zeile und Spalte stehen Türme mit unterschiedlichen Höhen. Jede Höhe ist nur einmal vorhanden und entsprechend nummeriert. Die 1 steht für den niedrigsten Turm. Je höher die Zahl wird desto höher ist auch der Turm.
Die Aufgabe besteht in der korrekten Verteilung aller Türme. Hierfür sind die Zeilen und Spalten mit Nummern versehen. Diese geben die Menge der Türme an, welche aus dieser Richtung in der Zeile oder Spalte gesehen werden können. Steht beispielsweise ein kleiner Turm vor einem großen Turm, dann können beide gesehen werden. Steht der kleine Turm allerdings dahinter, dann ist dieser aus dieser Blickrichtung nicht sichtbar.
Die Anzahl der Felder in einer Zeile gibt die Menge der verschiedenen Turmhöhen an. Die Größe 4x4 Felder gibt an, dass lediglich die Turmhöhen 1-4 vorhanden sind.

## 7.2. Schwierigkeit: leicht 4x4

### 7.2.1.

|   | 2 | 3 | 2 | 1 |   |
|---|---|---|---|---|---|
| 4 |   |   |   |   | 1 |
| 1 |   |   |   |   | 4 |
| 2 |   |   |   |   | 2 |
| 2 |   |   |   |   | 2 |
|   | 3 | 2 | 1 | 2 |   |

### 7.2.2.

|   | 4 | 1 | 3 | 2 |   |
|---|---|---|---|---|---|
| 2 |   |   |   |   | 2 |
| 3 |   |   |   |   | 1 |
| 2 |   |   |   |   | 2 |
| 1 |   |   |   |   | 3 |
|   | 1 | 2 | 2 | 2 |   |

### 7.2.3.

|   | 3 | 1 | 3 | 2 |   |
|---|---|---|---|---|---|
| 2 |   |   |   |   | 2 |
| 2 |   |   |   |   | 1 |
| 1 |   |   |   |   | 3 |
| 3 |   |   |   |   | 2 |
|   | 2 | 2 | 1 | 3 |   |

### 7.2.4.

|   | 2 | 1 | 4 | 2 |   |
|---|---|---|---|---|---|
| 2 |   |   |   |   | 2 |
| 3 |   |   |   |   | 1 |
| 1 |   |   |   |   | 3 |
| 2 |   |   |   |   | 2 |
|   | 2 | 3 | 1 | 3 |   |

### 7.2.5.

|   | 2 | 3 | 2 | 1 |   |
|---|---|---|---|---|---|
| 2 |   |   |   |   | 1 |
| 1 |   |   |   |   | 3 |
| 3 |   |   |   |   | 2 |
| 2 |   |   |   |   | 3 |
|   | 2 | 1 | 2 | 3 |   |

### 7.2.6.

|   | 2 | 3 | 3 | 1 |   |
|---|---|---|---|---|---|
| 2 |   |   |   |   | 1 |
| 1 |   |   |   |   | 2 |
| 2 |   |   |   |   | 3 |
| 3 |   |   |   |   | 2 |
|   | 2 | 2 | 1 | 4 |   |

### 7.2.7.

|   | 3 | 3 | 1 | 2 |   |
|---|---|---|---|---|---|
| 2 |   |   |   |   | 2 |
| 4 |   |   |   |   | 1 |
| 2 |   |   |   |   | 3 |
| 1 |   |   |   |   | 3 |
|   | 1 | 2 | 4 | 2 |   |

### 7.2.8.

|   | 1 | 4 | 2 | 2 |   |
|---|---|---|---|---|---|
| 1 |   |   |   |   | 2 |
| 2 |   |   |   |   | 2 |
| 3 |   |   |   |   | 1 |
| 2 |   |   |   |   | 3 |
|   | 4 | 1 | 2 | 2 |   |

### 7.2.9.

|   | 2 | 2 | 1 | 3 |   |
|---|---|---|---|---|---|
| 2 |   |   |   |   | 2 |
| 2 |   |   |   |   | 2 |
| 1 |   |   |   |   | 4 |
| 4 |   |   |   |   | 1 |
|   | 2 | 3 | 2 | 1 |   |

### 7.2.10.

|   | 3 | 1 | 2 | 2 |   |
|---|---|---|---|---|---|
| 2 |   |   |   |   | 3 |
| 3 |   |   |   |   | 1 |
| 2 |   |   |   |   | 2 |
| 1 |   |   |   |   | 2 |
|   | 1 | 3 | 2 | 2 |   |

### 7.2.11.

|   | 2 | 1 | 3 | 2 |   |
|---|---|---|---|---|---|
| 2 |   |   |   |   | 2 |
| 4 |   |   |   |   | 1 |
| 2 |   |   |   |   | 2 |
| 1 |   |   |   |   | 4 |
|   | 1 | 2 | 2 | 3 |   |

### 7.2.12.

|   | 3 | 2 | 2 | 1 |   |
|---|---|---|---|---|---|
| 4 |   |   |   |   | 1 |
| 2 |   |   |   |   | 3 |
| 1 |   |   |   |   | 3 |
| 2 |   |   |   |   | 2 |
|   | 2 | 3 | 1 | 2 |   |

### 7.2.13.

|   | 1 | 3 | 2 | 3 |   |
|---|---|---|---|---|---|
| 1 |   |   |   |   | 3 |
| 2 |   |   |   |   | 2 |
| 2 |   |   |   |   | 2 |
| 3 |   |   |   |   | 1 |
|   | 4 | 2 | 2 | 1 |   |

### 7.2.14.

|   | 2 | 3 | 1 | 2 |   |
|---|---|---|---|---|---|
| 3 |   |   |   |   | 2 |
| 1 |   |   |   |   | 3 |
| 2 |   |   |   |   | 1 |
| 2 |   |   |   |   | 3 |
|   | 3 | 1 | 2 | 2 |   |

### 7.2.15.

|   | 2 | 1 | 3 | 2 |   |
|---|---|---|---|---|---|
| 2 |   |   |   |   | 3 |
| 3 |   |   |   |   | 1 |
| 3 |   |   |   |   | 2 |
| 1 |   |   |   |   | 2 |
|   | 1 | 3 | 2 | 2 |   |

### 7.2.16.

|   | 4 | 2 | 1 | 2 |   |
|---|---|---|---|---|---|
| 3 |   |   |   |   | 2 |
| 3 |   |   |   |   | 1 |
| 2 |   |   |   |   | 2 |
| 1 |   |   |   |   | 4 |
|   | 1 | 2 | 3 | 3 |   |

### 7.2.17.

|   | 1 | 4 | 2 | 3 |   |
|---|---|---|---|---|---|
| 1 |   |   |   |   | 3 |
| 3 |   |   |   |   | 2 |
| 3 |   |   |   |   | 1 |
| 2 |   |   |   |   | 3 |
|   | 2 | 1 | 2 | 2 |   |

### 7.2.18.

|   | 2 | 2 | 2 | 1 |   |
|---|---|---|---|---|---|
| 3 |   |   |   |   | 1 |
| 2 |   |   |   |   | 2 |
| 1 |   |   |   |   | 3 |
| 2 |   |   |   |   | 2 |
|   | 2 | 3 | 1 | 4 |   |

### 7.2.19.

|   | 2 | 2 | 1 | 3 |   |
|---|---|---|---|---|---|
| 2 |   |   |   |   | 2 |
| 2 |   |   |   |   | 2 |
| 3 |   |   |   |   | 1 |
| 1 |   |   |   |   | 3 |
|   | 1 | 2 | 3 | 2 |   |

### 7.2.20.

|   | 1 | 2 | 3 | 2 |   |
|---|---|---|---|---|---|
| 1 |   |   |   |   | 4 |
| 3 |   |   |   |   | 1 |
| 2 |   |   |   |   | 2 |
| 3 |   |   |   |   | 2 |
|   | 3 | 2 | 1 | 2 |   |

### 7.2.21.

|   | 2 | 2 | 3 | 1 |   |
|---|---|---|---|---|---|
| 3 |   |   |   |   | 1 |
| 1 |   |   |   |   | 3 |
| 2 |   |   |   |   | 2 |
| 2 |   |   |   |   | 2 |
|   | 2 | 1 | 2 | 3 |   |

### 7.2.22.

|   | 1 | 3 | 2 | 2 |   |
|---|---|---|---|---|---|
| 1 |   |   |   |   | 3 |
| 3 |   |   |   |   | 2 |
| 2 |   |   |   |   | 1 |
| 2 |   |   |   |   | 2 |
|   | 3 | 1 | 2 | 2 |   |

### 7.2.23.

|   | 1 | 2 | 3 | 3 |   |
|---|---|---|---|---|---|
| 1 |   |   |   |   | 3 |
| 2 |   |   |   |   | 3 |
| 3 |   |   |   |   | 2 |
| 3 |   |   |   |   | 1 |
|   | 3 | 3 | 2 | 1 |   |

### 7.2.24.

|   | 1 | 3 | 3 | 2 |   |
|---|---|---|---|---|---|
| 1 |   |   |   |   | 2 |
| 4 |   |   |   |   | 1 |
| 2 |   |   |   |   | 2 |
| 3 |   |   |   |   | 2 |
|   | 3 | 2 | 1 | 3 |   |

## 7.2.25.

|   | 1 | 2 | 2 | 3 |   |
|---|---|---|---|---|---|
| 1 |   |   |   |   | 3 |
| 2 |   |   |   |   | 2 |
| 2 |   |   |   |   | 3 |
| 4 |   |   |   |   | 1 |
|   | 3 | 2 | 2 | 1 |   |

## 7.2.26.

|   | 1 | 3 | 2 | 2 |   |
|---|---|---|---|---|---|
| 1 |   |   |   |   | 2 |
| 3 |   |   |   |   | 2 |
| 2 |   |   |   |   | 3 |
| 3 |   |   |   |   | 1 |
|   | 3 | 2 | 2 | 1 |   |

## 7.2.27.

|   | 1 | 3 | 2 | 2 |   |
|---|---|---|---|---|---|
| 1 |   |   |   |   | 2 |
| 3 |   |   |   |   | 2 |
| 2 |   |   |   |   | 3 |
| 3 |   |   |   |   | 1 |
|   | 3 | 2 | 2 | 1 |   |

## 7.2.28.

|   | 2 | 2 | 3 | 1 |   |
|---|---|---|---|---|---|
| 3 |   |   |   |   | 1 |
| 1 |   |   |   |   | 3 |
| 2 |   |   |   |   | 2 |
| 2 |   |   |   |   | 2 |
|   | 2 | 1 | 2 | 3 |   |

## 7.2.29.

|   | 2 | 3 | 1 | 2 |   |
|---|---|---|---|---|---|
| 2 |   |   |   |   | 2 |
| 1 |   |   |   |   | 4 |
| 2 |   |   |   |   | 1 |
| 2 |   |   |   |   | 3 |
|   | 3 | 1 | 2 | 2 |   |

## 7.2.30.

|   | 1 | 2 | 2 | 2 |   |
|---|---|---|---|---|---|
| 1 |   |   |   |   | 3 |
| 2 |   |   |   |   | 1 |
| 2 |   |   |   |   | 2 |
| 3 |   |   |   |   | 2 |
|   | 4 | 2 | 1 | 3 |   |

## 7.3. Schwierigkeit: mittel 5x5

### 7.3.1.

|   | 2 | 2 | 3 | 1 | 2 |   |
|---|---|---|---|---|---|---|
| 3 |   |   |   |   |   | 2 |
| 1 |   |   |   |   |   | 3 |
| 5 |   |   |   |   |   | 1 |
| 2 |   |   |   |   |   | 2 |
| 2 |   |   |   |   |   | 3 |
|   | 2 | 1 | 2 | 3 | 3 |   |

### 7.3.2.

|   | 2 | 3 | 1 | 3 | 3 |   |
|---|---|---|---|---|---|---|
| 2 |   |   |   |   |   | 2 |
| 1 |   |   |   |   |   | 2 |
| 3 |   |   |   |   |   | 2 |
| 2 |   |   |   |   |   | 3 |
| 4 |   |   |   |   |   | 1 |
|   | 3 | 2 | 3 | 2 | 1 |   |

### 7.3.3.

|   | 2 | 3 | 1 | 4 | 3 |   |
|---|---|---|---|---|---|---|
| 2 |   |   |   |   |   | 3 |
| 1 |   |   |   |   |   | 4 |
| 5 |   |   |   |   |   | 1 |
| 2 |   |   |   |   |   | 3 |
| 2 |   |   |   |   |   | 2 |
|   | 2 | 2 | 3 | 1 | 2 |   |

### 7.3.4.

|   | 2 | 1 | 2 | 3 | 3 |   |
|---|---|---|---|---|---|---|
| 2 |   |   |   |   |   | 3 |
| 2 |   |   |   |   |   | 3 |
| 1 |   |   |   |   |   | 4 |
| 2 |   |   |   |   |   | 1 |
| 4 |   |   |   |   |   | 2 |
|   | 3 | 4 | 2 | 1 | 2 |   |

### 7.3.5.

|   | 4 | 2 | 2 | 4 | 1 |   |
|---|---|---|---|---|---|---|
| 4 |   |   |   |   |   | 1 |
| 2 |   |   |   |   |   | 2 |
| 2 |   |   |   |   |   | 2 |
| 1 |   |   |   |   |   | 3 |
| 3 |   |   |   |   |   | 2 |
|   | 2 | 2 | 3 | 1 | 5 |   |

### 7.3.6.

|   | 1 | 2 | 3 | 3 | 3 |   |
|---|---|---|---|---|---|---|
| 1 |   |   |   |   |   | 3 |
| 2 |   |   |   |   |   | 2 |
| 4 |   |   |   |   |   | 2 |
| 2 |   |   |   |   |   | 3 |
| 4 |   |   |   |   |   | 1 |
|   | 3 | 4 | 2 | 2 | 1 |   |

## 7.3.7.

|   | 2 | 3 | 4 | 1 | 2 |   |
|---|---|---|---|---|---|---|
| 3 |   |   |   |   |   | 2 |
| 1 |   |   |   |   |   | 4 |
| 2 |   |   |   |   |   | 3 |
| 2 |   |   |   |   |   | 3 |
| 3 |   |   |   |   |   | 1 |
|   | 3 | 3 | 2 | 2 | 1 |   |

## 7.3.8.

|   | 1 | 2 | 4 | 2 | 2 |   |
|---|---|---|---|---|---|---|
| 1 |   |   |   |   |   | 3 |
| 2 |   |   |   |   |   | 2 |
| 5 |   |   |   |   |   | 1 |
| 2 |   |   |   |   |   | 4 |
| 2 |   |   |   |   |   | 2 |
|   | 3 | 2 | 1 | 4 | 2 |   |

## 7.3.9.

|   | 2 | 3 | 3 | 1 | 3 |   |
|---|---|---|---|---|---|---|
| 2 |   |   |   |   |   | 2 |
| 1 |   |   |   |   |   | 4 |
| 5 |   |   |   |   |   | 1 |
| 3 |   |   |   |   |   | 2 |
| 2 |   |   |   |   |   | 2 |
|   | 2 | 1 | 2 | 3 | 2 |   |

## 7.3.10.

|   | 3 | 3 | 2 | 1 | 3 |   |
|---|---|---|---|---|---|---|
| 4 |   |   |   |   |   | 2 |
| 2 |   |   |   |   |   | 2 |
| 1 |   |   |   |   |   | 4 |
| 4 |   |   |   |   |   | 1 |
| 2 |   |   |   |   |   | 3 |
|   | 2 | 1 | 2 | 3 | 2 |   |

## 7.3.11.

|   | 2 | 1 | 2 | 4 | 4 |   |
|---|---|---|---|---|---|---|
| 2 |   |   |   |   |   | 3 |
| 3 |   |   |   |   |   | 2 |
| 1 |   |   |   |   |   | 4 |
| 3 |   |   |   |   |   | 2 |
| 3 |   |   |   |   |   | 1 |
|   | 2 | 4 | 3 | 2 | 1 |   |

## 7.3.12.

|   | 3 | 3 | 2 | 1 | 3 |   |
|---|---|---|---|---|---|---|
| 4 |   |   |   |   |   | 2 |
| 2 |   |   |   |   |   | 2 |
| 1 |   |   |   |   |   | 5 |
| 3 |   |   |   |   |   | 1 |
| 2 |   |   |   |   |   | 2 |
|   | 2 | 1 | 3 | 3 | 2 |   |

### 7.3.13.

|   | 4 | 2 | 1 | 2 | 2 |   |
|---|---|---|---|---|---|---|
| 2 |   |   |   |   |   | 2 |
| 2 |   |   |   |   |   | 4 |
| 2 |   |   |   |   |   | 2 |
| 4 |   |   |   |   |   | 1 |
| 1 |   |   |   |   |   | 4 |
|   | 1 | 2 | 3 | 3 | 2 |   |

### 7.3.14.

|   | 2 | 3 | 1 | 5 | 2 |   |
|---|---|---|---|---|---|---|
| 2 |   |   |   |   |   | 2 |
| 1 |   |   |   |   |   | 3 |
| 2 |   |   |   |   |   | 1 |
| 2 |   |   |   |   |   | 3 |
| 4 |   |   |   |   |   | 2 |
|   | 3 | 2 | 2 | 1 | 3 |   |

### 7.3.15.

|   | 2 | 1 | 4 | 3 | 2 |   |
|---|---|---|---|---|---|---|
| 2 |   |   |   |   |   | 2 |
| 1 |   |   |   |   |   | 5 |
| 4 |   |   |   |   |   | 2 |
| 4 |   |   |   |   |   | 1 |
| 2 |   |   |   |   |   | 3 |
|   | 2 | 4 | 1 | 3 | 2 |   |

### 7.3.16.

|   | 3 | 2 | 1 | 2 | 3 |   |
|---|---|---|---|---|---|---|
| 2 |   |   |   |   |   | 3 |
| 2 |   |   |   |   |   | 3 |
| 4 |   |   |   |   |   | 2 |
| 1 |   |   |   |   |   | 2 |
| 3 |   |   |   |   |   | 1 |
|   | 2 | 2 | 4 | 2 | 1 |   |

### 7.3.17.

|   | 3 | 2 | 1 | 2 | 2 |   |
|---|---|---|---|---|---|---|
| 3 |   |   |   |   |   | 2 |
| 4 |   |   |   |   |   | 2 |
| 2 |   |   |   |   |   | 4 |
| 3 |   |   |   |   |   | 1 |
| 1 |   |   |   |   |   | 2 |
|   | 1 | 2 | 5 | 3 | 2 |   |

### 7.3.18.

|   | 3 | 2 | 1 | 3 | 2 |   |
|---|---|---|---|---|---|---|
| 2 |   |   |   |   |   | 2 |
| 2 |   |   |   |   |   | 3 |
| 1 |   |   |   |   |   | 3 |
| 4 |   |   |   |   |   | 2 |
| 4 |   |   |   |   |   | 1 |
|   | 2 | 4 | 3 | 2 | 1 |   |

## 7.3.19.

|   | 3 | 4 | 2 | 1 | 2 |   |
|---|---|---|---|---|---|---|
| 4 |   |   |   |   |   | 2 |
| 2 |   |   |   |   |   | 1 |
| 1 |   |   |   |   |   | 5 |
| 2 |   |   |   |   |   | 2 |
| 2 |   |   |   |   |   | 3 |
|   | 2 | 2 | 1 | 2 | 3 |   |

## 7.3.20.

|   | 2 | 2 | 1 | 3 | 5 |   |
|---|---|---|---|---|---|---|
| 2 |   |   |   |   |   | 3 |
| 2 |   |   |   |   |   | 3 |
| 4 |   |   |   |   |   | 2 |
| 1 |   |   |   |   |   | 2 |
| 3 |   |   |   |   |   | 1 |
|   | 2 | 2 | 3 | 3 | 1 |   |

## 7.3.21.

|   | 1 | 2 | 4 | 2 | 2 |   |
|---|---|---|---|---|---|---|
| 1 |   |   |   |   |   | 3 |
| 2 |   |   |   |   |   | 2 |
| 3 |   |   |   |   |   | 1 |
| 2 |   |   |   |   |   | 4 |
| 3 |   |   |   |   |   | 2 |
|   | 5 | 2 | 1 | 4 | 2 |   |

## 7.3.22.

|   | 2 | 2 | 2 | 1 | 3 |   |
|---|---|---|---|---|---|---|
| 3 |   |   |   |   |   | 2 |
| 2 |   |   |   |   |   | 2 |
| 1 |   |   |   |   |   | 3 |
| 2 |   |   |   |   |   | 3 |
| 5 |   |   |   |   |   | 1 |
|   | 3 | 4 | 2 | 2 | 1 |   |

## 7.3.23.

|   | 3 | 1 | 5 | 2 | 3 |   |
|---|---|---|---|---|---|---|
| 2 |   |   |   |   |   | 3 |
| 2 |   |   |   |   |   | 2 |
| 1 |   |   |   |   |   | 5 |
| 4 |   |   |   |   |   | 1 |
| 3 |   |   |   |   |   | 2 |
|   | 3 | 4 | 1 | 2 | 2 |   |

## 7.3.24.

|   | 2 | 3 | 5 | 2 | 1 |   |
|---|---|---|---|---|---|---|
| 2 |   |   |   |   |   | 1 |
| 2 |   |   |   |   |   | 2 |
| 1 |   |   |   |   |   | 4 |
| 2 |   |   |   |   |   | 4 |
| 3 |   |   |   |   |   | 3 |
|   | 3 | 2 | 1 | 2 | 3 |   |

### 7.3.25.

|   | 1 | 2 | 2 | 2 | 2 |   |
|---|---|---|---|---|---|---|
| 1 |   |   |   |   |   | 3 |
| 2 |   |   |   |   |   | 3 |
| 3 |   |   |   |   |   | 3 |
| 4 |   |   |   |   |   | 1 |
| 4 |   |   |   |   |   | 2 |
|   | 5 | 4 | 3 | 1 | 2 |   |

### 7.3.26.

|   | 1 | 2 | 2 | 3 | 4 |   |
|---|---|---|---|---|---|---|
| 1 |   |   |   |   |   | 5 |
| 2 |   |   |   |   |   | 3 |
| 4 |   |   |   |   |   | 2 |
| 2 |   |   |   |   |   | 1 |
| 2 |   |   |   |   |   | 2 |
|   | 3 | 1 | 4 | 2 | 2 |   |

### 7.3.27.

|   | 3 | 2 | 1 | 2 | 3 |   |
|---|---|---|---|---|---|---|
| 2 |   |   |   |   |   | 3 |
| 2 |   |   |   |   |   | 3 |
| 1 |   |   |   |   |   | 3 |
| 4 |   |   |   |   |   | 1 |
| 4 |   |   |   |   |   | 2 |
|   | 3 | 4 | 3 | 1 | 2 |   |

### 7.3.28.

|   | 3 | 4 | 1 | 2 | 3 |   |
|---|---|---|---|---|---|---|
| 2 |   |   |   |   |   | 3 |
| 3 |   |   |   |   |   | 2 |
| 2 |   |   |   |   |   | 1 |
| 1 |   |   |   |   |   | 4 |
| 2 |   |   |   |   |   | 2 |
|   | 2 | 1 | 3 | 3 | 2 |   |

### 7.3.29.

|   | 2 | 4 | 2 | 1 | 3 |   |
|---|---|---|---|---|---|---|
| 3 |   |   |   |   |   | 2 |
| 1 |   |   |   |   |   | 3 |
| 3 |   |   |   |   |   | 2 |
| 2 |   |   |   |   |   | 2 |
| 2 |   |   |   |   |   | 1 |
|   | 2 | 2 | 3 | 3 | 1 |   |

### 7.3.30.

|   | 1 | 3 | 2 | 2 | 3 |   |
|---|---|---|---|---|---|---|
| 1 |   |   |   |   |   | 3 |
| 4 |   |   |   |   |   | 2 |
| 2 |   |   |   |   |   | 2 |
| 3 |   |   |   |   |   | 1 |
| 2 |   |   |   |   |   | 3 |
|   | 3 | 1 | 2 | 2 | 2 |   |

## 7.4. Schwierigkeit: schwer 5x5

### 7.4.1.

|   |   |   |   |   |   |
|---|---|---|---|---|---|
|   | 5 |   |   | 2 | 2 |   |
|   |   |   |   |   |   |   |
|   |   |   |   |   |   |   |
|   |   | 2 |   |   |   | 1 |
|   |   |   |   |   |   | 2 |
|   |   |   |   |   |   |   |
|   |   |   | 2 | 2 |   |   |

### 7.4.2.

|   |   |   | 2 | 4 |   |
|---|---|---|---|---|---|
|   |   |   |   |   |   |
|   |   |   |   |   | 2 |
| 4 |   |   |   |   |   |
|   |   |   |   |   |   |
| 2 |   | 1 |   |   |   |
|   |   |   |   |   |   |

### 7.4.3.

|   |   |   |   |   |   |
|---|---|---|---|---|---|
|   |   |   | 1 |   |   |
| 2 |   |   |   |   | 4 |
|   |   |   | 2 |   |   |
|   |   |   |   |   |   |
| 3 |   |   |   |   |   |
|   |   |   |   | 4 |   |

### 7.4.4.

|   |   | 2 | 2 |   |   |
|---|---|---|---|---|---|
|   |   |   |   |   |   |
| 1 |   |   |   | 1 |   |
|   |   |   |   |   | 2 |
|   | 2 |   |   |   |   |
|   |   | 1 |   | 3 |   |

### 7.4.5.

|   |   |   | 4 |   |   |
|---|---|---|---|---|---|
|   |   |   |   |   | 4 |
| 4 |   |   |   |   | 1 |
|   |   |   |   |   |   |
|   |   |   |   |   |   |
| 3 |   |   |   |   |   |
|   |   | 3 | 3 |   |   |

### 7.4.6.

|   |   | 3 |   |   |   |   |
|---|---|---|---|---|---|---|
| 3 |   |   |   |   |   | 2 |
|   |   |   |   |   |   | 2 |
|   | 3 |   |   |   |   |   |
|   |   |   |   |   |   |   |
| 2 |   |   |   |   |   |   |
|   |   |   | 3 | 2 |   |   |

## 7.4.7.

|   |   | 3 |   |   |   |
|---|---|---|---|---|---|
| 3 |   |   |   |   | 2 |
|   |   |   |   | 1 | 4 |
|   |   |   |   |   |   |
| 4 |   |   |   |   |   |
|   |   |   |   |   |   |
|   |   |   | 2 | 2 |   |

## 7.4.8.

|   |   | 1 | 2 | 2 |   |
|---|---|---|---|---|---|
|   |   |   |   |   |   |
| 3 |   |   |   |   |   |
|   | 3 |   |   |   | 3 |
|   |   |   | 1 |   |   |
|   |   |   |   | 2 |   |

## 7.4.9.

|   |   | 4 | 2 |   |   |
|---|---|---|---|---|---|
|   |   |   |   |   |   |
| 2 |   |   |   |   |   |
|   |   |   |   | 1 |   |
|   |   |   |   |   | 4 |
| 2 |   |   |   |   |   |
|   |   |   |   | 1 |   |

## 7.4.10.

|   |   | 3 | 3 | 2 |   |
|---|---|---|---|---|---|
|   |   |   |   |   | 2 |
|   |   |   |   |   |   |
|   |   |   |   | 2 |   |
| 4 | 1 |   |   |   |   |
|   |   |   |   |   | 3 |
|   | 2 |   |   |   |   |

## 7.4.11.

|   | 3 | 3 |   | 4 |   |
|---|---|---|---|---|---|
| 2 |   |   |   |   |   |
|   |   |   |   |   |   |
|   |   |   |   | 3 |   |
| 3 |   |   |   |   |   |
|   |   |   |   |   | 4 |
|   |   |   |   |   |   |

## 7.4.12.

|   | 3 |   |   | 3 |   |
|---|---|---|---|---|---|
| 3 |   |   |   |   | 3 |
| 2 |   |   |   |   | 2 |
|   |   |   |   |   |   |
|   |   |   |   |   | 3 |
| 3 |   |   |   |   |   |
|   |   | 3 |   | 3 |   |

## 7.4.13.

|   | 2 |   | 3 | 3 |   |   |
|---|---|---|---|---|---|---|
|   |   |   |   |   |   | 2 |
|   |   |   | 1 |   |   |   |
|   |   |   |   |   |   | 2 |
| 2 |   |   |   |   |   | 2 |
|   |   |   |   |   |   |   |
|   |   | 2 |   | 2 |   |   |

## 7.4.14.

|   |   |   |   | 5 |   |   |
|---|---|---|---|---|---|---|
|   |   |   |   |   |   | 2 |
| 2 |   |   |   |   |   | 3 |
| 4 |   |   |   |   |   |   |
|   |   |   |   |   |   |   |
|   |   |   |   |   |   |   |
|   |   |   |   |   | 2 |   |

## 7.4.15.

|   | 3 |   | 2 | 3 |   |   |
|---|---|---|---|---|---|---|
|   |   |   |   |   |   |   |
|   |   |   |   |   |   |   |
| 3 |   | 2 |   |   |   |   |
|   |   |   |   |   |   | 4 |
|   |   |   |   |   |   |   |
|   |   |   |   | 1 |   |   |

## 7.4.16.

|   |   |   | 1 |   | 2 |   |
|---|---|---|---|---|---|---|
| 2 |   |   |   |   |   |   |
| 2 |   |   |   |   |   | 2 |
|   |   |   |   |   |   |   |
| 4 |   |   |   |   |   |   |
|   |   |   |   |   |   |   |
|   |   | 3 |   | 2 |   |   |

## 7.4.17.

|   |   |   | 2 |   |   |   |
|---|---|---|---|---|---|---|
|   | 2 |   |   |   |   |   |
|   |   |   |   | 1 |   | 3 |
| 3 |   |   |   |   |   | 3 |
|   |   |   |   |   |   |   |
|   |   |   |   |   |   | 2 |
|   |   | 1 |   |   |   |   |

## 7.4.18.

|   |   | 3 |   | 3 |   |   |
|---|---|---|---|---|---|---|
|   |   |   |   |   |   | 2 |
| 3 |   |   |   |   |   |   |
|   |   |   | 1 |   |   |   |
|   |   |   |   |   |   | 2 |
| 3 |   |   |   |   |   |   |
|   | 2 |   |   |   |   |   |

## 7.4.19.

|   |   |   |   |   |   |   |
|---|---|---|---|---|---|---|
|   |   |   |   | 1 |   |   |
| 2 |   |   |   |   |   |   |
|   |   |   |   |   |   |   |
| 1 |   |   |   |   |   |   |
| 3 |   |   |   |   |   |   |
|   |   | 4 |   |   |   | 2 |
|   |   |   |   | 3 |   |   |

## 7.4.20.

|   |   |   |   |   |   |   |
|---|---|---|---|---|---|---|
|   |   |   |   |   |   |   |
|   |   |   |   |   |   |   |
| 4 |   |   |   |   |   | 1 |
|   |   |   | 2 |   |   |   |
|   |   |   |   |   |   |   |
|   |   |   |   |   |   | 3 |
|   |   |   |   | 1 |   | 2 |

## 7.4.21.

|   |   |   |   |   |   |
|---|---|---|---|---|---|
|   | 5 |   |   | 2 |   |
|   |   |   |   |   |   |
| 3 |   |   |   |   |   |
|   |   | 1 |   |   |   |
|   |   |   |   |   | 2 |
|   |   |   |   |   | 4 |
|   |   | 3 |   |   |   |

## 7.4.22.

|   |   |   |   |   |   |
|---|---|---|---|---|---|
|   |   |   | 2 |   |   |
|   |   |   |   |   | 3 |
|   |   | 1 |   | 5 |   |
|   |   |   |   |   |   |
| 3 |   |   |   |   |   |
|   |   |   |   |   | 4 |
|   | 1 |   | 2 | 2 |   |

## 7.4.23.

|   |   |   |   |   |   |
|---|---|---|---|---|---|
|   |   | 3 |   | 3 |   |
|   |   |   | 1 |   |   |
|   |   |   |   |   | 3 |
| 2 |   |   |   |   | 2 |
| 2 |   |   |   |   | 3 |
| 4 |   |   |   |   |   |
|   |   |   |   |   |   |

## 7.4.24.

|   |   |   |   |   |   |
|---|---|---|---|---|---|
|   | 2 |   |   | 4 |   |
| 3 |   |   |   |   | 3 |
| 2 |   |   |   |   |   |
|   |   |   |   |   | 3 |
| 3 |   |   |   |   |   |
|   |   |   |   |   |   |
|   |   |   | 4 |   |   |

### 7.4.25.

|   | 1 |   |   | 4 |   |   |
|---|---|---|---|---|---|---|
|   |   |   |   |   |   | 3 |
| 2 |   |   |   |   |   |   |
|   |   |   |   |   | 3 |   |
| 3 |   |   |   |   |   |   |
|   |   |   |   |   |   | 3 |
|   |   |   |   |   |   |   |

### 7.4.26.

|   |   |   | 2 |   | 2 |   |
|---|---|---|---|---|---|---|
| 3 |   |   |   |   |   |   |
|   |   |   |   |   |   |   |
|   |   |   |   |   |   | 2 |
| 4 |   |   |   |   |   |   |
|   |   |   |   |   |   |   |
|   |   |   | 4 |   | 2 |   |

### 7.4.27.

|   |   | 3 |   |   | 4 |   |
|---|---|---|---|---|---|---|
|   |   |   |   |   |   |   |
| 4 |   |   |   |   |   |   |
|   |   |   | 1 |   |   |   |
| 3 |   |   |   |   |   |   |
| 3 |   |   |   |   |   |   |
|   |   |   |   |   |   |   |

### 7.4.28.

|   |   |   |   |   | 3 |   |
|---|---|---|---|---|---|---|
| 2 |   |   |   |   |   |   |
|   |   |   |   | 3 |   |   |
| 2 |   |   |   |   |   |   |
| 1 |   |   |   |   |   |   |
| 4 |   |   |   |   | 2 |   |
|   |   |   |   |   |   |   |

### 7.4.29.

|   |   | 3 |   | 3 |   |   |
|---|---|---|---|---|---|---|
|   |   |   |   |   |   | 2 |
|   |   |   | 1 |   |   |   |
| 2 |   |   |   |   |   | 2 |
|   |   |   |   |   |   |   |
|   |   |   |   |   |   | 3 |
|   |   | 2 | 2 |   | 3 |   |

### 7.4.30.

|   |   | 3 |   | 2 |   |   |
|---|---|---|---|---|---|---|
| 3 |   |   |   |   |   |   |
|   |   |   |   |   |   |   |
|   |   |   |   |   |   |   |
| 2 |   |   | 3 |   |   | 3 |
|   |   |   |   |   |   | 4 |
|   |   |   |   |   | 2 |   |

## 7.5. Schwierigkeit: schwer 6x6

### 7.5.1.

|   |   | 3 |   | 3 | 2 |   |
|---|---|---|---|---|---|---|
| 2 |   |   |   |   |   |   |
| 2 |   |   |   |   |   |   |
|   |   |   | 1 |   | 2 |   |
|   |   |   |   |   |   |   |
|   |   |   |   |   |   | 4 |
| 3 |   |   |   |   |   |   |
|   |   | 4 | 3 | 3 | 1 |   |

### 7.5.2.

|   |   |   | 3 | 3 |   |   |
|---|---|---|---|---|---|---|
| 4 |   | 1 |   |   |   |   |
|   |   |   |   |   |   | 2 |
| 1 |   |   |   |   |   | 4 |
| 4 |   |   |   |   |   |   |
|   |   |   |   |   |   | 3 |
|   |   | 2 | 2 | 3 |   |   |

### 7.5.3.

|   | 5 |   | 5 | 1 |   | 3 |   |
|---|---|---|---|---|---|---|---|
|   |   |   |   |   |   |   |   |
|   |   |   |   |   |   |   | 2 |
|   |   |   |   |   |   |   |   |
|   |   |   |   |   |   |   | 2 |
|   |   | 3 |   |   |   |   | 4 |
|   |   |   |   |   |   |   | 2 |
|   |   |   |   | 4 | 3 |   |   |

### 7.5.4.

|   | 4 |   |   |   |   |   |
|---|---|---|---|---|---|---|
| 3 |   |   |   |   |   |   |
| 2 |   |   | 3 |   |   |   |
| 2 |   | 2 |   |   |   | 3 |
|   |   |   | 4 |   | 1 |   |
| 2 |   |   |   |   |   |   |
|   |   |   |   |   |   | 4 |
|   |   |   | 3 |   | 2 | 4 |

### 7.5.5.

|   |   |   | 2 |   |   |
|---|---|---|---|---|---|
| 3 |   |   |   |   |   |
| 3 |   |   |   | 6 |   |
|   |   | 2 | 1 |   | 2 |
| 2 |   |   |   |   |   |
| 3 |   |   |   |   | 2 |
|   |   |   | 1 |   |   |
|   | 1 |   | 2 |   | 3 |

### 7.5.6.

|   |   |   | 3 |   | 4 |   |
|---|---|---|---|---|---|---|
| 3 | 2 |   |   |   |   |   |
|   |   |   |   |   |   | 4 |
| 4 |   |   |   |   |   |   |
|   |   |   |   |   |   | 3 |
| 3 |   |   |   |   |   | 4 |
|   |   |   | 1 |   | 3 |   |
|   |   |   | 4 |   |   |   |

### 7.5.7.

|   | 3 |   | 4 | 4 |   | 2 |   |
|---|---|---|---|---|---|---|---|
| 3 |   |   | 1 |   |   |   |   |
| 5 |   |   |   |   |   |   |   |
|   |   |   |   |   |   |   | 4 |
| 1 |   |   |   |   |   |   | 3 |
|   |   |   |   |   |   |   | 2 |
| 4 |   |   |   |   |   |   |   |
|   |   |   | 3 |   |   | 3 | 3 |

### 7.5.8.

|   |   |   | 2 |   |   | 3 |   |
|---|---|---|---|---|---|---|---|
| 4 |   |   |   |   |   |   |   |
|   |   |   | 3 |   |   |   |   |
|   |   |   |   |   | 3 |   |   | 1 |
|   |   |   |   |   |   |   |   |
| 4 |   |   |   |   |   |   | 2 |
| 2 |   |   |   |   |   |   |   |
|   |   |   |   | 3 | 2 |   | 2 |

### 7.5.9.

|   |   |   |   | 2 | 4 |   |   |
|---|---|---|---|---|---|---|---|
|   |   |   |   |   | 2 |   | 3 |
| 2 |   |   | 6 |   |   |   |   |
|   |   |   | 4 |   |   |   | 3 |
| 3 |   |   |   |   |   |   |   |
| 3 |   |   |   |   |   |   |   |
|   |   |   |   |   |   |   | 1 |
|   |   |   | 4 | 3 | 3 |   |   |

### 7.5.10.

|   |   | 1 | 3 | 4 | 2 |   |
|---|---|---|---|---|---|---|
|   |   |   |   |   |   |   |
|   |   |   |   |   |   | 3 |
|   |   |   |   |   |   | 2 |
| 3 | 2 |   |   |   |   |   |
|   |   |   |   |   |   |   |
|   |   |   |   |   |   | 2 |
|   |   |   | 3 | 1 |   | 3 |

### 7.5.11.

|   | 3 |   |   | 2 |   | 5 |   |
|---|---|---|---|---|---|---|---|
|   |   |   |   |   |   |   | 3 |
|   |   |   |   |   |   |   | 4 |
| 1 |   |   |   |   |   |   |   |
|   |   |   | 1 |   |   |   | 2 |
|   |   |   |   |   |   |   |   |
| 2 |   |   |   |   |   |   |   |
|   |   |   |   | 2 | 2 |   |   |

### 7.5.12.

|   |   |   | 2 |   |   |   |   |
|---|---|---|---|---|---|---|---|
| 5 |   |   |   |   |   |   |   |
|   |   |   |   | 1 |   |   | 4 |
| 2 |   |   |   |   |   |   | 3 |
|   |   |   |   |   |   |   |   |
|   |   |   |   | 3 |   |   |   |
| 3 |   |   |   |   |   |   |   |
| 2 | 2 |   |   |   |   |   | 2 |

### 7.5.13.

|   |   |   | 1 |   | 4 | 3 |   |
|---|---|---|---|---|---|---|---|
| 2 |   |   |   |   |   |   |   |
|   |   |   |   |   |   |   | 4 |
| 4 |   |   |   |   |   |   |   |
| 1 |   |   |   |   |   | 2 | 3 |
|   |   |   |   |   |   |   | 2 |
| 2 |   |   |   |   |   |   |   |
|   |   |   | 4 | 4 |   |   |   |

### 7.5.14.

|   | 3 | 4 |   |   |   |   |   |
|---|---|---|---|---|---|---|---|
| 4 |   |   |   |   |   |   | 3 |
|   |   |   |   | 2 |   |   |   |
| 2 |   |   |   |   |   |   | 2 |
|   | 3 |   |   |   |   |   |   |
|   |   |   |   |   |   | 2 | 3 |
| 1 |   |   |   |   | 3 |   |   |
|   |   |   |   | 3 | 2 |   |   |

### 7.5.15.

|   |   | 2 |   | 4 |   |   |   |
|---|---|---|---|---|---|---|---|
|   |   |   |   |   |   |   | 2 |
|   |   |   |   |   |   |   | 1 |
| 4 |   |   | 3 |   |   |   |   |
|   |   |   |   | 3 |   |   | 5 |
| 2 |   |   |   |   |   |   |   |
|   |   |   |   |   |   |   |   |
|   |   |   | 4 | 1 | 3 |   |   |

### 7.5.16.

|   |   |   |   | 4 | 2 |   |   |
|---|---|---|---|---|---|---|---|
| 3 |   |   |   | 2 |   |   |   |
| 1 |   |   | 3 |   |   |   |   |
|   |   |   |   | 1 |   |   | 3 |
|   | 4 |   |   |   |   |   |   |
|   |   |   |   |   |   |   |   |
| 2 |   |   |   |   |   |   |   |
|   |   |   |   |   |   | 5 |   |

## 7.5.17.

|   |   |   |   | 3 | 4 |   |   |
|---|---|---|---|---|---|---|---|
|   |   |   |   |   |   |   | 4 |
| 2 |   |   |   |   |   |   | 4 |
|   |   |   |   |   |   |   | 1 |
| 3 |   |   |   |   |   |   |   |
|   |   |   |   |   |   |   |   |
|   |   |   |   |   |   | 3 |   |
|   | 4 |   | 3 | 3 |   | 3 |   |

## 7.5.18.

|   | 3 | 3 | 2 | 1 | 2 |   |   |
|---|---|---|---|---|---|---|---|
|   |   |   |   |   |   |   |   |
| 3 |   |   |   |   |   |   | 2 |
|   | 2 |   |   |   |   |   |   |
|   |   |   |   |   |   |   | 2 |
|   |   | 3 |   |   |   |   |   |
|   |   |   | 3 |   |   |   | 4 |
|   |   |   |   | 4 | 2 | 4 |   |

## 7.5.19.

|   |   |   |   |   |   |   |   |
|---|---|---|---|---|---|---|---|
| 5 |   |   |   |   |   |   |   |
|   |   |   |   |   |   |   | 2 |
| 4 |   |   |   | 1 |   |   |   |
|   | 2 |   |   |   |   |   |   |
|   |   |   |   |   |   |   | 3 |
| 3 |   |   |   |   |   |   | 2 |
|   |   |   |   | 2 |   | 3 |   |

## 7.5.20.

|   |   |   | 3 | 3 |   |   |   |
|---|---|---|---|---|---|---|---|
|   |   |   |   |   |   |   |   |
| 2 |   |   |   |   | 4 |   |   |
| 1 |   |   |   |   |   |   | 2 |
| 3 |   |   | 2 |   |   |   |   |
|   |   |   |   |   |   |   | 5 |
|   |   |   |   |   |   |   | 3 |
|   |   |   |   |   |   |   |   |

## 7.5.21.

|   |   | 1 |   | 3 | 4 | 2 |   |
|---|---|---|---|---|---|---|---|
|   |   |   |   |   |   |   | 3 |
|   |   | 3 |   |   |   |   | 4 |
| 3 |   |   |   |   |   |   |   |
|   |   |   |   |   |   |   |   |
| 3 |   |   | 2 |   |   |   | 1 |
|   | 2 |   |   |   |   |   |   |
|   |   |   | 4 |   |   |   |   |

## 7.5.22.

|   | 3 |   |   |   | 2 |   |   |
|---|---|---|---|---|---|---|---|
| 5 |   |   |   |   |   |   |   |
|   |   |   |   |   |   |   |   |
| 3 |   |   |   |   |   |   | 4 |
|   |   |   |   |   |   |   |   |
|   |   |   |   |   |   |   | 5 |
| 3 |   |   |   |   |   |   |   |
|   |   | 3 | 3 | 4 |   |   |   |

## 7.5.23.

|   |   | 1 |   | 4 |   |   |   |
|---|---|---|---|---|---|---|---|
|   |   |   |   |   |   | 2 |   |
|   |   |   |   | 4 |   |   | 2 |
|   |   |   |   |   |   |   | 5 |
| 3 |   | 2 |   |   |   |   |   |
|   |   |   |   |   |   |   |   |
|   |   |   |   |   |   |   |   |
|   |   | 3 | 4 | 2 |   | 2 | 3 |

## 7.5.24.

|   |   |   | 3 | 4 | 3 |   |   |
|---|---|---|---|---|---|---|---|
| 3 |   |   |   | 1 |   |   |   |
|   |   |   |   |   |   |   |   |
| 2 |   |   |   |   |   |   | 2 |
|   |   |   | 1 |   |   |   |   |
| 2 |   |   |   |   | 4 |   |   |
| 4 |   |   |   |   |   |   |   |
|   |   | 3 |   |   | 3 |   | 5 |

## 7.5.25.

|   |   | 3 |   | 3 | 1 |   |   |
|---|---|---|---|---|---|---|---|
|   |   |   |   |   |   |   |   |
| 4 |   |   |   |   |   |   |   |
|   |   |   |   |   | 2 | 3 |   |
|   |   |   |   |   |   |   |   |
|   |   |   |   |   | 3 | 3 |   |
|   |   |   |   |   |   | 2 |   |
|   |   | 3 | 1 | 4 |   | 4 |   |

## 7.5.26.

|   |   |   |   | 3 |   |   |   |
|---|---|---|---|---|---|---|---|
|   |   |   |   |   |   |   | 6 |
| 4 |   |   |   |   |   |   |   |
| 2 |   |   |   |   |   |   | 1 |
|   |   |   |   |   | 3 |   |   |
|   |   |   |   |   |   |   | 2 |
|   |   |   |   |   |   |   | 3 |
|   | 3 | 2 | 1 |   |   |   |   |

## 7.5.27.

|   | 2 | 3 | 1 |   |   |   |   |
|---|---|---|---|---|---|---|---|
| 3 |   |   |   |   |   |   |   |
| 4 | 2 |   |   |   |   |   |   |
|   |   |   |   |   |   |   |   |
|   |   |   |   |   |   | 5 |   |
|   |   |   |   | 1 |   |   |   |
|   |   | 2 |   |   |   |   |   |
|   | 3 |   |   | 1 |   | 4 |   |

## 7.5.28.

|   | 3 |   | 3 |   |   | 3 |   |
|---|---|---|---|---|---|---|---|
| 3 |   |   |   |   |   |   |   |
| 4 |   |   |   |   |   |   |   |
| 1 |   |   |   |   |   |   | 4 |
| 3 |   |   |   |   |   |   |   |
|   |   |   | 2 |   |   |   |   |
|   |   | 2 |   |   |   |   |   |
|   | 2 |   | 1 | 4 | 4 |   |   |

- 172 -

|   | 7.5.29. |   |   |   |   |   |
|---|---|---|---|---|---|---|
|   | 3 | 1 | 3 | 4 |   |   |
|   |   |   |   | 1 |   |   |
|   |   |   |   |   |   | 2 |
|   |   |   |   | 3 |   |   |
| 3 |   |   |   |   |   |   |
|   |   |   |   |   |   |   |
|   |   |   |   |   |   |   |
|   | 2 | 3 | 4 |   | 2 |   |

|   |   | 7.5.30. |   |   |   |   |
|---|---|---|---|---|---|---|
|   |   |   |   | 4 |   |   |
| 3 |   |   |   | 2 |   | 3 |
|   |   |   |   |   | 2 | 3 |
|   |   |   |   |   |   |   |
| 2 |   |   |   |   |   |   |
|   |   |   |   |   |   | 3 |
|   |   |   |   |   |   | 4 |
|   |   |   | 2 |   | 3 |   |

## 8. Zahlenlogicals

Gesucht ist eine Zahl. In der Beschreibung werden die einzelnen Ziffern der Zahl umschrieben. Sie müssen also die Zahlen herausfinden und die richtige Reihenfolge. Je nach Schwierigkeitsgrad sind die Zahlen 4-stellig (leicht), 5-stellig (mittel) oder 6-stellig (schwer).
Die Beschreibung bezieht sich immer auf die einstelligen Komponenten der Lösungszahl. Positionsbezeichnungen (erste Ziffern etc.) werden immer von links nach rechts angegeben.
Als Quersumme wird die Summe aller einzelnen Ziffern definiert. Sie ist also immer die Summe aller Zahlen wenn nichts anderes in der Aufgabe steht.

## 8.1. Schwierigkeit: leicht

8.1.1. Die Ziffern sind alle ungerade. Die Quersumme ist 6. Die größte Zahl steht an letzter Stelle.

8.1.2. Jede Zahl ist einmal vorhanden. Nachbarzahlen haben eine Differenz von 2. Das Produkt aller Zahlen ist ungleich 0. Die letzte Ziffer ist eine Primzahl. Die 4 hat 2 Nachbarn.

8.1.3. Die 8 steht nicht neben der 9 und der 5. Die 3 steht nicht neben der 9. Die letzte Zahl ist gerade.

8.1.4. Jede Ziffer ist eine Primzahl. Die größte Zahl hat nur einen Nachbarn. Jede Zahl ist nur einmal vorhanden. Die kleinste Zahl steht am Ende. Die größte Zahl steht nicht neben der kleinsten. Nur ein benachbartes Zahlenpaar hat eine Differenz von 1.

8.1.5. Neben der 9 stehen die 7 und die 1. Neben der 7 steht die 4. Die erste Zahl ist ungerade. Die Summe aller Zahlen ist 21.

8.1.6. Jede Zahl ist einmal vorhanden. Nachbarn haben eine Differenz von 3. Die zweite Zahl ist gerade.

8.1.7. Die Summe aller Zahlen ist 30. Jede Zahl ist einmal vorhanden. Die kleinste Zahl steht neben der größten Zahl und beide haben 2 Nachbarn. Zwei Nachbarpärchen haben eine Differenz von 2.

8.1.8. Die 5 steht zwischen den Zahlen 9 und 7. An letzter Stelle steht weder die kleinste noch die größte Zahl. Die Quersumme ist 26. Nachbarn sind immer ungleich.

8.1.9. Die letzte Zahl ist die größte einstellige Primzahl. Die erste Zahl ist eine Primzahl. Die Lösungszahl besteht aus 2 geraden

Ziffern. Der Mittelwert dieser Zahlen ist auch eine ungerade Ziffer. Die Summe der ungeraden Ziffern ist 8. Gerade und ungerade Zahlen stehen nicht nebeneinander.

8.1.10. Insgesamt gibt es 2 verschiedene Zahlen. An zweiter Stelle steht eine gerade Zahl. Eine Ziffer ist gerade. Die Summe der ungeraden Zahlen ist 9. Die Summe aller Ziffern ist 17.

8.1.11. Die Summe der 4 ungeraden Zahlen ist 30. Die Differenz der Nachbarn ist unter 3. Eine Zahl ist doppelt. An erster und zweiter Stelle stehen die größten Zahlen.

8.1.12. Die 1 steht nicht neben der 6 und 7. Die erste Zahl ist keine Primzahl. Die 7 steht nicht neben der 1 und 9.

8.1.13. Der rechte Nachbar eines Zahlenpaares ist immer das Doppelte.

8.1.14. Die rechte Zahl von 3 Ziffern, welche nebeneinander stehen, ist immer die Summe der ersten beiden Zahlen. Die Summe aller Zahlen ist 7.

8.1.15. Die Summe der ersten 3 ungeraden Zahlen ist 21. Sie sind nach Größe sortiert und beginnen mit keiner Primzahl. Das Produkt aller Zahlen ist 0. Es gibt 2 Primzahlen.

8.1.16. Die Quersumme ist 8. Die Differenz der Nachbarn ist immer gleich. Die Zahl besteht nur aus Primzahlen.

8.1.17. 9 und 3 haben jeweils nur einen Nachbarn. Die Differenz der Nachbarn ist immer gleich. Die Summe der ersten 3 Ziffern ist kleiner als die Summe der letzten 3 Ziffern.

8.1.18. Die Summe der ersten und zweiten Zahl steht an letzter Stelle. Die Differenz der ersten 3 Zahlen zum Nachbar ist immer 3. Die Quersumme aller Zahlen ist 27.

8.1.19. Die Differenz zum Nachbar ist immer 2. Die Summe aller Zahlen ist 32. Die dritte Zahl ist eine Primzahl.

8.1.20. Die Quersumme ist 4. Es gibt keine Primzahl. Das Produkt aller Zahlen ist ungleich 0.

8.1.21. Die 4 steht neben der 1. Die 9 steht neben der 1. Die 1 steht zwischen 4 und 9. Die Quersumme ist 15. Die erste Zahl ist gerade.

8.1.22. Die 1 steht nicht neben der 8. Die 8 steht nicht neben der 0. Die erste Zahl ist auch die größte Zahl. 0 und 3 sind keine Nachbarn.

8.1.23. Die dritte Ziffer ist der Nachfolger der ersten Ziffer. Die letzte Ziffer ist das Doppelte der ersten Ziffer. Die dritte Ziffer ist der Vorgänger der zweiten Ziffer. Die Quersumme ist 23.

8.1.24. Die Summe aller Zahlen ist 24. Die Summe der zweiten und dritten Zahl ist 8. Die letzte Zahl ist der Vorgänger der vorletzten Zahl. Die Summe der ersten und dritten Zahl ist 17.

8.1.25. Die Summe aller Zahlen ist 35. Nur eine Zahl ist gerade. Die vorletzte Zahl ist der Vorgänger der ersten Zahl. Es gibt keine Primzahl.

8.1.26. Die erste und zweite Zahl ergeben das Produkt 15. Der Mittelwert aller Zahlen ist 4. Das Produkt der zweiten und dritten Zahl ist 10.

8.1.27. Die einzige Primzahl steht an letzter Stelle. Die Summe der ersten und zweiten Zahl ist 6. Eine Zahl ergibt 10, wenn man sie mit 5 multipliziert. Die Summe der zweiten und dritten Zahl ist 4.

8.1.28. Es gibt keine Primzahl. Die letzte Zahl ist größer als die erste Zahl. Die Quersumme ist 11. Die zweite Zahl ist größer als die dritte Zahl und kleiner als die erste Zahl.

8.1.29. Die Differenz aller Nachbarn ist gleich. Der Mittelwert aller Zahlen ist 5. Jede Zahl ist einmal vorhanden. Die zweite Zahl ist kleiner als die dritte Zahl.

8.1.30. Alle Zahlen sind ungerade. Es gibt nur 2 verschiedene Zahlen. Es gibt mindestens eine Primzahl. Die erste Zahl ist kleiner als die zweite Zahl. Die Differenz der Nachbarn ist 6.

8.1.31. Die Summe der beiden mittleren Zahlen ist 4. Alle Zahlen sind ein Vielfaches der gleichen Zahl. Jede Zahl ist einmal vorhanden und die Summe aller Zahlen ist 11. Die Summe der letzten beiden Zahlen ist 8.

8.1.32. Die 6 steht zwischen den Zahlen 1 und 4. Das Produkt aller Zahlen ist 0. Die Summe der ersten und letzten Zahl ist 4. Die vorletzte Zahl ist ungerade.

8.1.33. Die Summe aller Zahlen ist 29. Jede Zahl ist einmal vorhanden. 3 Nachbarn haben die gleiche Differenz. Die erste und zweite Zahl ergeben das Produkt 35.

8.1.34. Die 8 steht nicht neben der 5 und 9. Die 1 steht nicht neben der 5. 9 ist die Summe der letzten beiden Zahlen.

8.1.35. Die Ziffern sind ausschließlich Primzahlen. Die Summe aller Zahlen ist 18. Die Summe der beiden mittleren Zahlen ist 12. Die dritte und vierte Zahl haben eine Differenz von 4.

8.1.36. Das Produkt aller Zahlen ist 40. Jede Zahl ist einmal vorhanden. Die dritte Zahl ist größer als ihre beiden Nachbarn und kleiner als die erste Zahl. Die letzte Zahl ist die Hälfte des Nachbarn.

8.1.37. Die dritte Zahl ist das Doppelte der ersten Zahl. Die dritte Zahl ist das Dreifache der zweiten Zahl. Die Summe aller Zahlen ist 12. Die letzte Zahl ist die Hälfte der zweiten Zahl.

8.1.38. Die Summe der ersten beiden Zahlen ist 13. Die 8 steht nicht neben der 4 und der 9. Die Summe der beiden mittleren Zahlen ist 6.

8.1.39. Die Zahl besteht aus 2 verschiedenen Ziffern. Die Summe ist 7. Die Summe der beiden mittleren Zahlen ist 5. Die dritte Zahl ist größer als die erste Zahl.

8.1.40. Das Produkt aller Zahlen ist 0. Die erste Zahl ist das Dreifache der zweiten Zahl. Die Quersumme ist 14. Die dritte Zahl ist um 2 größer als die vierte Zahl.

8.1.41. Die Summe der ersten und dritten Ziffer ist 16. Der Mittelwert aller Zahlen ist 5. Die Summe der beiden letzten Ziffern ist 7.

8.1.42. Die zweite Ziffer ist kleiner als die dritte Ziffer. Die erste und letzte Zahl sind Primzahlen. Jede Zahl ist einmal vorhanden. Die Differenz der Nachbarn ist immer gleich.

8.1.43. Alle Zahlen sind gerade. Die Zahl besteht aus 2 verschiedenen Ziffern. Der Mittelwert ist 7. Die dritte Zahl ist die Hälfte der ersten Zahl.

8.1.44. Die Summe der ersten und letzten Zahl ist 14. Zusammen ergeben die letzten drei Ziffern 7. Das Produkt aller Zahlen ist 45.

8.1.45. Das Produkt aller Zahlen ist 80. Die dritte Zahl ist der Vorgänger der zweiten Zahl. Die einzige ungerade Zahl steht an zweiter Stelle.

8.1.46. Die 0 steht zwischen der 3 und der 9. Die 8 steht nicht neben der 3. Die Quersumme ist 20. Die Summe der zweiten und viertel Zahl ist 8.

8.1.47. Die zweite Zahl ist gerade. Die Differenz der Nachbarn ist gleich. Die Differenz der ersten und letzten Zahl ist 9.

8.1.48. Das Produkt der letzten beiden Ziffern ist 12. Die erste und letzte Zahl ergeben die Summe 11. Die Summe der zweiten und letzten Zahl ist 15. Die Quersumme ist 22.

8.1.49. Die erste Zahl ist das Doppelte der dritten Zahl. Die Quersumme ist 14. Das Produkt der ersten drei Zahlen ist 0 und die Summe dieser Zahlen ist ist 9.

8.1.50. Die letzte Zahl ist der Nachfolger der vorletzten Zahl. Die 4 steht nicht neben den Zahlen 7 und 6. Die 1 und die 4 stehen nicht neben der 7.

## 8.2. Schwierigkeit: mittel

8.2.1. Die erste Zahl ist das Dreifache der mittleren Zahl. Die erste Zahl ist ein Drittel der letzten Zahl. 13 ist die Summe der beiden letzten Ziffern. Die zweite Zahl ist ein Drittel der letzten Zahl.

8.2.2. Die letzte Zahl ist um 2 kleiner als die erste Zahl. Die erste Zahl ist das Dreifache der zweiten Zahl. Die vorletzte Zahl ist die Hälfte der ersten Zahl. 11 ist die Summe der drei mittleren Zahlen.

8.2.3. Die erste Zahl ist kleiner als die dritte Zahl und größer als die letzte Zahl. Die dritte Zahl ist größer als die vierte Zahl. Die erste Zahl ist größer als die zweite Zahl. Die letzte Zahl ist der Vorgänger der zweiten Zahl. Die erste Zahl ist das Doppelte der vorletzten Zahl. Die Summe aller Zahlen ist 34.

8.2.4. Die Quersumme ist 35. Das Produkt aller Zahlen ist 0. Die vorletzte Zahl ist der Vorgänger der ersten Zahl. Ungerade Zahlen sind keine Nachbarn.

8.2.5. Der Mittelwert der ersten und letzten Zahl ist 6. Die erste Zahl ist das Vierfache der vorletzten Zahl. Die Differenz zwischen den ersten drei Zahlen ist gleich. Die mittlere Zahl ist um 2 größer als die erste Zahl.

8.2.6. Die 7 und die 5 sind keine Nachbarn. Die 3 steht nicht neben den Zahlen 1, 5 und 0. Neben der 1 stehen nicht die 0 und die 7. Die erste Zahl ist um 2 kleiner als die letzte Zahl.

8.2.7. Die Summe der ersten und dritten Zahl ist 8. Die Summe der zweiten und letzten Zahl ist 6. 7 ist die Summe der vorletzten Zahl und einer der Nachbarn. Die Zahl besteht nur aus Primzahlen.

8.2.8. Einmal haben Nachbarn die Differenz von 1. Die höchste Zahl steht in der Mitte. Die letzte Zahl ist gerade. Die 1 steht neben der 3. Die Quersumme ist 19. Neben der 2 steht die 6. Die kleinste Zahl steht neben der höchsten Zahl.

8.2.9. Nachbarn sind ungleich. Alle Ziffern sind ungerade. Der Mittelwert ist 7. Es gibt nur eine Primzahl in der Lösung. Die Differenz der ersten beiden Zahlen ist größer als die Differenz der letzten beiden Zahlen.

8.2.10. Die letzte Zahl ist das Doppelte der ersten Zahl. Die erste Zahl ist das Dreifache der mittleren Zahl. Jede Zahl ist nur einmal vorhanden. Die Differenz zwischen den ersten 4 Zahlen ist gleich.

8.2.11. Die dritte Zahl ist das Dreifache der zweiten Zahl. Die mittlere Zahl ist das Doppelte der letzten Zahl. Die Summe der ersten beiden Zahlen ist gleich der mittleren Zahl. Die vorletzte Zahl ist 8.

8.2.12. 10 ist die Summe der mittleren und einer benachbarten Zahl. Das Produkt aller Zahlen ist 105. Die Summe der ersten 3 Zahlen ist 5.

8.2.13. Die Summe der 3 mittleren Zahlen ist 17. Eine Zahl ist die Hälfte der Summe aus den ersten beiden Ziffern. Das Produkt der ersten und vierten Zahl ist der Nachfolger von 6. 6 ist die Summe der ersten beiden Zahlen.

8.2.14. Die letzte Zahl ist der Vorgänger der vorletzten Zahl. Die 9 steht zwischen den Zahlen 3 und 0. Die 2 steht neben der 3. 0 und 5 sind Nachbarn. Die Summe der beiden ersten Zahlen ist 5.

8.2.15. Die Quersumme ist 9. Die Differenz der Nachbarn ist 3.

8.2.16. Die Summe der ersten und dritten Zahl ist 13. Eine Zahl ist die Hälfte einer anderen Zahl. Der fünfte Teil der ersten Zahl ist der Nachfolger der vierten Zahl. Die 1 steht nicht neben der 5.

8.2.17. Die Quersumme ist 28. Die 7 steht nicht neben der 4. Die vorletzte Zahl ist das Doppelte der ersten Zahl. 5 und 7 sind Nachbarn. Die zweite Zahl ist der Nachfolger der ersten Zahl. Die Summe der mittleren und letzten Zahl ist 11.

8.2.18. Die erste Zahl ist kleiner als die mittlere und größer als die vierte Zahl. Der Mittelwert aller Zahlen ist 7. Die letzte Zahl ist kleiner als die dritte und vierte Zahl. Jede Zahl ist einmal vorhanden. Die zweite Zahl ist größer als die letzte Zahl. Die erste und die mittlere Zahl sind größer als die zweite Zahl.

8.2.19. Das Produkt der vierten und ersten Zahl ist 15. Die mittlere Zahl ist die Hälfte eines Nachbarn. 12 ist das Produkt der zweiten und vierten Zahl. Die Summe aller Zahlen ist 21. Die Summe der letzten drei Ziffern ist 12.

8.2.20. Die Summe der mittleren und letzten Zahl ist 12. Addieren Sie die erste und vierte Zahl um die mittlere Zahl zu errechnen. Die 7 steht nicht neben der 3. Die letzte Zahl ist der dritte Teil der mittleren Zahl. Eine Zahl zeigt die Differenz zwischen der ersten und vierten Zahl.

8.2.21. Jede Zahl, außer die 1 selbst, hat genau eine 1 als Nachbarn. Die erste Zahl ist gerade. Die 9 steht neben der 4. Eine Zahl ist das Doppelte der 4.

8.2.22. Die zweite Zahl ist der Nachfolger der ersten Zahl. Das Produkt der letzten und mittleren Zahl ist 12. Die Quersumme ist 21. Die beiden letzten Zahlen haben 2 als Differenz. Es gibt nur eine ungerade Zahl. Die Summe der ersten beiden Zahlen ist 5.

8.2.23. Die Summe der ersten drei Zahlen ist 15. 14 ist die Summe der zweiten und vierten Zahl. Die vorletzte und erste Zahl haben eine Differenz von 3. Die Summe der letzten und zweiten Zahl ist 5.

8.2.24. Die Quersumme ist 18. Die letzte Zahl ist der Vorgänger der ersten Zahl. An zweiter Stelle steht die größte Zahl. Die dritte Zahl ist der Nachfolger der ersten Zahl. Die Summe der zweiten und vierten Zahl ist 6.

8.2.25. Nachbarn sind ungleich. Die Summe der ersten, zweiten und letzten Zahl ist 13. Die Quersumme ist 21. Die zweite Zahl ist um 3 größer als die erste Zahl. Das Produkt der mittleren Zahl und einer Nachbarzahl ist 12. Die letzte Zahl ist die Hälfte der ersten Zahl.

8.2.26. Die fünfte Zahl ist um 2 größer als die zweite Zahl. Die Differenz der ersten und mittleren Zahl ist 2. Die zweite Zahl ist die Summe aus der vorletzten Zahl und 3. Die vorletzte Zahl ist das Doppelte der ersten Zahl.

8.2.27. Die Differenz der ersten und mittleren Zahl ist 4. Das Produkt der letzten drei Zahlen ist 10. Die letzte Zahl ist der Vorgänger der mittleren Zahl. Der Mittelwert ist 4.

8.2.28. Die erste Zahl ist größer als die zweite Zahl. Der Mittelwert der beiden letzten Zahlen ist 6. Die Summe der drei mittleren Zahlen ist 11. Alle Zahlen sind ungerade. Der Mittelwert der mittleren und vierten Zahl ist 2.

8.2.29. Die letzte Zahl ist die Hälfte der vorletzten Zahl. Die drei mittleren Zahlen ergeben die Summe 15. Die erste Zahl ist größer als die zweite Zahl. Die zweite Zahl ist die Hälfte der letzten

Zahl. Die Differenz der drei mittleren Zahlen untereinander ist gleich. Die erste Zahl ist kleiner als die letzte Zahl.

8.2.30. Die 5 steht nicht neben den Zahlen 9 und 6. Die 1 steht zwischen 5 und 9. Die 6 steht nicht neben der 9. Die Quersumme ist 24. Die erste Zahl ist um 2 größer als die vorletzte Zahl.

8.2.31. Die vierte Zahl ist größer als die erste Zahl. Alle Nachbarn haben eine Differenz von 3. Die Zahl besteht aus Primzahlen.

8.2.32. Die erste Zahl ist um 3 größer als die letzte Zahl. Die 4 steht nicht neben den Zahlen 9 und 1. Sie steht zwischen den Zahlen 8 und 6.

8.2.33. Die Summe der ersten und dritten Zahl ist 5. Die dritte Zahl ist das Dreifache der vierten Zahl. Die Quersumme ist 20. Die letzte Zahl ist die Summe der ersten, dritten und vierten Zahl. Die vierte Zahl ist die Hälfte der ersten Zahl.

8.2.34. Die letzte Zahl ist der Nachfolger der vierten Zahl. Die Differenz der zweiten und viertel Zahl ist 5. Die Summe der letzten 4 Zahlen ist 18. Die mittlere Zahl ist um 4 größer als die vierte Zahl. Die erste Zahl ist die Hälfte der mittleren Zahl.

8.2.35. Das Produkt der ersten beiden Zahlen ist 28. Die 2 steht nicht neben der 7. Die letzte Zahl ist der Nachfolger der ersten Zahl. Die mittlere Zahl ist das Doppelte der ersten Zahl.

8.2.36. Die zweite Zahl ist die größte Zahl der ersten drei Ziffern. Das Produkt aller Zahlen ist 168. Die letzte Zahl ist um 3 größer als die vorletzte Zahl. Jede Zahl ist einmal vorhanden. Die mittlere Zahl ist größer als die erste Zahl und kleiner als die anderen Zahlen.

8.2.37. Die vorletzte Zahl ist die Hälfte der letzten Zahl. Die Quersumme ist 24. Die letzte Zahl ist das Dreifache der ersten Zahl. Die vierte Zahl ist ein Drittel der mittleren Zahl.

8.2.38. Die erste Zahl ist der Nachfolger der zweiten Zahl. Die Summe der 3 mittleren Zahlen ist 4. Jede Zahl ist einmal vorhanden. Das Produkt der letzten beiden Zahlen ist 15.

8.2.39. 3 Faktoren ergeben 42. Die Faktoren sind keine Nachbarn. Die Differenz zum Nachbarn bei den letzten drei Zahlen ist gleich. Die Summe der ersten 3 Zahlen ist 6.

8.2.40. Die zweite Zahl ist eine Primzahl. Die Quersumme ist 10. Jede Zahl ist einmal vorhanden. Die Differenz der Nachbarn ist 1.

8.2.41. Die Summe der ersten zwei Zahlen ist 12. Die Summe der letzten beiden Zahlen ist 13. 10 ist die Summe der zweiten und dritten Zahl. Die dritte und vierte Zahl ergeben die Summe 5.

8.2.42. Zwischen 7 und 8 steht die 1. Der Vorgänger der 8 steht neben der 9. Die letzte Zahl ist gerade. Die 9 steht nicht neben den Zahlen 1, 8 und 4.

8.2.43. Die Summe der zweiten und der beiden letzten Zahlen ist 13. Die vorletzte Zahl ist das Doppelte der zweiten Zahl. Die letzte Zahl ist der Vorgänger der ersten Zahl. Die letzte Zahl ist der Vorgänger des Doppelten der vorletzten Zahl. Die Differenz zwischen den drei mittleren Zahlen ist gleich.

8.2.44. Die mittlere Zahl ist um 2 kleiner als die vierte Zahl. Die letzte Zahl ist das Produkt der ersten beiden Zahlen. Die Differenz zwischen der zweiten und dritten Zahl ist 3. Die vorletzte Zahl ist der vierte Teil des Vorgängers der letzten Zahl.

8.2.45. Die zweite Zahl ist der Vorgänger der letzten Zahl und der Nachfolger der vierten Zahl. Der Mittelwert ist 6. Die erste Zahl ist der Nachfolger der mittleren Zahl. Die letzte Zahl ist der Vorgänger der mittleren Zahl.

8.2.46. Die Summe der dritten und vierten Zahl ist 9. Die erste Zahl ist die Hälfte der mittleren Zahl. Die Summe der letzten beiden Ziffern ist 6. 8 ist das Produkt der dritten und vierten Zahl. Die beiden Faktoren an erster und zweiter Stelle ergeben 12.

8.2.47. Die Summe der ersten drei Zahlen ist 17. 4 und 2 sind Nachbarn. Die 7 steht zwischen den Zahlen 1 und 4. Neben der 1 steht die 9.

8.2.48. Alle Nachbarn haben eine Differenz von 4. Der Mittelwert ist 5. Die Summe der ersten beiden Zahlen ist 6.

8.2.49. 12 ergeben die beiden Summanden an zweiter und letzter Stelle. 3 ist die Summe der letzten und mittleren Zahl. Die Differenz der beiden letzten Zahlen ist 5. Die Summe der ersten und mittleren Zahl ist 5.

8.2.50. Die mittlere Zahl ist das Doppelte der vierten Zahl. 8 ist die Summe der ersten beiden Zahlen. Die letzte Zahl ist das Fünffache der zweiten Zahl. Die Summe der letzten 4 Zahlen ist 15.

## 8.3. Schwierigkeit: schwer

8.3.1. Die Summe der letzten 4 Zahlen ist 22. Die vierte Zahl ist der dritte Teil der letzten Zahl. Das Doppelte der ersten Zahl ist der Nachfolger der vorletzten Zahl. Die Summe der ersten und vierten Zahl ist 6. Die 3 steht nicht neben den Zahlen 6 und 2. Die letzte Zahl ist der Vorgänger der Nachbarzahl.

8.3.2. Die zweite Zahl ist die Hälfte der vorletzten Zahl. Die 8 steht neben der 4 und nicht neben der 3. Die letzten beiden Primzahlen ergeben die Summe 5. Die Quersumme ist 24. Die erste Zahl steht zur vierten Zahl im gleichen Verhältnis wie die letzte zur vorletzten Zahl.

8.3.3. 9 ist die Summe der beiden letzten Zahlen. Die 9 steht nicht neben der 7 oder der 8. Jede Zahl ist einmal vorhanden. Die Summe der ersten 4 Zahlen ist 29. Die erste Zahl ist der Nachfolger der letzten Zahl. Die dritte und fünfte Zahl ergeben die Summe 8.

8.3.4. Die 7 steht neben der 5. Die Summe der beiden letzten Zahlen ist 4. Die 5 steht neben der 9. 5 ist die Differenz zwischen der zweiten und der letzten Zahl. Die Summe der drei ersten Zahlen ist 21. Die 8 und die 9 sind Nachbarn.

8.3.5. Die zweite Zahl ist der Nachfolger der ersten Zahl. Die vierte Zahl ist die Hälfte der dritten Zahl. Die fünfte Zahl ist der dritte Teil der ersten Zahl. Die 8 steht nicht neben der 1 oder der 6. Die letzte Zahl ist das Doppelte der ersten Zahl. Die ersten beiden Zahlen ergeben die Summe 7.

8.3.6. Die fünfte Zahl ist kleiner als die vierte und größer als die letzte Zahl. Die Summe der ersten und vierten Zahl ist 13. Das Produkt aller Zahlen ist 1890. Die Summe der ersten beiden

Zahlen ist 10. Die kleinste Zahl steht nur an dritter Stelle. Der höchste Faktor ist eine Primzahl.

8.3.7. Die Summe der beiden letzten Zahlen ist 16. Wenn man die erste Zahl verdoppelt erhält man die Summe der zweiten und dritten Zahl. Alle Zahlen sind gerade. Die 6 steht zwischen 4 und 2. Zieht man die erste Zahl von der dritten Zahl ab, dann errechnet man die zweite Zahl.

8.3.8. Die erste Zahl ist die Summe aus 5 und der letzten Zahl. Die vierte Zahl ist das Doppelte der zweiten Zahl. Die Quersumme ist 26. Die dritte Zahl ist das Doppelte der vorletzten Zahl. Die letzte Zahl ist das Dreifache des vierten Teils der vierten Zahl.

8.3.9. Die 2 steht nicht neben den Zahlen 3 und 1. Die zweite Zahl ist der Nachfolger der dritten Zahl. Die 7 steht nicht neben den Zahlen 2, 3 und 8. Die 1 steht nicht neben den Zahlen 3 und 8. Die 0 steht nicht neben den Zahlen 8, 2 und 7.

8.3.10. Die letzte Zahl ist der Vorgänger des Nachbarn. Die Summe der 3 letzten Zahlen ist 15. Die beiden mittleren Zahlen ergeben die Summe 9. Die Summe der ersten beiden Zahlen ist 7. Die Summe der letzten beiden Zahlen ist 11. Der Vorgänger der Summe der beiden letzten Zahlen ist die Summe der ersten und vierten Zahl.

8.3.11. Die erste und letzte Zahl sind ungerade. Die zweite Zahl ist der dritte Teil der vierten Zahl. Die vierte Zahl ist das Doppelte der dritten Zahl. Das Produkt der beiden letzten Zahlen ist 12. Die dritte Zahl ist das Dreifache der ersten Zahl.

8.3.12. 42 ist das Produkt der dritten, vierten und fünften Zahl. 15 ist das Produkt der ersten 3 Zahlen. Das Produkt der beiden letzten Zahlen ist 12. Die dritte Zahl ist die Hälfte der letzten Zahl. An zweiter Stelle steht die kleinste Zahl.

8.3.13. Die vierte Zahl ist größer als die zweite und kleiner als die letzte Zahl. Die Quersumme ist 16. Die letzte Zahl ist kleiner als die erste und die dritte Zahl. Die erste Zahl ist größer als die dritte Zahl. Die fünfte Zahl ist kleiner als die zweite und die letzte Zahl.

8.3.14. Die 8 steht zwischen den Zahlen 1 und 6. Die Summe der ersten drei Zahlen ist das Doppelte einer anderen Zahl. Die 0 steht zwischen den Zahlen 7 und 5. Zwischen 5 und 8 steht die 1.

8.3.15. Das Produkt der dritten und fünften Zahl ist 25. Die letzte Zahl ist der Nachfolger der zweiten Zahl und der Vorgänger der vierten Zahl. 11 ist die Summe der ersten 3 Zahlen. Die erste Zahl ist die Hälfte der zweiten Zahl.

8.3.16. Die erste Zahl ist der Vorgänger der letzten Zahl. Die Differenz aller Nachbarn ist immer gleich. Die Summe der beiden letzten Zahlen ist 13. Die vierte Zahl ist das 1,5-fache der zweiten Zahl.

8.3.17. Die erste Zahl ist der Vorgänger der vierten Zahl. Die vierte Zahl ist die Summe ihres linken und rechten Nachbarn. Der Vorgänger der dritten Zahl steht an zweiter Stelle. Die dritte Zahl ist um 3 größer als die vorletzte Zahl. Die letzte Zahl ist das Doppelte der zweiten Zahl. Die Quersumme ist 32.

8.3.18. Die 8 steht zwischen den Zahlen 1 und 4. Die letzte Zahl ist die Hälfte des Vorgängers der ersten Zahl. Die Summe der drei ersten Zahlen ist 15. Die erste Zahl ist der dritte Teil der vorletzten Zahl.

8.3.19. Die Differenz zwischen der ersten und zweiten Zahl ist 2. Die 2 steht nicht neben der 1. Die 9 steht nicht neben der 5. Die Summe der beiden letzten Zahlen ist 10. Die zweite Zahl ist der Nachfolger der dritten Zahl. Die 7 steht nicht neben der 4.

8.3.20. Die 7 steht nicht neben der 5. Die Zahl besteht nur aus Primzahlen. Die Differenz zwischen der ersten und der letzten Zahl ist 1. Die Summe der ersten drei Zahlen ist 13. Die Differenz der dritten und ersten Zahl ist 2. Die Quersumme ist 24.

8.3.21. Die 7 steht zwischen den Zahlen 4 und 3. Die erste Zahl verhält sich zur vierten Zahl wie sich die zweite zur fünften Zahl verhält. Das Produkt der zweiten, vierten und letzten Zahl ist 60. Die erste Zahl ist die Hälfte der zweiten Zahl.

8.3.22. 11 ist die Summe der zweiten, dritten und vierten Zahl. Die erste verhält sich zur fünften Zahl wie die dritte zur vierten Zahl. Die letzte Zahl ist die Summe der ersten drei Zahlen. Die zweite Zahl ist die Hälfte der vierten Zahl.

8.3.23. Das Produkt der beiden letzten Zahlen ist 15. Die dritte Zahl ist das Doppelte der vierten Zahl. 13 ist die Summe der ersten und dritten Zahl. Die letzte Zahl ist größer als die vierte Zahl. Die 5 steht neben der 2. Die Summe der vier letzten Zahlen ist 20.

8.3.24. Die 7 steht nicht neben den Zahlen 9 und 8. Die letzte Zahl ist das Doppelte der vierten Zahl. Die 1 steht zwischen den Zahlen 5 und 7. Die erste Zahl ist der Nachfolger des Nachbarn.

8.3.25. Die erste Zahl ist die Hälfte der dritten Zahl. Die Quersumme ist 24. 20 ist das Produkt der vierten und fünften Zahl. Die Summe der beiden mittleren Zahlen ist 11. Die erste

Zahl verhält sich zur dritten Zahlen wie die zweite zur letzten Zahl.

8.3.26. Die zweite Zahl ist das Doppelte der ersten Zahl. Das Verhältnis der dritten zur vierten Zahl ist gleich dem Verhältnis der vorletzten zur letzten Zahl. Die letzte Zahl ist der vierte Teil der zweiten und der dritte Teil der vorletzten Zahl. Die Summe der ersten drei Zahlen ist 21. Die Quersumme ist 32.

8.3.27. Die zweite Zahl ist der dritte Teil der ersten Zahl. 2 ist die Differenz zwischen der ersten und der dritten Zahl. Die Zahlen 1, 8, 7 und 5 stehen nicht neben der 9. Die vorletzte Zahl ist um 3 größer als die letzte Zahl.

8.3.28. Die zweite verhält sich zur letzten Zahl wie die letzte zur vorletzten Zahl. 7 und 1 sind keine Nachbarn. Die 9 steht nicht neben den Zahlen 7 und 2. Die 1 steht nicht neben den Zahlen 4 und 2. Die 2 steht nicht neben den Zahlen 3 und 7. Die 4 steht nicht neben den Zahlen 3 und 9. 3 und 9 sind keine Nachbarn.

8.3.29. Die 2 höchsten Zahlen stehen am Anfang und am Ende. Die Summe der beiden letzten Zahlen ist 15. Die 3 steht nicht neben den Zahlen 5 und 8. 6 ist die Summe der dritten und vorletzten Zahl.

8.3.30. Die 1 steht zwischen den Zahlen 2 und 5. Zwei Vieren sind Nachbarn. Zieht man die dritte von der letzten Zahl ab erhält man die erste Zahl. Die dritte und letzte Zahl haben eine Differenz von 2.

8.3.31. Die Summe der ersten und vierten Zahl ist 12. Die letzte Zahl ist das Dreifache der vorletzten Zahl. Die zweite Zahl ist das Fünffache einer Nachbarzahl. Die Hälfte des Vorgängers der letzten Zahl ist die erste Zahl.

8.3.32. Das Produkt der dritten, vierten und fünften Zahl ist 30. Die erste Zahl ist das Dreifache der vierten Zahl. Die Hälfte des Nachfolgers der ersten Zahl steht an letzter Stelle. Die zweite Zahl ist um 3 kleiner als die letzte Zahl.

8.3.33. Das Produkt der zweiten und letzten Zahl ist 25. Die Quersumme ist auch 25. Die letzte Zahl ist der Nachfolger der Nachbarzahl. Die erste Zahl steht zur fünften Zahl im gleichen Verhältnis wie die dritte zur vierten Zahl. Die erste Zahl ist die 1.

8.3.34. Die zweite Zahl ist kleiner als die vierte und erste Zahl und größer als die vorletzte Zahl. Zwei Faktoren ergeben 21. Die dritte Zahl ist kleiner als die letzte Zahl. Zwei Zahlen ergeben das Produkt 30. Die erste Zahl ist größer als die zweite, vierte und fünfte Zahl. Zwei verschiedene Zahlen ergeben das Produkt 16. Die dritte Zahl ist größer als die erste Zahl.

8.3.35. 1 und 3 sind keine Nachbarn. Ein Nachbar der vorletzten Zahl ist um 5 kleiner. Sie halbieren die erste Zahl um die letzte Zahl zu erhalten. Der Vorgänger des Doppelten der vorletzten Zahl steht an zweiter Stelle. Die vorletzte Zahl ist um 2 größer als die letzte Zahl.

8.3.36. Die 9 steht zwischen den Zahlen 1 und 6. 3 und 6 sind Nachbarn. Zwischen zwei Einsen steht keine Zahl. Die erste Zahl ist ungerade. Die 3 steht nicht neben den Zahlen 1 und 9. 3 und 8 sind Nachbarn.

8.3.37. Die erst Zahl ist das Doppelte der vierten Zahl. Die zweite verhält sich zur dritten Zahl wie die erste zur letzten Zahl. Die letzte Zahl ist das Dreifache der vierten Zahl. Die vorletzte Zahl ist die Hälfte der letzten Zahl und der dritte Teil der dritten Zahl. Die Quersumme ist 30.

8.3.38. Die zweite Zahl ist um 4 größer als die vierte Zahl. Die Quersumme ist 37. Jede Zahl ist einmal vorhanden. Die letzte Zahl ist der dritte Teil der Nachbarzahl und der vierte Teil der dritten Zahl.

8.3.39. Die zweite Zahl ist das Dreifache der ersten Zahl. Die vierte Zahl ist der Vorgänger der letzten Zahl. Das Produkt der letzten 3 Zahlen ist 84. Die erste Zahl ist die Hälfte der vierten Zahl. Die Summe der ersten beiden Zahlen ist 12. Die Quersumme ist 28.

8.3.40. Nachbarn sind ungleich. Das Produkt der beiden mittleren Zahlen ist 21. Die letzte Zahl ist das 1,5-fache der ersten Zahl. Der Mittelwert aller Zahlen ist 5. Die Summe der ersten vier Zahlen ist 17. Die zweite Zahl ist die Hälfte der letzten Zahl.

8.3.41. Die erste Zahl ist die Hälfte der letzten Zahl. Die Quersumme ist 31. Die 8 steht zwischen den Zahlen 9 und 4. Die Summe der beiden mittleren Zahlen ist 16. 3 Faktoren ergeben das Produkt 14.

8.3.42. Die zweite Zahl ist die Hälfte der letzten Zahl. Die 1 steht zwischen den Zahlen 3 und 8. Die 7 steht zwischen 6 und 3. Die vorletzte Zahl ist das Dreifache der letzten Zahl.

8.3.43. Die vierte Zahl ist die Summe der beiden ersten Zahlen. Die letzte Zahl ist größer als die erste Zahl. 15 ist das Produkt der letzten beiden Zahlen. Die letzte Zahl verhält sich zur ersten Zahl wie die zweite zur dritten Zahl. Die erste Zahl ist größer als die fünfte Zahl.

8.3.44. Die Quersumme ist 21. Die zweite Zahl ist um 3 größer als die erste und das Doppelte der letzten Zahl. Die dritte Zahl ist das Fünffache der vorletzten Zahl. Die vierte Zahl ist das Dreifache der vorletzten Zahl.

8.3.45. 5 ist der Mittelwert der letzten drei Zahlen. Die erste Zahl verhält sich zur vorletzten wie die zweite zur dritten Zahl. Das Produkt der ersten beiden Zahlen ist 27. 16 ist das Ergebnis der beiden letzten Faktoren. Die Quersumme ist 33.

8.3.46. 105 ist das Produkt der letzten 3 Zahlen. Die Summe der letzten 4 Zahlen ist 17. Die Differenz zwischen den ersten 4 Zahlen ist immer gleich. Die Summe der vierten und letzten Zahl ist 12. Die erste Zahl ist das Doppelte des Vorgängers der vierten Zahl.

8.3.47. 28 ist das Produkt der ersten und der beiden letzten Zahlen. Alle Zahlen sind Primzahlen. 30 ist das Produkt der ersten 3 Zahlen. 7 und 3 sind Nachbarn. 21 ist das Produkt der dritten und letzten Zahl.

8.3.48. Die Hälfte der Zahlen sind Primzahlen. Die dritte Zahl ist kleiner als der Nachbar. Die Differenz aller Nachbarn ist 6. Die vierte Zahl ist gerade.

8.3.49. Die 6 und die 4 stehen nicht neben den Zahlen 8 und 1. Die vorletzte Zahl ist das Doppelte der ersten Zahl. Die 1 und die 4 stehen nicht neben den Zahlen 0 und 9. 0 und 4 stehen nicht neben der 8.

8.3.50. Die 5 steht nicht neben den Zahlen 0 und 7. Die Quersumme ist 21. Die letzte Zahl ist der dritte Teil der zweiten Zahl. Die 7 und die 0 stehen nicht neben der 6. 7 und 1 sind Nachbarn.

**Lösungsteil:**
Decken Sie mit einem Blatt immer die folgenden Zeilen ab, wenn Sie den Lösungsteil nutzen.

1.2.1. (1,2,3)

| 2 | 1 | 1 |
|---|---|---|
| 1 | 3 | 2 |
| 1 | 3 | 1 |

1.2.2. (3,5,7,9)

| 7 | 9 | 3 |
|---|---|---|
| 7 | 7 | 5 |
| 3 | 5 | 7 |

1.2.3. (-1,0,1,2)

| -1 | 1 | 2 |
|----|---|---|
| 0  | 2 | 0 |
| 2  | 1 | -1 |

1.2.4. (0,2,4,6,8)

| 6 | 8 | 2 |
|---|---|---|
| 0 | 8 | 0 |
| 8 | 8 | 6 |

1.2.5. (6,7,8)

| 7 | 8 | 8 |
|---|---|---|
| 8 | 7 | 6 |
| 6 | 6 | 7 |

1.2.6. (-1,1,3,5)

| -1 | 1  | 3  |
|----|----|----|
| -1 | -1 | -1 |
| 5  | 3  | 5  |

1.2.7. (5,7,11,13)

| 13 | 11 | 5  |
|----|----|----|
| 5  | 7  | 13 |
| 7  | 11 | 7  |

1.2.8. (7,8,9,10)

| 8  | 7 | 8 |
|----|---|---|
| 8  | 9 | 8 |
| 10 | 8 | 7 |

1.2.9. (-4,-2,0,2)

| 2 | -2 | -4 |
|---|----|----|
| 0 | -2 | 2  |
| 2 | -4 | 2  |

1.2.10. (-9,-8,-7,-6,-5)

| -7 | -8 | -9 |
|----|----|----|
| -6 | -7 | -5 |
| -5 | -6 | -8 |

1.3.1. (9,11,13,15,17)
Tipp: D links unten, S2, S4

| 13 | 15 | 9  | 13 |
|----|----|----|----|
| 17 | 13 | 9  | 13 |
| 15 | 11 | 9  | 11 |
| 9  | 9  | 13 | 11 |

1.3.2. (0,1,2,3)
Tipp: D links unten, Z4

| 0 | 1 | 1 | 2 |
|---|---|---|---|
| 1 | 2 | 0 | 3 |
| 2 | 0 | 3 | 1 |
| 0 | 1 | 2 | 3 |

| 1.3.3. (11,13,17,19,23) | | | |
|---|---|---|---|
| Tipp: Z1, S3 | | | |
| 11 | 11 | 17 | 11 |
| 23 | 17 | 23 | 19 |
| 17 | 19 | 23 | 13 |
| 11 | 11 | 23 | 11 |

| 1.3.4. (-3,3,-6) | | | |
|---|---|---|---|
| Tipp: Z2 und S1. | | | |
| 6 | -3 | 6 | 6 |
| 3 | -3 | 3 | -3 |
| 6 | 3 | -3 | 6 |
| 3 | -3 | 3 | -3 |

| 1.3.5. (2,3,4,5) | | | |
|---|---|---|---|
| Tipp: Z2, S3 | | | |
| 2 | 4 | 2 | 3 |
| 5 | 3 | 3 | 5 |
| 3 | 5 | 4 | 2 |
| 4 | 2 | 5 | 5 |

| 1.3.6. (3,5,7,9) | | | |
|---|---|---|---|
| Tipp: D links oben, S4 | | | |
| 9 | 5 | 7 | 3 |
| 3 | 7 | 3 | 7 |
| 5 | 3 | 5 | 3 |
| 7 | 5 | 3 | 3 |

| 1.3.7. (2,3,5,7) | | | |
|---|---|---|---|
| Tipp: Z2, S4 | | | |
| 3 | 7 | 5 | 3 |
| 7 | 5 | 3 | 2 |
| 2 | 7 | 5 | 3 |
| 3 | 5 | 7 | 2 |

| 1.3.8. (-2,0,2,4,6) | | | |
|---|---|---|---|
| Tipp: Z1 und Z4, S4 | | | |
| -2 | 0 | -2 | -2 |
| 4 | 6 | 4 | 2 |
| 0 | 6 | 4 | 2 |
| -2 | 6 | -2 | -2 |

| 1.3.9. (0,1,2,3) | | | |
|---|---|---|---|
| Tipp: D links oben, S1 | | | |
| 3 | 0 | 2 | 1 |
| 1 | 3 | 1 | 3 |
| 1 | 1 | 3 | 1 |
| 1 | 2 | 0 | 3 |

| 1.3.10. (4,5,6,7,8,9) | | | |
|---|---|---|---|
| Tipp: D links oben, Z1, Z4 | | | |
| 7 | 5 | 7 | 7 |
| 7 | 6 | 4 | 6 |
| 6 | 4 | 5 | 5 |
| 5 | 7 | 6 | 4 |

| 1.4.1. (2,3,4,5,6,7) | | | | |
|---|---|---|---|---|
| Tipp: Z4, S4, S5 | | | | |
| 5 | 7 | 6 | 2 | 4 |
| 3 | 3 | 3 | 2 | 2 |
| 3 | 5 | 4 | 4 | 6 |
| 7 | 6 | 5 | 4 | 2 |

| 1.4.2. (-3,-1,1,3,5) | | | | |
|---|---|---|---|---|
| Tipp: Z4, S5 | | | | |
| 1 | 3 | 5 | 3 | 5 |
| 5 | -1 | -3 | 3 | 1 |
| 3 | 3 | 1 | 1 | 3 |
| -3 | -1 | 1 | 3 | 5 |

| 1.4.3. (1,2,3,4,5,6,7) | | | | |
|---|---|---|---|---|
| Tipp: Z4, S3 | | | | |
| 7 | 3 | 7 | 3 | 7 |
| 3 | 4 | 5 | 1 | 7 |
| 4 | 2 | 3 | 4 | 1 |
| 2 | 4 | 2 | 2 | 6 |

| 1.4.4. (-6,-4,-2,0,2) | | | | |
|---|---|---|---|---|
| Tipp: D links unten, S3 | | | | |
| 2 | -4 | 2 | -6 | 2 |
| -4 | -6 | 0 | -4 | -6 |
| -2 | -6 | 2 | 2 | -6 |
| -6 | -6 | 2 | 0 | 0 |

| 1.4.5. (5,7,11,13,17,19) | | | | |
|---|---|---|---|---|
| Tipp: D links & rechts unten, Z1 | | | | |
| 5 | 5 | 5 | 5 | 7 |
| 5 | 13 | 7 | 19 | 11 |
| 11 | 17 | 11 | 5 | 11 |
| 19 | 7 | 13 | 5 | 7 |

| 1.4.6. (5,6,7,8,9,10,11) | | | | |
|---|---|---|---|---|
| Tipp: Z2, S4 | | | | |
| 8 | 5 | 7 | 5 | 11 |
| 5 | 7 | 5 | 7 | 5 |
| 8 | 6 | 5 | 9 | 10 |
| 5 | 7 | 9 | 11 | 9 |

| 1.4.7. (7,8,9,10) | | | | |
|---|---|---|---|---|
| Tipp: Z1, S5 | | | | |
| 10 | 8 | 8 | 10 | 10 |
| 8 | 9 | 7 | 9 | 7 |
| 7 | 8 | 9 | 8 | 10 |
| 9 | 9 | 7 | 7 | 7 |

| 1.4.8. (-4,-2,0,2,4,6) | | | | |
|---|---|---|---|---|
| Tipp: Z2, S1, S2 | | | | |
| 4 | 6 | 6 | 2 | 0 |
| 4 | 2 | 0 | -2 | -4 |
| -4 | 4 | 6 | 2 | 0 |
| 2 | 0 | 4 | 6 | -4 |

| 1.4.9. (-3,3,6,9,12) | | | | |
|---|---|---|---|---|
| Tipp: D rechts unten, S4, S5 | | | | |
| 6 | 12 | -3 | 3 | -3 |
| 9 | 6 | 12 | -3 | 3 |
| 3 | 12 | 6 | 9 | -3 |
| 12 | 6 | 3 | -3 | 9 |

| 1.4.10. (-2,-1,0,1,2,3) | | | | |
|---|---|---|---|---|
| Tipp: D links oben, S4 | | | | |
| 3 | 3 | 3 | -2 | -2 |
| -2 | 3 | -2 | -2 | 0 |
| 0 | 3 | 3 | -2 | 3 |
| 2 | 0 | 3 | 0 | 3 |

| 1.5.1. (0,2,4,6,8,10) | | | | |
|---|---|---|---|---|
| Tipp: Z2, S1, S4 | | | | |
| 0 | 0 | 8 | 0 | 2 |
| 8 | 10 | 10 | 4 | 10 |
| 0 | 0 | 8 | 0 | 2 |
| 0 | 2 | 6 | 0 | 4 |
| 0 | 0 | 8 | 0 | 2 |

| 1.5.2. (4,5,6,7,8) | | | | |
|---|---|---|---|---|
| Tipp: D links oben, S4 | | | | |
| 7 | 4 | 5 | 8 | 4 |
| 8 | 5 | 6 | 7 | 4 |
| 7 | 8 | 7 | 6 | 7 |
| 7 | 7 | 5 | 5 | 5 |
| 7 | 4 | 7 | 4 | 7 |

### 1.5.3. (29,31,37,41,43)
Tipp: Z5, S4

| 41 | 37 | 41 | 37 | 41 |
|----|----|----|----|----|
| 43 | 29 | 37 | 43 | 43 |
| 41 | 37 | 41 | 37 | 41 |
| 43 | 29 | 37 | 43 | 43 |
| 41 | 37 | 41 | 37 | 41 |

### 1.5.4. (-2,-1,0,1,2,3,4)
Tipp: D links unten, Z5

| 1  | 2  | -2 | 0  | -2 |
|----|----|----|----|----|
| -2 | 0  | -1 | -2 | -1 |
| 1  | 4  | -2 | 0  | 2  |
| 4  | -2 | 3  | 2  | 3  |
| 1  | 4  | 4  | 4  | 4  |

### 1.5.5. (8,9,10,11,12)
Tipp: D links oben

| 9  | 12 | 11 | 10 | 8  |
|----|----|----|----|----|
| 12 | 11 | 8  | 9  | 10 |
| 11 | 10 | 9  | 10 | 10 |
| 10 | 9  | 8  | 11 | 8  |
| 8  | 10 | 11 | 12 | 9  |

### 1.5.6. (-4,-2,0,2,4,6)
Tipp: Z5, S4

| -2 | 6  | 0 | 4  | -4 |
|----|----|---|----|----|
| 0  | -2 | 0 | -2 | -4 |
| 2  | 4  | 0 | -4 | -2 |
| 4  | 2  | 4 | 2  | 4  |
| 6  | 0  | 6 | 0  | 6  |

### 1.5.7. (11,13,15,17,19)
Tipp: D links oben, S5

| 17 | 11 | 13 | 15 | 17 |
|----|----|----|----|----|
| 11 | 13 | 15 | 17 | 19 |
| 13 | 17 | 17 | 15 | 17 |
| 11 | 13 | 19 | 13 | 15 |
| 13 | 15 | 11 | 15 | 17 |

### 1.5.8. (2,3,4)
Tipp: Z4, S1

| 4 | 3 | 3 | 4 | 4 |
|---|---|---|---|---|
| 2 | 4 | 2 | 3 | 2 |
| 4 | 3 | 4 | 4 | 4 |
| 2 | 2 | 2 | 3 | 2 |
| 4 | 3 | 3 | 4 | 4 |

### 1.5.9. (-2,-1,0,1,2,3)
Tipp: D links unten, S2

| 1  | -2 | -2 | 3  | 3  |
|----|----|----|----|----|
| 3  | -2 | 0  | 3  | 2  |
| -2 | -2 | 3  | -1 | -2 |
| -2 | 0  | -2 | 1  | -2 |
| 3  | -2 | -2 | 3  | 2  |

### 1.5.10. (2,3,5,7,11,13)
Tipp: D links oben, S2

| 2  | 11 | 5 | 3 | 7  |
|----|----|---|---|----|
| 7  | 5  | 7 | 5 | 7  |
| 13 | 13 | 2 | 7 | 11 |
| 2  | 13 | 7 | 5 | 3  |
| 3  | 13 | 2 | 3 | 2  |

| 2.2.1. | | | | 2.2.2. | | | | 2.2.3. | | | | 2.2.4. | | | |
|---|---|---|---|---|---|---|---|---|---|---|---|---|---|---|---|
| 1 | 2 | 3 | 4 | 1 | 4 | 3 | 2 | 4 | 3 | 2 | 1 | 4 | 2 | 3 | 1 |
| 2 | 4 | 1 | 3 | 2 | 3 | 4 | 1 | 1 | 2 | 4 | 3 | 1 | 3 | 4 | 2 |
| 3 | 1 | 4 | 2 | 4 | 2 | 1 | 3 | 2 | 1 | 3 | 4 | 2 | 4 | 1 | 3 |
| 4 | 3 | 2 | 1 | 3 | 1 | 2 | 4 | 3 | 4 | 1 | 2 | 3 | 1 | 2 | 4 |
| 2.2.5. | | | | 2.2.6. | | | | 2.2.7. | | | | 2.2.8. | | | |
| 4 | 1 | 3 | 2 | 3 | 1 | 4 | 2 | 3 | 1 | 2 | 4 | 3 | 1 | 4 | 2 |
| 3 | 2 | 4 | 1 | 1 | 4 | 2 | 3 | 4 | 2 | 3 | 1 | 1 | 2 | 3 | 4 |
| 1 | 3 | 2 | 4 | 4 | 2 | 3 | 1 | 1 | 3 | 4 | 2 | 2 | 4 | 1 | 3 |
| 2 | 4 | 1 | 3 | 2 | 3 | 1 | 4 | 2 | 4 | 1 | 3 | 4 | 3 | 2 | 1 |
| 2.2.9. | | | | 2.2.10. | | | | 2.2.11. | | | | 2.2.12. | | | |
| 3 | 2 | 1 | 4 | 3 | 4 | 1 | 2 | 4 | 3 | 1 | 2 | 4 | 2 | 1 | 3 |
| 1 | 3 | 4 | 2 | 1 | 2 | 4 | 3 | 1 | 2 | 4 | 3 | 2 | 3 | 4 | 1 |
| 4 | 1 | 2 | 3 | 4 | 3 | 2 | 1 | 2 | 4 | 3 | 1 | 1 | 4 | 3 | 2 |
| 2 | 4 | 3 | 1 | 2 | 1 | 3 | 4 | 3 | 1 | 2 | 4 | 3 | 1 | 2 | 4 |
| 2.2.13. | | | | 2.2.14. | | | | 2.2.15. | | | | 2.2.16. | | | |
| 1 | 3 | 2 | 4 | 2 | 3 | 4 | 1 | 4 | 1 | 3 | 2 | 1 | 3 | 4 | 2 |
| 2 | 4 | 1 | 3 | 1 | 2 | 3 | 4 | 3 | 2 | 4 | 1 | 3 | 1 | 2 | 4 |
| 4 | 1 | 3 | 2 | 3 | 4 | 1 | 2 | 2 | 4 | 1 | 3 | 2 | 4 | 1 | 3 |
| 3 | 2 | 4 | 1 | 4 | 1 | 2 | 3 | 1 | 3 | 2 | 4 | 4 | 2 | 3 | 1 |
| 2.2.17. | | | | 2.2.18. | | | | 2.2.19. | | | | 2.2.20. | | | |
| 2 | 3 | 4 | 1 | 1 | 3 | 2 | 4 | 1 | 2 | 4 | 3 | 3 | 2 | 4 | 1 |
| 1 | 4 | 2 | 3 | 2 | 1 | 4 | 3 | 3 | 1 | 2 | 4 | 2 | 1 | 3 | 4 |
| 3 | 2 | 1 | 4 | 3 | 4 | 1 | 2 | 2 | 4 | 3 | 1 | 4 | 3 | 1 | 2 |
| 4 | 1 | 3 | 2 | 4 | 2 | 3 | 1 | 4 | 3 | 1 | 2 | 1 | 4 | 2 | 3 |
| 2.2.21. | | | | 2.2.22. | | | | 2.2.23. | | | | 2.2.24 | | | |
| 1 | 4 | 2 | 3 | 4 | 3 | 2 | 1 | 1 | 4 | 2 | 3 | 4 | 2 | 3 | 1 |
| 4 | 2 | 3 | 1 | 3 | 2 | 1 | 4 | 2 | 3 | 1 | 4 | 2 | 3 | 1 | 4 |
| 3 | 1 | 4 | 2 | 2 | 1 | 4 | 3 | 4 | 1 | 3 | 2 | 3 | 1 | 4 | 2 |
| 2 | 3 | 1 | 4 | 1 | 4 | 3 | 2 | 3 | 2 | 4 | 1 | 1 | 4 | 2 | 3 |
| 2.2.25. | | | | 2.2.26. | | | | 2.2.27. | | | | 2.2.28. | | | |
| 4 | 1 | 3 | 2 | 3 | 2 | 4 | 1 | 3 | 1 | 2 | 4 | 1 | 2 | 3 | 4 |
| 1 | 2 | 4 | 3 | 4 | 1 | 2 | 3 | 1 | 4 | 3 | 2 | 3 | 4 | 1 | 2 |
| 2 | 3 | 1 | 4 | 2 | 3 | 1 | 4 | 4 | 2 | 1 | 3 | 4 | 3 | 2 | 1 |
| 3 | 4 | 2 | 1 | 1 | 4 | 3 | 2 | 2 | 3 | 4 | 1 | 2 | 1 | 4 | 3 |

| 2.2.29. | | | | 2.2.30. | | | |
|---|---|---|---|---|---|---|---|
| 4 | 3 | 2 | 1 | 3 | 1 | 4 | 2 |
| 2 | 1 | 4 | 3 | 4 | 3 | 2 | 1 |
| 1 | 4 | 3 | 2 | 1 | 2 | 3 | 4 |
| 3 | 2 | 1 | 4 | 2 | 4 | 1 | 3 |

| 2.3.1. | | | | | | 2.3.2 | | | | |
|---|---|---|---|---|---|---|---|---|---|---|
| 5 | 3 | 4 | 1 | 2 | | 4 | 3 | 5 | 1 | 2 |
| 3 | 1 | 2 | 4 | 5 | | 5 | 2 | 3 | 4 | 1 |
| 4 | 2 | 1 | 5 | 3 | | 3 | 5 | 1 | 2 | 4 |
| 1 | 5 | 3 | 2 | 4 | | 1 | 4 | 2 | 3 | 5 |
| 2 | 4 | 5 | 3 | 1 | | 2 | 1 | 4 | 5 | 3 |

| 2.3.3. | | | | | | 2.3.4. | | | | |
|---|---|---|---|---|---|---|---|---|---|---|
| 1 | 5 | 2 | 4 | 3 | | 4 | 5 | 3 | 1 | 2 |
| 3 | 4 | 5 | 1 | 2 | | 5 | 2 | 4 | 3 | 1 |
| 5 | 2 | 4 | 3 | 1 | | 2 | 1 | 5 | 4 | 3 |
| 4 | 1 | 3 | 2 | 5 | | 3 | 4 | 1 | 2 | 5 |
| 2 | 3 | 1 | 5 | 4 | | 1 | 3 | 2 | 5 | 4 |

| 2.3.5. | | | | | | 2.3.6. | | | | |
|---|---|---|---|---|---|---|---|---|---|---|
| 3 | 1 | 2 | 4 | 5 | | 5 | 3 | 1 | 4 | 2 |
| 4 | 5 | 1 | 3 | 2 | | 3 | 5 | 2 | 1 | 4 |
| 1 | 4 | 5 | 2 | 3 | | 2 | 1 | 4 | 5 | 3 |
| 2 | 3 | 4 | 5 | 1 | | 4 | 2 | 5 | 3 | 1 |
| 5 | 2 | 3 | 1 | 4 | | 1 | 4 | 3 | 2 | 5 |

| 2.3.7. | | | | | | 2.3.8. | | | | |
|---|---|---|---|---|---|---|---|---|---|---|
| 5 | 1 | 3 | 4 | 2 | | 3 | 4 | 5 | 1 | 2 |
| 2 | 5 | 4 | 3 | 1 | | 1 | 3 | 2 | 5 | 4 |
| 4 | 3 | 2 | 1 | 5 | | 4 | 1 | 3 | 2 | 5 |
| 1 | 4 | 5 | 2 | 3 | | 5 | 2 | 1 | 4 | 3 |
| 3 | 2 | 1 | 5 | 4 | | 2 | 5 | 4 | 3 | 1 |

### 2.3.9.

| 4 | 3 | 1 | 2 | 5 |
|---|---|---|---|---|
| 5 | 2 | 4 | 1 | 3 |
| 1 | 4 | 5 | 3 | 2 |
| 2 | 5 | 3 | 4 | 1 |
| 3 | 1 | 2 | 5 | 4 |

### 2.3.10.

| 3 | 4 | 2 | 5 | 1 |
|---|---|---|---|---|
| 1 | 2 | 3 | 4 | 5 |
| 2 | 3 | 5 | 1 | 4 |
| 5 | 1 | 4 | 2 | 3 |
| 4 | 5 | 1 | 3 | 2 |

### 2.3.11.

| 3 | 1 | 4 | 2 | 5 |
|---|---|---|---|---|
| 1 | 5 | 2 | 3 | 4 |
| 2 | 4 | 5 | 1 | 3 |
| 5 | 2 | 3 | 4 | 1 |
| 4 | 3 | 1 | 5 | 2 |

### 2.3.12.

| 1 | 3 | 5 | 4 | 2 |
|---|---|---|---|---|
| 2 | 5 | 4 | 1 | 3 |
| 3 | 4 | 1 | 2 | 5 |
| 4 | 2 | 3 | 5 | 1 |
| 5 | 1 | 2 | 3 | 4 |

### 2.3.13.

| 1 | 3 | 5 | 4 | 2 |
|---|---|---|---|---|
| 5 | 2 | 3 | 1 | 4 |
| 4 | 5 | 1 | 2 | 3 |
| 3 | 4 | 2 | 5 | 1 |
| 2 | 1 | 4 | 3 | 5 |

### 2.3.14.

| 4 | 1 | 5 | 2 | 3 |
|---|---|---|---|---|
| 1 | 3 | 2 | 5 | 4 |
| 2 | 4 | 3 | 1 | 5 |
| 5 | 2 | 4 | 3 | 1 |
| 3 | 5 | 1 | 4 | 2 |

### 2.3.15.

| 1 | 5 | 2 | 3 | 4 |
|---|---|---|---|---|
| 3 | 1 | 5 | 4 | 2 |
| 4 | 2 | 3 | 1 | 5 |
| 2 | 3 | 4 | 5 | 1 |
| 5 | 4 | 1 | 2 | 3 |

### 2.3.16.

| 3 | 2 | 5 | 1 | 4 |
|---|---|---|---|---|
| 4 | 3 | 1 | 2 | 5 |
| 2 | 5 | 3 | 4 | 1 |
| 5 | 1 | 4 | 3 | 2 |
| 1 | 4 | 2 | 5 | 3 |

### 2.3.17.

| 1 | 4 | 5 | 2 | 3 |
|---|---|---|---|---|
| 5 | 3 | 2 | 4 | 1 |
| 2 | 5 | 3 | 1 | 4 |
| 4 | 2 | 1 | 3 | 5 |
| 3 | 1 | 4 | 5 | 2 |

### 2.3.18.

| 4 | 1 | 5 | 3 | 2 |
|---|---|---|---|---|
| 2 | 3 | 1 | 4 | 5 |
| 1 | 5 | 4 | 2 | 3 |
| 3 | 4 | 2 | 5 | 1 |
| 5 | 2 | 3 | 1 | 4 |

### 2.3.19.

| 3 | 4 | 5 | 1 | 2 |
|---|---|---|---|---|
| 1 | 5 | 2 | 4 | 3 |
| 4 | 1 | 3 | 2 | 5 |
| 5 | 2 | 4 | 3 | 1 |
| 2 | 3 | 1 | 5 | 4 |

### 2.3.20.

| 2 | 4 | 5 | 1 | 3 |
|---|---|---|---|---|
| 5 | 1 | 3 | 2 | 4 |
| 1 | 2 | 4 | 3 | 5 |
| 4 | 3 | 1 | 5 | 2 |
| 3 | 5 | 2 | 4 | 1 |

### 2.3.21.

| 5 | 1 | 4 | 3 | 2 |
|---|---|---|---|---|
| 1 | 3 | 5 | 2 | 4 |
| 2 | 5 | 3 | 4 | 1 |
| 4 | 2 | 1 | 5 | 3 |
| 3 | 4 | 2 | 1 | 5 |

### 2.3.22.

| 4 | 5 | 1 | 3 | 2 |
|---|---|---|---|---|
| 2 | 1 | 3 | 5 | 4 |
| 3 | 2 | 4 | 1 | 5 |
| 5 | 3 | 2 | 4 | 1 |
| 1 | 4 | 5 | 2 | 3 |

### 2.3.23.

| 1 | 3 | 4 | 2 | 5 |
|---|---|---|---|---|
| 2 | 1 | 5 | 4 | 3 |
| 4 | 5 | 2 | 3 | 1 |
| 3 | 4 | 1 | 5 | 2 |
| 5 | 2 | 3 | 1 | 4 |

### 2.3.24.

| 3 | 1 | 4 | 5 | 2 |
|---|---|---|---|---|
| 4 | 2 | 1 | 3 | 5 |
| 1 | 5 | 3 | 2 | 4 |
| 2 | 4 | 5 | 1 | 3 |
| 5 | 3 | 2 | 4 | 1 |

### 2.3.25.

| 4 | 1 | 2 | 5 | 3 |
|---|---|---|---|---|
| 2 | 4 | 3 | 1 | 5 |
| 1 | 2 | 5 | 3 | 4 |
| 5 | 3 | 4 | 2 | 1 |
| 3 | 5 | 1 | 4 | 2 |

### 2.3.26.

| 2 | 1 | 4 | 3 | 5 |
|---|---|---|---|---|
| 1 | 4 | 3 | 5 | 2 |
| 5 | 3 | 2 | 4 | 1 |
| 3 | 2 | 5 | 1 | 4 |
| 4 | 5 | 1 | 2 | 3 |

### 2.3.27.

| 4 | 1 | 5 | 3 | 2 |
|---|---|---|---|---|
| 5 | 2 | 1 | 4 | 3 |
| 3 | 5 | 2 | 1 | 4 |
| 2 | 3 | 4 | 5 | 1 |
| 1 | 4 | 3 | 2 | 5 |

### 2.3.28.

| 4 | 1 | 5 | 3 | 2 |
|---|---|---|---|---|
| 5 | 4 | 3 | 2 | 1 |
| 2 | 5 | 4 | 1 | 3 |
| 3 | 2 | 1 | 5 | 4 |
| 1 | 3 | 2 | 4 | 5 |

### 2.3.29.

| 1 | 2 | 4 | 5 | 3 |
|---|---|---|---|---|
| 2 | 5 | 3 | 4 | 1 |
| 5 | 3 | 1 | 2 | 4 |
| 3 | 4 | 2 | 1 | 5 |
| 4 | 1 | 5 | 3 | 2 |

### 2.3.30.

| 1 | 5 | 3 | 2 | 4 |
|---|---|---|---|---|
| 4 | 2 | 5 | 1 | 3 |
| 2 | 3 | 4 | 5 | 1 |
| 5 | 4 | 1 | 3 | 2 |
| 3 | 1 | 2 | 4 | 5 |

### 2.4.1.

| 4 | 6 | 2 | 3 | 1 | 5 |
|---|---|---|---|---|---|
| 1 | 3 | 4 | 6 | 5 | 2 |
| 6 | 4 | 5 | 1 | 2 | 3 |
| 5 | 2 | 6 | 4 | 3 | 1 |
| 3 | 5 | 1 | 2 | 4 | 6 |
| 2 | 1 | 3 | 5 | 6 | 4 |

### 2.4.2.

| 2 | 3 | 4 | 6 | 5 | 1 |
|---|---|---|---|---|---|
| 5 | 1 | 6 | 3 | 4 | 2 |
| 3 | 6 | 5 | 2 | 1 | 4 |
| 6 | 4 | 1 | 5 | 2 | 3 |
| 4 | 5 | 2 | 1 | 3 | 6 |
| 1 | 2 | 3 | 4 | 6 | 5 |

### 2.4.3.

| 4 | 6 | 3 | 1 | 2 | 5 |
|---|---|---|---|---|---|
| 1 | 5 | 4 | 3 | 6 | 2 |
| 3 | 1 | 2 | 6 | 5 | 4 |
| 6 | 4 | 5 | 2 | 1 | 3 |
| 2 | 3 | 6 | 5 | 4 | 1 |
| 5 | 2 | 1 | 4 | 3 | 6 |

### 2.4.4.

| 2 | 5 | 3 | 6 | 4 | 1 |
|---|---|---|---|---|---|
| 6 | 3 | 4 | 5 | 1 | 2 |
| 3 | 6 | 5 | 1 | 2 | 4 |
| 5 | 1 | 2 | 4 | 3 | 6 |
| 4 | 2 | 1 | 3 | 6 | 5 |
| 1 | 4 | 6 | 2 | 5 | 3 |

### 2.4.5.

| 1 | 5 | 3 | 6 | 4 | 2 |
|---|---|---|---|---|---|
| 2 | 6 | 4 | 5 | 1 | 3 |
| 5 | 4 | 2 | 1 | 3 | 6 |
| 6 | 3 | 5 | 4 | 2 | 1 |
| 4 | 2 | 1 | 3 | 6 | 5 |
| 3 | 1 | 6 | 2 | 5 | 4 |

### 2.4.6.

| 3 | 4 | 2 | 1 | 5 | 6 |
|---|---|---|---|---|---|
| 5 | 3 | 4 | 6 | 1 | 2 |
| 6 | 1 | 5 | 3 | 2 | 4 |
| 1 | 5 | 6 | 2 | 4 | 3 |
| 4 | 2 | 3 | 5 | 6 | 1 |
| 2 | 6 | 1 | 4 | 3 | 5 |

### 2.4.7.

| 4 | 5 | 3 | 1 | 2 | 6 |
|---|---|---|---|---|---|
| 2 | 4 | 6 | 5 | 3 | 1 |
| 6 | 2 | 5 | 3 | 1 | 4 |
| 1 | 6 | 2 | 4 | 5 | 3 |
| 5 | 3 | 1 | 6 | 4 | 2 |
| 3 | 1 | 4 | 2 | 6 | 5 |

### 2.4.8.

| 4 | 6 | 1 | 3 | 5 | 2 |
|---|---|---|---|---|---|
| 3 | 4 | 5 | 1 | 2 | 6 |
| 5 | 1 | 2 | 4 | 6 | 3 |
| 6 | 5 | 3 | 2 | 1 | 4 |
| 2 | 3 | 6 | 5 | 4 | 1 |
| 1 | 2 | 4 | 6 | 3 | 5 |

### 2.4.9.

| 2 | 3 | 5 | 4 | 1 | 6 |
|---|---|---|---|---|---|
| 5 | 1 | 3 | 2 | 6 | 4 |
| 1 | 6 | 4 | 3 | 5 | 2 |
| 6 | 2 | 1 | 5 | 4 | 3 |
| 3 | 4 | 6 | 1 | 2 | 5 |
| 4 | 5 | 2 | 6 | 3 | 1 |

### 2.4.10.

| 3 | 2 | 4 | 6 | 1 | 5 |
|---|---|---|---|---|---|
| 6 | 4 | 5 | 1 | 3 | 2 |
| 5 | 3 | 2 | 4 | 6 | 1 |
| 2 | 1 | 6 | 5 | 4 | 3 |
| 1 | 6 | 3 | 2 | 5 | 4 |
| 4 | 5 | 1 | 3 | 2 | 6 |

### 2.4.11.

| 4 | 6 | 5 | 3 | 2 | 1 |
|---|---|---|---|---|---|
| 5 | 4 | 6 | 1 | 3 | 2 |
| 3 | 5 | 1 | 2 | 6 | 4 |
| 2 | 3 | 4 | 5 | 1 | 6 |
| 6 | 1 | 2 | 4 | 5 | 3 |
| 1 | 2 | 3 | 6 | 4 | 5 |

### 2.4.12.

| 3 | 6 | 2 | 1 | 5 | 4 |
|---|---|---|---|---|---|
| 6 | 2 | 5 | 4 | 1 | 3 |
| 5 | 1 | 3 | 6 | 4 | 2 |
| 2 | 3 | 4 | 5 | 6 | 1 |
| 1 | 4 | 6 | 3 | 2 | 5 |
| 4 | 5 | 1 | 2 | 3 | 6 |

### 2.4.13.

| 5 | 4 | 3 | 1 | 6 | 2 |
|---|---|---|---|---|---|
| 6 | 5 | 4 | 2 | 1 | 3 |
| 2 | 6 | 1 | 3 | 5 | 4 |
| 1 | 3 | 6 | 4 | 2 | 5 |
| 4 | 1 | 2 | 5 | 3 | 6 |
| 3 | 2 | 5 | 6 | 4 | 1 |

### 2.4.14.

| 5 | 3 | 2 | 6 | 1 | 4 |
|---|---|---|---|---|---|
| 3 | 1 | 4 | 2 | 5 | 6 |
| 1 | 2 | 6 | 4 | 3 | 5 |
| 4 | 5 | 1 | 3 | 6 | 2 |
| 2 | 6 | 3 | 5 | 4 | 1 |
| 6 | 4 | 5 | 1 | 2 | 3 |

### 2.4.15.

| 5 | 3 | 1 | 4 | 6 | 2 |
|---|---|---|---|---|---|
| 2 | 1 | 6 | 3 | 4 | 5 |
| 1 | 4 | 2 | 6 | 5 | 3 |
| 3 | 6 | 5 | 1 | 2 | 4 |
| 6 | 2 | 4 | 5 | 3 | 1 |
| 4 | 5 | 3 | 2 | 1 | 6 |

| 2.4.16. | | | | | | 2.4.17. | | | | | | 2.4.18. | | | | | |
|---|---|---|---|---|---|---|---|---|---|---|---|---|---|---|---|---|---|
| 1 | 3 | 2 | 6 | 5 | 4 | 6 | 3 | 2 | 1 | 4 | 5 | 6 | 4 | 1 | 2 | 5 | 3 |
| 5 | 1 | 4 | 2 | 6 | 3 | 1 | 5 | 3 | 6 | 2 | 4 | 2 | 1 | 3 | 5 | 4 | 6 |
| 2 | 4 | 6 | 5 | 3 | 1 | 4 | 1 | 5 | 3 | 6 | 2 | 3 | 5 | 4 | 6 | 1 | 2 |
| 6 | 2 | 3 | 1 | 4 | 5 | 2 | 6 | 1 | 4 | 5 | 3 | 1 | 3 | 2 | 4 | 6 | 5 |
| 4 | 6 | 5 | 3 | 1 | 2 | 3 | 2 | 4 | 5 | 1 | 6 | 5 | 2 | 6 | 1 | 3 | 4 |
| 3 | 5 | 1 | 4 | 2 | 6 | 5 | 4 | 6 | 2 | 3 | 1 | 4 | 6 | 5 | 3 | 2 | 1 |

| 2.4.19. | | | | | | 2.4.20. | | | | | | 2.4.21. | | | | | |
|---|---|---|---|---|---|---|---|---|---|---|---|---|---|---|---|---|---|
| 2 | 4 | 6 | 5 | 3 | 1 | 1 | 4 | 3 | 2 | 6 | 5 | 1 | 2 | 3 | 5 | 6 | 4 |
| 3 | 5 | 4 | 1 | 6 | 2 | 5 | 1 | 2 | 4 | 3 | 6 | 2 | 6 | 4 | 1 | 3 | 5 |
| 6 | 3 | 1 | 2 | 4 | 5 | 2 | 5 | 1 | 6 | 4 | 3 | 6 | 5 | 2 | 3 | 4 | 1 |
| 5 | 2 | 3 | 4 | 1 | 6 | 4 | 3 | 6 | 5 | 1 | 2 | 5 | 3 | 6 | 4 | 1 | 2 |
| 1 | 6 | 5 | 3 | 2 | 4 | 6 | 2 | 4 | 3 | 5 | 1 | 4 | 1 | 5 | 6 | 2 | 3 |
| 4 | 1 | 2 | 6 | 5 | 3 | 3 | 6 | 5 | 1 | 2 | 4 | 3 | 4 | 1 | 2 | 5 | 6 |

| 2.4.22. | | | | | | 2.4.23. | | | | | | 2.4.24. | | | | | |
|---|---|---|---|---|---|---|---|---|---|---|---|---|---|---|---|---|---|
| 4 | 2 | 5 | 3 | 6 | 1 | 1 | 6 | 2 | 4 | 3 | 5 | 5 | 3 | 4 | 1 | 6 | 2 |
| 2 | 6 | 4 | 1 | 3 | 5 | 5 | 3 | 1 | 2 | 6 | 4 | 6 | 2 | 1 | 4 | 5 | 3 |
| 1 | 3 | 2 | 6 | 5 | 4 | 2 | 5 | 4 | 3 | 1 | 6 | 1 | 4 | 2 | 6 | 3 | 5 |
| 3 | 5 | 6 | 4 | 1 | 2 | 4 | 2 | 3 | 6 | 5 | 1 | 3 | 6 | 5 | 2 | 1 | 4 |
| 5 | 1 | 3 | 2 | 4 | 6 | 3 | 1 | 6 | 5 | 4 | 2 | 4 | 1 | 3 | 5 | 2 | 6 |
| 6 | 4 | 1 | 5 | 2 | 3 | 6 | 4 | 5 | 1 | 2 | 3 | 2 | 5 | 6 | 3 | 4 | 1 |

| 2.4.25. | | | | | | 2.4.26. | | | | | | 2.4.27. | | | | | |
|---|---|---|---|---|---|---|---|---|---|---|---|---|---|---|---|---|---|
| 2 | 1 | 4 | 6 | 5 | 3 | 4 | 6 | 1 | 5 | 3 | 2 | 5 | 6 | 2 | 3 | 1 | 4 |
| 1 | 6 | 5 | 3 | 4 | 2 | 2 | 3 | 5 | 1 | 6 | 4 | 3 | 1 | 5 | 4 | 6 | 2 |
| 4 | 5 | 3 | 1 | 2 | 6 | 5 | 2 | 6 | 4 | 1 | 3 | 2 | 3 | 4 | 1 | 5 | 6 |
| 6 | 2 | 1 | 5 | 3 | 4 | 1 | 4 | 3 | 2 | 5 | 6 | 6 | 2 | 1 | 5 | 4 | 3 |
| 3 | 4 | 6 | 2 | 1 | 5 | 3 | 5 | 4 | 6 | 2 | 1 | 4 | 5 | 6 | 2 | 3 | 1 |
| 5 | 3 | 2 | 4 | 6 | 1 | 6 | 1 | 2 | 3 | 4 | 5 | 1 | 4 | 3 | 6 | 2 | 5 |

| 2.4.28. | | | | | | 2.4.29. | | | | | | 2.4.30. | | | | | |
|---|---|---|---|---|---|---|---|---|---|---|---|---|---|---|---|---|---|
| 4 | 2 | 5 | 1 | 6 | 3 | 1 | 3 | 6 | 2 | 5 | 4 | 2 | 4 | 3 | 1 | 5 | 6 |
| 5 | 4 | 6 | 2 | 3 | 1 | 6 | 4 | 2 | 3 | 1 | 5 | 5 | 3 | 1 | 4 | 6 | 2 |
| 3 | 5 | 4 | 6 | 1 | 2 | 2 | 1 | 5 | 4 | 3 | 6 | 3 | 6 | 4 | 2 | 1 | 5 |
| 6 | 1 | 2 | 3 | 5 | 4 | 4 | 5 | 3 | 1 | 6 | 2 | 4 | 1 | 5 | 6 | 2 | 3 |
| 2 | 3 | 1 | 5 | 4 | 6 | 3 | 6 | 4 | 5 | 2 | 1 | 6 | 5 | 2 | 3 | 4 | 1 |
| 1 | 6 | 3 | 4 | 2 | 5 | 5 | 2 | 1 | 6 | 4 | 3 | 1 | 2 | 6 | 5 | 3 | 4 |

### 2.5.1.

| 1 | 3 | 5 | 2 | 4 | 6 |
|---|---|---|---|---|---|
| 4 | 6 | 3 | 5 | 2 | 1 |
| 5 | 1 | 2 | 4 | 6 | 3 |
| 2 | 5 | 1 | 6 | 3 | 4 |
| 6 | 2 | 4 | 3 | 1 | 5 |
| 3 | 4 | 6 | 1 | 5 | 2 |

### 2.5.2.

| 3 | 2 | 1 | 6 | 5 | 4 |
|---|---|---|---|---|---|
| 1 | 6 | 4 | 3 | 2 | 5 |
| 6 | 5 | 3 | 4 | 1 | 2 |
| 5 | 4 | 2 | 1 | 3 | 6 |
| 2 | 1 | 6 | 5 | 4 | 3 |
| 4 | 3 | 5 | 2 | 6 | 1 |

### 2.5.3.

| 3 | 4 | 5 | 1 | 2 | 6 |
|---|---|---|---|---|---|
| 5 | 3 | 2 | 6 | 4 | 1 |
| 2 | 5 | 1 | 4 | 6 | 3 |
| 4 | 1 | 6 | 3 | 5 | 2 |
| 1 | 6 | 4 | 2 | 3 | 5 |
| 6 | 2 | 3 | 5 | 1 | 4 |

### 2.5.4.

| 4 | 6 | 5 | 2 | 3 | 1 |
|---|---|---|---|---|---|
| 1 | 5 | 2 | 4 | 6 | 3 |
| 5 | 1 | 3 | 6 | 2 | 4 |
| 6 | 3 | 4 | 1 | 5 | 2 |
| 3 | 2 | 1 | 5 | 4 | 6 |
| 2 | 4 | 6 | 3 | 1 | 5 |

### 2.5.5.

| 4 | 6 | 3 | 1 | 2 | 5 |
|---|---|---|---|---|---|
| 1 | 4 | 5 | 3 | 6 | 2 |
| 2 | 1 | 4 | 5 | 3 | 6 |
| 5 | 3 | 2 | 6 | 1 | 4 |
| 6 | 2 | 1 | 4 | 5 | 3 |
| 3 | 5 | 6 | 2 | 4 | 1 |

### 2.5.6.

| 5 | 3 | 4 | 1 | 6 | 2 |
|---|---|---|---|---|---|
| 3 | 5 | 2 | 6 | 4 | 1 |
| 1 | 2 | 6 | 4 | 3 | 5 |
| 6 | 4 | 5 | 2 | 1 | 3 |
| 4 | 1 | 3 | 5 | 2 | 6 |
| 2 | 6 | 1 | 3 | 5 | 4 |

### 2.5.7.

| 5 | 4 | 3 | 2 | 6 | 1 |
|---|---|---|---|---|---|
| 4 | 3 | 1 | 5 | 2 | 6 |
| 3 | 6 | 4 | 1 | 5 | 2 |
| 1 | 5 | 2 | 6 | 3 | 4 |
| 2 | 1 | 6 | 3 | 4 | 5 |
| 6 | 2 | 5 | 4 | 1 | 3 |

### 2.5.8.

| 5 | 6 | 1 | 2 | 3 | 4 |
|---|---|---|---|---|---|
| 2 | 4 | 3 | 6 | 5 | 1 |
| 4 | 5 | 2 | 3 | 1 | 6 |
| 3 | 2 | 6 | 1 | 4 | 5 |
| 1 | 3 | 5 | 4 | 6 | 2 |
| 6 | 1 | 4 | 5 | 2 | 3 |

### 2.5.9.

| 3 | 6 | 4 | 1 | 2 | 5 |
|---|---|---|---|---|---|
| 5 | 2 | 6 | 3 | 1 | 4 |
| 6 | 1 | 3 | 5 | 4 | 2 |
| 1 | 3 | 2 | 4 | 5 | 6 |
| 2 | 4 | 5 | 6 | 3 | 1 |
| 4 | 5 | 1 | 2 | 6 | 3 |

### 2.5.10.

| 4 | 1 | 5 | 3 | 2 | 6 |
|---|---|---|---|---|---|
| 6 | 4 | 1 | 2 | 3 | 5 |
| 5 | 2 | 3 | 1 | 6 | 4 |
| 2 | 3 | 6 | 5 | 4 | 1 |
| 1 | 6 | 2 | 4 | 5 | 3 |
| 3 | 5 | 4 | 6 | 1 | 2 |

### 2.5.11.

| 4 | 1 | 6 | 2 | 3 | 5 |
|---|---|---|---|---|---|
| 6 | 3 | 5 | 1 | 4 | 2 |
| 5 | 6 | 4 | 3 | 2 | 1 |
| 1 | 2 | 3 | 4 | 5 | 6 |
| 2 | 4 | 1 | 5 | 6 | 3 |
| 3 | 5 | 2 | 6 | 1 | 4 |

### 2.5.12.

| 4 | 3 | 5 | 1 | 6 | 2 |
|---|---|---|---|---|---|
| 2 | 5 | 6 | 3 | 4 | 1 |
| 1 | 4 | 3 | 2 | 5 | 6 |
| 6 | 2 | 1 | 4 | 3 | 5 |
| 5 | 1 | 4 | 6 | 2 | 3 |
| 3 | 6 | 2 | 5 | 1 | 4 |

### 2.5.13.

| 4 | 5 | 2 | 6 | 3 | 1 |
|---|---|---|---|---|---|
| 1 | 4 | 3 | 2 | 6 | 5 |
| 5 | 6 | 1 | 4 | 2 | 3 |
| 6 | 1 | 5 | 3 | 4 | 2 |
| 3 | 2 | 4 | 5 | 1 | 6 |
| 2 | 3 | 6 | 1 | 5 | 4 |

### 2.5.14.

| 3 | 6 | 1 | 5 | 4 | 2 |
|---|---|---|---|---|---|
| 2 | 1 | 5 | 4 | 3 | 6 |
| 5 | 4 | 2 | 6 | 1 | 3 |
| 6 | 5 | 3 | 1 | 2 | 4 |
| 1 | 3 | 4 | 2 | 6 | 5 |
| 4 | 2 | 6 | 3 | 5 | 1 |

### 2.5.15.

| 3 | 5 | 6 | 1 | 4 | 2 |
|---|---|---|---|---|---|
| 6 | 4 | 5 | 3 | 2 | 1 |
| 5 | 2 | 3 | 6 | 1 | 4 |
| 4 | 3 | 1 | 2 | 5 | 6 |
| 1 | 6 | 2 | 4 | 3 | 5 |
| 2 | 1 | 4 | 5 | 6 | 3 |

| 2.5.16. | | | | | | 2.5.17. | | | | | | 2.5.18. | | | | | |
|---|---|---|---|---|---|---|---|---|---|---|---|---|---|---|---|---|---|
| 6 | 1 | 4 | 5 | 3 | 2 | 1 | 2 | 6 | 5 | 3 | 4 | 3 | 5 | 1 | 6 | 4 | 2 |
| 5 | 4 | 3 | 1 | 2 | 6 | 5 | 4 | 3 | 2 | 6 | 1 | 5 | 4 | 2 | 3 | 6 | 1 |
| 1 | 3 | 2 | 4 | 6 | 5 | 3 | 5 | 2 | 1 | 4 | 6 | 2 | 1 | 3 | 4 | 5 | 6 |
| 3 | 2 | 1 | 6 | 5 | 4 | 6 | 3 | 1 | 4 | 5 | 2 | 4 | 2 | 6 | 5 | 1 | 3 |
| 2 | 5 | 6 | 3 | 4 | 1 | 2 | 6 | 4 | 3 | 1 | 5 | 1 | 6 | 4 | 2 | 3 | 5 |
| 4 | 6 | 5 | 2 | 1 | 3 | 4 | 1 | 5 | 6 | 2 | 3 | 6 | 3 | 5 | 1 | 2 | 4 |

| 2.5.19. | | | | | | 2.5.20. | | | | | | 2.5.21. | | | | | |
|---|---|---|---|---|---|---|---|---|---|---|---|---|---|---|---|---|---|
| 3 | 2 | 5 | 4 | 6 | 1 | 2 | 5 | 1 | 3 | 4 | 6 | 5 | 2 | 1 | 3 | 6 | 4 |
| 4 | 6 | 2 | 1 | 5 | 3 | 3 | 1 | 4 | 5 | 6 | 2 | 3 | 6 | 4 | 5 | 1 | 2 |
| 5 | 1 | 3 | 2 | 4 | 6 | 5 | 6 | 3 | 2 | 1 | 4 | 1 | 3 | 2 | 6 | 4 | 5 |
| 2 | 3 | 4 | 6 | 1 | 5 | 4 | 3 | 2 | 6 | 5 | 1 | 4 | 5 | 6 | 2 | 3 | 1 |
| 1 | 4 | 6 | 5 | 3 | 2 | 1 | 2 | 6 | 4 | 3 | 5 | 2 | 1 | 3 | 4 | 5 | 6 |
| 6 | 5 | 1 | 3 | 2 | 4 | 6 | 4 | 5 | 1 | 2 | 3 | 6 | 4 | 5 | 1 | 2 | 3 |

| 2.5.22. | | | | | | 2.5.23. | | | | | | 2.5.24. | | | | | |
|---|---|---|---|---|---|---|---|---|---|---|---|---|---|---|---|---|---|
| 3 | 2 | 5 | 6 | 1 | 4 | 6 | 5 | 4 | 2 | 1 | 3 | 6 | 4 | 3 | 2 | 1 | 5 |
| 5 | 4 | 1 | 2 | 3 | 6 | 4 | 2 | 3 | 6 | 5 | 1 | 5 | 6 | 2 | 4 | 3 | 1 |
| 6 | 5 | 3 | 4 | 2 | 1 | 3 | 6 | 5 | 1 | 4 | 2 | 1 | 3 | 6 | 5 | 2 | 4 |
| 2 | 3 | 4 | 1 | 6 | 5 | 1 | 3 | 6 | 5 | 2 | 4 | 4 | 5 | 1 | 3 | 6 | 2 |
| 1 | 6 | 2 | 5 | 4 | 3 | 5 | 1 | 2 | 4 | 3 | 6 | 2 | 1 | 5 | 6 | 4 | 3 |
| 4 | 1 | 6 | 3 | 5 | 2 | 2 | 4 | 1 | 3 | 6 | 5 | 3 | 2 | 4 | 1 | 5 | 6 |

| 2.5.25. | | | | | | 2.5.26. | | | | | | 2.5.27. | | | | | |
|---|---|---|---|---|---|---|---|---|---|---|---|---|---|---|---|---|---|
| 1 | 2 | 6 | 4 | 5 | 3 | 1 | 2 | 4 | 3 | 6 | 5 | 2 | 6 | 1 | 5 | 4 | 3 |
| 3 | 4 | 1 | 5 | 6 | 2 | 5 | 1 | 6 | 4 | 3 | 2 | 1 | 2 | 5 | 6 | 3 | 4 |
| 2 | 1 | 5 | 6 | 3 | 4 | 3 | 4 | 5 | 1 | 2 | 6 | 6 | 5 | 4 | 3 | 2 | 1 |
| 5 | 3 | 4 | 1 | 2 | 6 | 4 | 6 | 2 | 5 | 1 | 3 | 3 | 4 | 6 | 2 | 1 | 5 |
| 6 | 5 | 3 | 2 | 4 | 1 | 6 | 3 | 1 | 2 | 5 | 4 | 4 | 3 | 2 | 1 | 5 | 6 |
| 4 | 6 | 2 | 3 | 1 | 5 | 2 | 5 | 3 | 6 | 4 | 1 | 5 | 1 | 3 | 4 | 6 | 2 |

| 2.5.28. | | | | | | 2.5.29. | | | | | | 2.5.30. | | | | | |
|---|---|---|---|---|---|---|---|---|---|---|---|---|---|---|---|---|---|
| 4 | 6 | 2 | 5 | 3 | 1 | 2 | 4 | 1 | 5 | 6 | 3 | 2 | 1 | 6 | 3 | 5 | 4 |
| 2 | 1 | 3 | 6 | 4 | 5 | 6 | 3 | 5 | 4 | 1 | 2 | 4 | 2 | 1 | 6 | 3 | 5 |
| 5 | 3 | 4 | 2 | 1 | 6 | 1 | 6 | 4 | 3 | 2 | 5 | 6 | 3 | 4 | 5 | 1 | 2 |
| 6 | 5 | 1 | 3 | 2 | 4 | 3 | 5 | 2 | 1 | 4 | 6 | 1 | 4 | 5 | 2 | 6 | 3 |
| 1 | 2 | 6 | 4 | 5 | 3 | 4 | 2 | 3 | 6 | 5 | 1 | 5 | 6 | 3 | 4 | 2 | 1 |
| 3 | 4 | 5 | 1 | 6 | 2 | 5 | 1 | 6 | 2 | 3 | 4 | 3 | 5 | 2 | 1 | 4 | 6 |

Zuerst steht der Algorithmus der Zahlenfolge. Die Anzahl der Rechenoperationen kann stark von der Anzahl der Glieder der Zahlenfolge abweichen. Die Operationen werden fortlaufend in der Zahlenfolge angewandt. Die einzelnen Positionen sind mit einem „ | " voneinander getrennt. Neben präzisen Rechnungen können auch Erklärungen an einer Position stehen (Lösungen unter 3.5.). Am Ende stehen die Lösungszahlen.

3.2.1. +6 | +2 | -1 ... 17, 23, 25
3.2.2. +4 | -1 | -7 ... -2, -9, -5
3.2.3. -4 ... -7, -11, -15
3.2.4. -6 | -3 | -4 ... -14, -20, -23
3.2.5. -2 | +3 | -4 ... -5, -7, -4
3.2.6. -7 | +6 | -6 | +5 ... 6, 0, 5
3.2.7. +3 | +2 | -4 ... 4, 0, 3
3.2.8. -4 | -6 | -2 | +1 ... -21, -20, -24
3.2.9. -9 | +4 ... -3, 1, -8
3.2.10. +1 | +2 | +3 | +4 ... 16, 20, 21
3.2.11. -4, -1, +4 ... -9, -10, -6
3.2.12. -1 | +1 | +2 | -3 ... 9, 11, 8
3.2.13. +5 | -3 | -2 ... -4, -6, -1
3.2.14. -1 | -3 | +2 | +3 | +1 ... 1, 4, 5
3.2.15. +11 | -5 | -5 ... 0, 11, 6
3.2.16. +2 | +3 | -4 | -5 ... 15, 11, 6
3.2.17. +1 | +1 | +1 | +2 ... 3, 4, 6
3.2.18. -2 | +4 ... 7, 11, 9
3.2.19. +3 | +2 | -1 | +2 ... 17, 20, 22
3.2.20. -3 | -3 | -3 | +6 ... -7, -10, -4
3.2.21. +1 | +/-0 | -4 ... -3, -7, -6
3.2.22. -7 | +5 | -3 | +1 ... 2, -5, 0
3.2.23. -1 | +6 | -4 ... 3, -1, -2
3.2.24. -1 | -1 | +1 | +1 ... -16, -15, -14
3.2.25. +5 | +2 | -3 | +1 ... 10, 11, 16
3.2.26. -10 | +1 | +3 | +4 ...-5, -2, 2
3.2.27. +2 | -2 | +2 | +2 ... 14, 16, 18
3.2.28. -7 | +3 | +4 | +1 ... 7, 0, 3
3.2.29. +5 | +4 ... 28, 33, 37
3.2.30. +5 | -4 | +3 | -2 | +1 | -5 ... -11, -8, -10
3.2.31. -1 | +3 | -1 | +2 ... 10, 9, 11
3.2.32. -3 ... -3, -6, -9
3.2.33. -4 | +3 | +6 | -2 ...10, 13, 19

3.2.34. +3 | -5 | +4 … -11, -8, -13
3.2.35. +9 | -4 | +8 | -2 … 23, 32, 28
3.2.36. -1 | -2 | +2 | -2 | -1… -6, -8, -9
3.2.37. -5 | -3 | +8 | +1 …-3, -2, -7
3.2.38. +1 | -2 | -3 | +5 | -2 … -1, -4, 1
3.2.39. -4 | -3 | -4 | +1 … -19, -23, -22
3.2.40. +5 | -10 | -5 | +10 | +5 … 0, -5, 5
3.2.41. -1 | -2 | -3 | +5 … 8, 7, 5
3.2.42. +2 | +3 … 14, 16, 19
3.2.43. +/-0 | -4 | +3 | +2 | -3 … 0, 3, 5
3.2.44. +9 | -5 | -2 …0, 9, 4
3.2.45. +1 | +1 | +1 | +1 | +2…9, 10, 11
3.2.46. +2 | +2 | -2 | +3 | -2 … 15, 13, 16
3.2.47. -1 | +2 …2, 4, 3
3.2.48. +4 | -1 | -1 | -1 … -6, -7, -3
3.2.49. +8 | +7 | -1 … 25, 33, 40
3.2.50. -1 | +1 | -2 …-5, -7, -8

3.3.1. -2 | x2 | +2 … 14, 12, 24
3.3.2. x-1 | +3 | +2 … 2, 5, 7
3.3.3. x6 | /2 … 108, 54, 324
3.3.4. -3 | +2 | -8 … -12, -15, -13
3.3.5. x -2 | /2 | +1 … 4, 2, 3
3.3.6. x3 | +3 | -5 … -3, -8, -24
3.3.7. x3 | -2 … 30, 28, 84
3.3.8. x2 | -2 | /2 … -10, -12, -6
3.3.9. -1 | x -2 | -3 … 16, 13, 12
3.3.10. -5 | -2 | -5 | +7 …-2, -7, 0
3.3.11. +3 | x3 | -2 …13, 39, 37
3.3.12. x-1 | +3 … 1, 4, -4
3.3.13. /2 | +2 … 4, 6, 3
3.3.14. /2 | +3 | -2 | +4 | *2 | … 10, 8, 12
3.3.15. x-3 |-9 … 81, 72, -216
3.3.16. +7 | -6 | -12 … -15, -8, -14
3.3.17. x-4 | /2 … -16, -8, 32
3.3.18. x2 | -3 | -2 | +4 | +4 | -11 …1, -1, 3
3.3.19. -8 | +10 | +5 | +4 …18, 23, 27
3.3.20. x-2 … 16, -32, 64
3.3.21. x6 | /3 | -1… 30, 10, 9
3.3.22. x4 | /2 | x-3 … 288, 144, -432

3.3.23. +3 | -4 | -9 ... -17, -14, -18
3.3.24. x2 | +4 ... 4, 8, 12
3.3.25. -3 | /2 | -3 ... -8, -4, -7
3.3.26. +5 | /2 | +7 ...16, 8, 15
3.3.27. -3 | /-2 | +5 | +8 ... 8, -4, 1
3.3.28. +3 | +6 | -5 | +1 ... 8, 9, 12
3.3.29. /3 | *6 ... 24, 8, 48
3.3.30. /-2 | x4 | -2 ... 3, 12, 10
3.3.31. /2 | +2 | -2 ... 6, 4 , 2
3.3.32. +1 | /2 | +3 | x-1 ... -3
3.3.33. -2 | /2 | x4 | /2 ... 2, 1, 4
3.3.34. x2 | -2 | -2 | -1 | -3 ... -2, -4, -5
3.3.35. +2 | x-1 ... 3, -3, -1
3.3.36. /2 | x3 | x-2 ... 45, 135, -270
3.3.37. -3 | /2 ... -3
3.3.38. +4 | +3 | -4 | -4 ... 7, 10, 6
3.3.39. /2 | /2 | -8 ... 2, -6, -3
3.3.40. +3 | -7 | +2 ... 5, 7, 10
3.3.41. x6 | -44 | -12 ... 4, 24, -20
3.3.42. /3 | x6 | -3 | -3 ... 24, 21, 18
3.3.43. +8 | -6 ... 10, 18, 12
3.3.44. x-1 | -2 | +2 | -2 | +2 ... 1, -1, 1
3.3.45. /2 | x-2 | -2 | -2 ... 6, 4, 2
3.3.46. +5 | +2 | -5 ... 12, 14, 9
3.3.47. /2 | x4 ... -48, -24, -96
3.3.48. /-2 | x2 | /-2 | -4 ... 2, 4, -2
3.3.49. -6 | x-3 | +8 | ... -15, -7 , -13
3.3.50. -1 | +1 | +1 ... 4, 5, 4

3.4.1. x3-2 | x-1 ... 67, -67
3.4.2. -3 | /4-2 | -9 ... -18
3.4.3. x2-7 ... -57, -121, -249
3.4.4. x4 | -2 | /2 | +2 ... 60, 58, 29
3.4.5. x-2-1 | +2 | +4 ... -15, -13, -9
3.4.6. x4-3 | -4 ... 45, 177
3.4.7. /2 | x4+4 | -2 ... -9, -32, -34
3.4.8. -2 ... 2, 0, -2
3.4.9. x-3 | +5x2 | +20 ... -198, -386, -366
3.4.10. /3+1 | x3 | +3 ... 24, 27, 10
3.4.11. -8 | +2 | /2+1 | +4 ...-8, -6 , -2

3.4.12. x3+2 | +5 | -3 … -19, -14, -17
3.4.13. -3 | +5 | -4 … 4, 0, -3
3.4.14. x2+5 … 27, 59, 123
3.4.15. +1x2 | x-1 … 10, 22, -22
3.4.16. /3 | +3 | x3 … 9, 12, 36
3.4.17. x-1+3 | +2 | x2-1| +1 … 13, 15, 29
3.4.18. /2 | +8 … 13
3.4.19. x2-2 | -6 … -16, -34, -40
3.4.20. -3 | -5 | +2 | -1 … -3, -8, -6
3.4.21. x-1-10 | +3 … 7, 10, -20
3.4.22. x2-3 … -13, -29, -61
3.4.23. /2+1 | /2 | x4+2 … 22, 12, 6
3.4.24. x-2 | /4 | x2 … 8, 2
3.4.25. +4 | +8 | x3-2 | +2 … 4, 12, 34
3.4.26. x2-4 | -12 … -36, -48, -100, -112
3.4.27. +5 | -4 … 8, 13
3.4.28. -1x2 | +4 | x-1 … -14, -10, 10
3.4.29. x-6 | /2-1 | -6 … 78, 38, 32
3.4.30. -7x3 | x2-7 … 138, 269
3.4.31. x3+1 … 121, 364
3.4.32. -3x2 | +5 | -3 … -6, -1, -4
3.4.33. /2 | x-2 | /2 … 2, -4, -2
3.4.34. +5 | +3 | x-1+1 | +1 … 7, 10, -9
3.4.35. x3, +3 … 9, 12, 36
3.4.36. +2 | -4 | +1 … -1, 0, 2
3.4.37. x3+2 … -82
3.4.38. x2-3 | -1x2 … 88, 173
3.4.39. +1x3 | x2+7 | +1 … -27, -47, -46
3.4.40. x2 | +6 … 4, 10, 20
3.4.41. x2-8 | -4 | +3 … 18, 14, 17
3.4.42. -2x3 | -3 … -60, -63
3.4.43. x5 | x2+7 | -2 | +5 … 50, 107, 105
3.4.44. -4 … -9, -13
3.4.45. x2+1 | +5x2 | +5 … 32, 37, 75
3.4.46. +3 | x3 | +1x2 | -1 … 28, 84, 170
3.4.47. x6 | /2 | /-3 … 6, 3, -1
3.4.48. +1x3 | x2+8 | +9… 54, 116, 125
3.4.49. -2 | -3 | -5 | -1 … -13, -16, -21
3.4.50. +1x3 | -2 … 42, 40, 123

Aufgrund der sehr komplexen Zahlenfolgen erhalten Sie bei jeder Lösung zunächst einen Hinweis. Dieser beinhaltet die Anzahl der Schritte des Algorithmusses und steht in Klammern.

3.5.1.(1) Zahlenreihe der ungeraden Zahlen. Ungerade Zahlen werden addiert und Primzahlen subtrahiert. ... -39, -24, -41
3.5.2. (1) Die Zahl 5 addieren. Ist eine Zahl Vielfaches ein von 3 wird sie durch 3 geteilt. ... 18, 6, 11
3.5.3. (3) x2 | -1 | fortlaufende Zahl von 1 beginnend subtrahieren ... 12, 11, 7
3.5.4. (3) /2 | x4 | +4 und -4 im Wechsel ... -72, -68, -34
3.5.5. (1) Die fortlaufenden ganzen Zahlen ab 1 werden zweimal addiert und einmal subtrahiert ... -10, -2, -11
3.5.6. (3) x2 | -3 | + fortlaufende Zahl ab 1 ... 28, 25, 29
3.5.7. (1) ungerade Zahlen rücklaufend von 5 subtrahieren ... 36, 47, 60
3.5.8. (1) multiplizieren mit fortlaufender Primzahl ab 2 ... -420
3.5.9. (1) Zahlen ab 2 fortlaufend. Gerade Zahlen addieren und ungerade Zahlen subtrahieren ... 15, 6, 16
3.5.10. (3) x4 | /-2 | Zahlen ab 3 fortlaufend subtrahieren ... 34, 29
3.5.11. (2) addiere Zahlen ab 5 fortlaufend | subtrahiere Zahlen ab 10 rücklaufend ... -5, 0, -6, -2
3.5.12. (2) ungerade Zahlen ab 1 fortlaufend multiplizieren | gerade Zahlen ab 2 fortlaufend addieren ... 95, 101, 707
3.5.13. (3) Die erste und zweite Position fortlaufend ab 1 addieren | x-1 ... -23, 23, 30
3.5.14. (2) +9 | -4 ... 13, 22
3.5.15. (3) +1 | ungerade Zahlen fortlaufend ab -3 subtrahieren | x2 ... 8, 9, 6
3.5.16. (3) Die erste, zweite und dritte Position fortlaufend gerade Zahlen ab 2. Die erste Position wird multipliziert, die zweite addiert und die dritte subtrahiert ... -334, -354
3.5.17. (1) Zahlen ab 1 fortlaufend subtrahieren. Wenn eine Zahl ein Vielfaches von 3 ist wird mit 3 multipliziert ... 30, 90, 80
3.5.18. (1) Addieren Sie 2 aufeinanderfolgende Zahlen fortlaufend. ... 34
3.5.19. (2) gerade Zahlen fortlaufend ab 2 subtrahieren | Vielfache von 3 fortlaufend ab 3 addieren ... 26, 18, 30, 20
3.5.20. (2) x-1 | x-2 ... 20, -40
3.5.21. (2) +2 | Primzahlen ab 17 rücklaufend addieren ... 7, 9, 16
3.5.22. (3) +3 | +5 | gerade Zahlen rücklaufend von 4 subtrahieren ... 21, 26, 28
3.5.23. (2) gerade Zahlen von 10 rücklaufend addieren | von 3 rücklaufend multiplizieren ... 14, 0, 2
3.5.24. (3) +7 | +4 | +4 ... 22, 26, 33

3.5.25. (4) Zahlen rücklaufend ab -2 addieren | x2 | -1 | x0 ... -8, -9, 0, -5
3.5.26. (2) fortlaufend das Doppelte ab 1 addieren | fortlaufend ab 1 subtrahieren ... 19, 51, 45
3.5.27. (3) x4 | /2 | addiere Primzahlen fortlaufend ab 2 ... -20, -10, -3
3.5.28. (1) addiere gerade Zahlen fortlaufend ab -2 ... 14, 24, 36, 50, 66
3.5.29. (1) Zahlen fortlaufend ab 1 abwechselnd addieren und multiplizieren ... 49
3.5.30. (4) gerade Zahlen ab 2 fortlaufend multiplizieren | Vielfache von 3 fortlaufend ab 3 subtrahieren | +1 | -1 ... 75, 76, 75
3.5.31. (3) +3 | -8 | fortlaufend ab 4 addieren ... -5, -2, -10
3.5.32. (1) Zahlen ab 1 fortlaufend addieren und Vielfache von 3 weg lassen ... 7, 17, 28
3.5.33. (3) x-1 | +2 | -3 ... -4, -2, -5
3.5.34. (1) rücklaufend ab 3 multiplizieren ... 0, 0, 0, 0
3.5.35. (2) Bei erster und zweiter Position Zahlen fortlaufend ab 10 addieren | -6 ... 23, 17, 21
3.5.36. (4) x6 | /3 | ab 1 fortlaufend addieren | +2 ... 60, 20, 23, 25
3.5.37. (4) +3 | +2 | -3 | -3 ... -3, -1, -4
3.5.38. (2) +4 | ab 2 fortlaufend subtrahieren ... -8, -4, -10
3.5.39. (3) ab 7 rücklaufend subtrahieren | ab 2 fortlaufend addieren | x2 ... -10,  -5, -10
3.5.40. (3) x6 | /2 | Vielfache von 5 ab 5 subtrahieren ... 45, 270, 135
3.5.41. (1) ab 3 fortlaufend addieren und Vielfache von 4 subtrahieren ... 8, 19, 7
3.5.42. (4) +1 | ab 2 fortlaufend subtrahieren | x4 | /2 ... 1 | 4 | 2 | 3
3.5.43. (1) 2 aufeinander folgende Zahlen fortlaufend multiplizieren ... 256
3.5.44. (2) +3 | ab 1 fortlaufend addieren ... 6, 10, 13
3.5.45. (4) ab 7 rücklaufend subtrahieren | +1 | ab 2 fortlaufend addieren | +1 ... -7, -6, -2, -1
3.5.46. (4) fortlaufend ab 3 addieren | +5 | -2 | x0 ... 8, 0, 6
3.5.47. (3) fortlaufend ab 5 addieren | -9 | fortlaufend ab 2 addieren... -1,7,-2, 3
3.5.48. (1) gerade Zahlen ab 2 fortlaufend zweimal addieren und einmal subtrahieren... 23, 39
3.5.49. (2) +3 | +6 ... 12, 15, 21
3.5.50. (3) fortlaufend ab -2 multiplizieren | +2 | -3 ... -1, -1, 1, -2

## 4.2.1.

| 8 | 6 | 3 | 7 | 2 | 5 | 1 | 9 | 4 |
|---|---|---|---|---|---|---|---|---|
| 9 | 4 | 7 | 1 | 8 | 6 | 3 | 2 | 5 |
| 1 | 5 | 2 | 9 | 4 | 3 | 6 | 7 | 8 |
| 6 | 2 | 5 | 8 | 3 | 7 | 9 | 4 | 1 |
| 4 | 3 | 8 | 2 | 9 | 1 | 7 | 5 | 6 |
| 7 | 9 | 1 | 5 | 6 | 4 | 8 | 3 | 2 |
| 2 | 7 | 4 | 3 | 1 | 8 | 5 | 6 | 9 |
| 5 | 1 | 9 | 6 | 7 | 2 | 4 | 8 | 3 |
| 3 | 8 | 6 | 4 | 5 | 9 | 2 | 1 | 7 |

## 4.2.2.

| 3 | 5 | 7 | 8 | 4 | 9 | 6 | 2 | 1 |
|---|---|---|---|---|---|---|---|---|
| 9 | 2 | 4 | 1 | 5 | 6 | 7 | 8 | 3 |
| 6 | 8 | 1 | 3 | 7 | 2 | 5 | 4 | 9 |
| 8 | 1 | 9 | 5 | 3 | 7 | 4 | 6 | 2 |
| 4 | 7 | 6 | 2 | 9 | 8 | 3 | 1 | 5 |
| 2 | 3 | 5 | 6 | 1 | 4 | 8 | 9 | 7 |
| 5 | 9 | 2 | 4 | 6 | 3 | 1 | 7 | 8 |
| 1 | 6 | 8 | 7 | 2 | 5 | 9 | 3 | 4 |
| 7 | 4 | 3 | 9 | 8 | 1 | 2 | 5 | 6 |

## 4.2.3.

| 6 | 5 | 1 | 9 | 3 | 4 | 8 | 2 | 7 |
|---|---|---|---|---|---|---|---|---|
| 7 | 9 | 8 | 5 | 2 | 6 | 1 | 3 | 4 |
| 3 | 2 | 4 | 8 | 1 | 7 | 9 | 6 | 5 |
| 1 | 7 | 3 | 2 | 9 | 8 | 5 | 4 | 6 |
| 2 | 6 | 9 | 1 | 4 | 5 | 7 | 8 | 3 |
| 8 | 4 | 5 | 6 | 7 | 3 | 2 | 9 | 1 |
| 9 | 3 | 7 | 4 | 5 | 2 | 6 | 1 | 8 |
| 4 | 8 | 2 | 7 | 6 | 1 | 3 | 5 | 9 |
| 5 | 1 | 6 | 3 | 8 | 9 | 4 | 7 | 2 |

## 4.2.4.

| 3 | 1 | 5 | 8 | 4 | 2 | 7 | 9 | 6 |
|---|---|---|---|---|---|---|---|---|
| 7 | 8 | 6 | 5 | 3 | 9 | 2 | 4 | 1 |
| 9 | 4 | 2 | 6 | 1 | 7 | 5 | 3 | 8 |
| 6 | 3 | 1 | 9 | 5 | 4 | 8 | 7 | 2 |
| 5 | 9 | 7 | 2 | 8 | 1 | 4 | 6 | 3 |
| 4 | 2 | 8 | 3 | 7 | 6 | 1 | 5 | 9 |
| 8 | 7 | 9 | 4 | 2 | 3 | 6 | 1 | 5 |
| 2 | 6 | 4 | 1 | 9 | 5 | 3 | 8 | 7 |
| 1 | 5 | 3 | 7 | 6 | 8 | 9 | 2 | 4 |

## 4.2.5.

| 3 | 7 | 4 | 5 | 9 | 2 | 1 | 6 | 8 |
|---|---|---|---|---|---|---|---|---|
| 1 | 8 | 5 | 4 | 7 | 6 | 3 | 2 | 9 |
| 6 | 2 | 9 | 3 | 1 | 8 | 7 | 4 | 5 |
| 4 | 6 | 1 | 8 | 3 | 5 | 2 | 9 | 7 |
| 8 | 5 | 7 | 9 | 2 | 4 | 6 | 1 | 3 |
| 9 | 3 | 2 | 1 | 6 | 7 | 5 | 8 | 4 |
| 2 | 4 | 8 | 6 | 5 | 3 | 9 | 7 | 1 |
| 7 | 9 | 3 | 2 | 8 | 1 | 4 | 5 | 6 |
| 5 | 1 | 6 | 7 | 4 | 9 | 8 | 3 | 2 |

## 4.2.6.

| 2 | 4 | 8 | 1 | 5 | 9 | 3 | 7 | 6 |
|---|---|---|---|---|---|---|---|---|
| 7 | 3 | 5 | 2 | 6 | 8 | 1 | 9 | 4 |
| 9 | 1 | 6 | 7 | 4 | 3 | 8 | 5 | 2 |
| 4 | 8 | 7 | 5 | 9 | 1 | 2 | 6 | 3 |
| 3 | 6 | 2 | 8 | 7 | 4 | 5 | 1 | 9 |
| 1 | 5 | 9 | 3 | 2 | 6 | 7 | 4 | 8 |
| 8 | 9 | 3 | 6 | 1 | 5 | 4 | 2 | 7 |
| 6 | 7 | 1 | 4 | 8 | 2 | 9 | 3 | 5 |
| 5 | 2 | 4 | 9 | 3 | 7 | 6 | 8 | 1 |

## 4.2.7.

| 4 | 8 | 3 | 5 | 1 | 7 | 2 | 6 | 9 |
|---|---|---|---|---|---|---|---|---|
| 9 | 5 | 7 | 6 | 2 | 3 | 1 | 8 | 4 |
| 6 | 1 | 2 | 8 | 9 | 4 | 7 | 5 | 3 |
| 7 | 4 | 1 | 3 | 5 | 6 | 9 | 2 | 8 |
| 2 | 3 | 8 | 9 | 7 | 1 | 6 | 4 | 5 |
| 5 | 6 | 9 | 2 | 4 | 8 | 3 | 1 | 7 |
| 8 | 2 | 5 | 7 | 6 | 9 | 4 | 3 | 1 |
| 3 | 9 | 4 | 1 | 8 | 2 | 5 | 7 | 6 |
| 1 | 7 | 6 | 4 | 3 | 5 | 8 | 9 | 2 |

## 4.2.8.

| 1 | 7 | 9 | 2 | 5 | 6 | 4 | 8 | 3 |
|---|---|---|---|---|---|---|---|---|
| 8 | 5 | 4 | 7 | 1 | 3 | 2 | 6 | 9 |
| 3 | 6 | 2 | 4 | 9 | 8 | 7 | 1 | 5 |
| 6 | 4 | 5 | 9 | 3 | 1 | 8 | 7 | 2 |
| 7 | 2 | 3 | 5 | 8 | 4 | 1 | 9 | 6 |
| 9 | 8 | 1 | 6 | 7 | 2 | 3 | 5 | 4 |
| 2 | 9 | 6 | 8 | 4 | 7 | 5 | 3 | 1 |
| 5 | 3 | 8 | 1 | 2 | 9 | 6 | 4 | 7 |
| 4 | 1 | 7 | 3 | 6 | 5 | 9 | 2 | 8 |

## 4.2.9.

| 1 | 2 | 9 | 5 | 4 | 8 | 3 | 7 | 6 |
|---|---|---|---|---|---|---|---|---|
| 4 | 5 | 6 | 7 | 1 | 3 | 8 | 9 | 2 |
| 3 | 7 | 8 | 2 | 9 | 6 | 1 | 4 | 5 |
| 2 | 8 | 4 | 1 | 3 | 5 | 9 | 6 | 7 |
| 9 | 1 | 3 | 6 | 7 | 4 | 2 | 5 | 8 |
| 5 | 6 | 7 | 9 | 8 | 2 | 4 | 3 | 1 |
| 8 | 9 | 5 | 4 | 2 | 7 | 6 | 1 | 3 |
| 7 | 4 | 2 | 3 | 6 | 1 | 5 | 8 | 9 |
| 6 | 3 | 1 | 8 | 5 | 9 | 7 | 2 | 4 |

## 4.2.10.

| 1 | 7 | 2 | 6 | 4 | 3 | 9 | 8 | 5 |
|---|---|---|---|---|---|---|---|---|
| 8 | 5 | 3 | 7 | 9 | 1 | 2 | 6 | 4 |
| 4 | 6 | 9 | 2 | 5 | 8 | 7 | 3 | 1 |
| 2 | 8 | 4 | 1 | 6 | 5 | 3 | 7 | 9 |
| 5 | 9 | 7 | 3 | 8 | 4 | 6 | 1 | 2 |
| 6 | 3 | 1 | 9 | 7 | 2 | 5 | 4 | 8 |
| 7 | 4 | 6 | 8 | 2 | 9 | 1 | 5 | 3 |
| 3 | 2 | 5 | 4 | 1 | 7 | 8 | 9 | 6 |
| 9 | 1 | 8 | 5 | 3 | 6 | 4 | 2 | 7 |

## 4.2.11.

| 4 | 8 | 2 | 6 | 5 | 9 | 3 | 7 | 1 |
|---|---|---|---|---|---|---|---|---|
| 7 | 3 | 1 | 8 | 2 | 4 | 6 | 5 | 9 |
| 9 | 6 | 5 | 1 | 7 | 3 | 8 | 4 | 2 |
| 8 | 7 | 4 | 5 | 9 | 6 | 1 | 2 | 3 |
| 2 | 5 | 3 | 4 | 1 | 8 | 7 | 9 | 6 |
| 6 | 1 | 9 | 2 | 3 | 7 | 4 | 8 | 5 |
| 1 | 9 | 7 | 3 | 4 | 2 | 5 | 6 | 8 |
| 3 | 2 | 8 | 7 | 6 | 5 | 9 | 1 | 4 |
| 5 | 4 | 6 | 9 | 8 | 1 | 2 | 3 | 7 |

## 4.2.12.

| 7 | 5 | 1 | 6 | 8 | 4 | 9 | 2 | 3 |
|---|---|---|---|---|---|---|---|---|
| 2 | 3 | 4 | 5 | 9 | 7 | 1 | 8 | 6 |
| 6 | 8 | 9 | 2 | 3 | 1 | 5 | 4 | 7 |
| 9 | 7 | 8 | 3 | 5 | 2 | 4 | 6 | 1 |
| 5 | 4 | 3 | 1 | 6 | 8 | 2 | 7 | 9 |
| 1 | 2 | 6 | 4 | 7 | 9 | 8 | 3 | 5 |
| 4 | 9 | 2 | 7 | 1 | 6 | 3 | 5 | 8 |
| 3 | 1 | 7 | 8 | 2 | 5 | 6 | 9 | 4 |
| 8 | 6 | 5 | 9 | 4 | 3 | 7 | 1 | 2 |

## 4.2.13.

| 9 | 8 | 4 | 2 | 3 | 5 | 7 | 1 | 6 |
|---|---|---|---|---|---|---|---|---|
| 1 | 6 | 2 | 7 | 9 | 8 | 4 | 5 | 3 |
| 5 | 7 | 3 | 4 | 1 | 6 | 2 | 8 | 9 |
| 3 | 4 | 5 | 1 | 2 | 7 | 6 | 9 | 8 |
| 6 | 1 | 8 | 5 | 4 | 9 | 3 | 2 | 7 |
| 7 | 2 | 9 | 8 | 6 | 3 | 1 | 4 | 5 |
| 4 | 9 | 7 | 6 | 8 | 2 | 5 | 3 | 1 |
| 8 | 5 | 1 | 3 | 7 | 4 | 9 | 6 | 2 |
| 2 | 3 | 6 | 9 | 5 | 1 | 8 | 7 | 4 |

## 4.2.14.

| 1 | 8 | 3 | 6 | 2 | 7 | 9 | 4 | 5 |
|---|---|---|---|---|---|---|---|---|
| 9 | 4 | 7 | 8 | 3 | 5 | 1 | 2 | 6 |
| 5 | 2 | 6 | 1 | 9 | 4 | 8 | 3 | 7 |
| 8 | 7 | 4 | 5 | 1 | 2 | 3 | 6 | 9 |
| 2 | 3 | 1 | 7 | 6 | 9 | 4 | 5 | 8 |
| 6 | 9 | 5 | 3 | 4 | 8 | 2 | 7 | 1 |
| 7 | 5 | 9 | 4 | 8 | 3 | 6 | 1 | 2 |
| 4 | 1 | 2 | 9 | 5 | 6 | 7 | 8 | 3 |
| 3 | 6 | 8 | 2 | 7 | 1 | 5 | 9 | 4 |

## 4.2.15.

| 2 | 1 | 9 | 5 | 7 | 6 | 8 | 3 | 4 |
|---|---|---|---|---|---|---|---|---|
| 7 | 6 | 8 | 4 | 3 | 9 | 1 | 5 | 2 |
| 4 | 5 | 3 | 2 | 8 | 1 | 7 | 6 | 9 |
| 6 | 9 | 1 | 3 | 2 | 5 | 4 | 7 | 8 |
| 3 | 4 | 2 | 8 | 9 | 7 | 5 | 1 | 6 |
| 8 | 7 | 5 | 6 | 1 | 4 | 2 | 9 | 3 |
| 1 | 3 | 4 | 7 | 6 | 8 | 9 | 2 | 5 |
| 9 | 8 | 6 | 1 | 5 | 2 | 3 | 4 | 7 |
| 5 | 2 | 7 | 9 | 4 | 3 | 6 | 8 | 1 |

## 4.2.16.

| 4 | 3 | 9 | 7 | 1 | 2 | 6 | 8 | 5 |
|---|---|---|---|---|---|---|---|---|
| 6 | 1 | 8 | 9 | 3 | 5 | 4 | 7 | 2 |
| 5 | 2 | 7 | 4 | 8 | 6 | 9 | 1 | 3 |
| 7 | 4 | 3 | 8 | 9 | 1 | 5 | 2 | 6 |
| 9 | 8 | 6 | 5 | 2 | 7 | 1 | 3 | 4 |
| 2 | 5 | 1 | 3 | 6 | 4 | 8 | 9 | 7 |
| 1 | 7 | 2 | 6 | 4 | 9 | 3 | 5 | 8 |
| 8 | 6 | 5 | 1 | 7 | 3 | 2 | 4 | 9 |
| 3 | 9 | 4 | 2 | 5 | 8 | 7 | 6 | 1 |

## 4.2.17.

| 1 | 6 | 7 | 8 | 2 | 3 | 4 | 5 | 9 |
|---|---|---|---|---|---|---|---|---|
| 5 | 2 | 4 | 9 | 6 | 7 | 1 | 3 | 8 |
| 8 | 9 | 3 | 5 | 4 | 1 | 2 | 7 | 6 |
| 4 | 5 | 1 | 6 | 7 | 2 | 9 | 8 | 3 |
| 3 | 7 | 6 | 1 | 9 | 8 | 5 | 2 | 4 |
| 2 | 8 | 9 | 3 | 5 | 4 | 7 | 6 | 1 |
| 7 | 1 | 2 | 4 | 3 | 6 | 8 | 9 | 5 |
| 6 | 4 | 5 | 7 | 8 | 9 | 3 | 1 | 2 |
| 9 | 3 | 8 | 2 | 1 | 5 | 6 | 4 | 7 |

## 4.2.18.

| 5 | 8 | 9 | 2 | 3 | 7 | 4 | 1 | 6 |
|---|---|---|---|---|---|---|---|---|
| 1 | 4 | 7 | 8 | 6 | 9 | 3 | 2 | 5 |
| 3 | 2 | 6 | 4 | 5 | 1 | 7 | 8 | 9 |
| 9 | 1 | 2 | 5 | 4 | 3 | 6 | 7 | 8 |
| 8 | 5 | 4 | 7 | 1 | 6 | 9 | 3 | 2 |
| 7 | 6 | 3 | 9 | 8 | 2 | 5 | 4 | 1 |
| 6 | 3 | 8 | 1 | 7 | 5 | 2 | 9 | 4 |
| 2 | 7 | 1 | 6 | 9 | 4 | 8 | 5 | 3 |
| 4 | 9 | 5 | 3 | 2 | 8 | 1 | 6 | 7 |

## 4.2.19.

| 4 | 5 | 6 | 1 | 3 | 2 | 7 | 9 | 8 |
|---|---|---|---|---|---|---|---|---|
| 7 | 1 | 3 | 8 | 5 | 9 | 2 | 6 | 4 |
| 9 | 8 | 2 | 7 | 6 | 4 | 5 | 3 | 1 |
| 5 | 3 | 7 | 6 | 2 | 8 | 4 | 1 | 9 |
| 6 | 9 | 8 | 4 | 7 | 1 | 3 | 5 | 2 |
| 1 | 2 | 4 | 3 | 9 | 5 | 6 | 8 | 7 |
| 8 | 7 | 5 | 9 | 4 | 3 | 1 | 2 | 6 |
| 3 | 6 | 9 | 2 | 1 | 7 | 8 | 4 | 5 |
| 2 | 4 | 1 | 5 | 8 | 6 | 9 | 7 | 3 |

## 4.2.20.

| 5 | 3 | 8 | 2 | 4 | 7 | 6 | 9 | 1 |
|---|---|---|---|---|---|---|---|---|
| 7 | 9 | 2 | 6 | 1 | 5 | 3 | 8 | 4 |
| 6 | 4 | 1 | 9 | 8 | 3 | 5 | 7 | 2 |
| 1 | 8 | 7 | 5 | 9 | 2 | 4 | 3 | 6 |
| 3 | 5 | 9 | 7 | 6 | 4 | 1 | 2 | 8 |
| 2 | 6 | 4 | 1 | 3 | 8 | 9 | 5 | 7 |
| 8 | 7 | 6 | 4 | 5 | 9 | 2 | 1 | 3 |
| 9 | 1 | 3 | 8 | 2 | 6 | 7 | 4 | 5 |
| 4 | 2 | 5 | 3 | 7 | 1 | 8 | 6 | 9 |

## 4.2.21.

| 8 | 3 | 6 | 2 | 7 | 1 | 4 | 5 | 9 |
|---|---|---|---|---|---|---|---|---|
| 4 | 2 | 7 | 9 | 6 | 5 | 3 | 8 | 1 |
| 9 | 1 | 5 | 8 | 4 | 3 | 6 | 7 | 2 |
| 3 | 9 | 4 | 6 | 5 | 2 | 7 | 1 | 8 |
| 7 | 8 | 2 | 3 | 1 | 9 | 5 | 6 | 4 |
| 6 | 5 | 1 | 7 | 8 | 4 | 2 | 9 | 3 |
| 2 | 6 | 8 | 1 | 3 | 7 | 9 | 4 | 5 |
| 1 | 4 | 3 | 5 | 9 | 6 | 8 | 2 | 7 |
| 5 | 7 | 9 | 4 | 2 | 8 | 1 | 3 | 6 |

## 4.2.22.

| 2 | 1 | 9 | 7 | 8 | 5 | 4 | 3 | 6 |
|---|---|---|---|---|---|---|---|---|
| 6 | 4 | 7 | 3 | 2 | 9 | 8 | 5 | 1 |
| 8 | 5 | 3 | 1 | 6 | 4 | 9 | 7 | 2 |
| 9 | 6 | 5 | 2 | 4 | 3 | 1 | 8 | 7 |
| 7 | 3 | 4 | 6 | 1 | 8 | 5 | 2 | 9 |
| 1 | 2 | 8 | 5 | 9 | 7 | 6 | 4 | 3 |
| 3 | 8 | 2 | 9 | 5 | 6 | 7 | 1 | 4 |
| 4 | 7 | 6 | 8 | 3 | 1 | 2 | 9 | 5 |
| 5 | 9 | 1 | 4 | 7 | 2 | 3 | 6 | 8 |

## 4.2.23.

| 2 | 3 | 1 | 6 | 8 | 4 | 7 | 9 | 5 |
|---|---|---|---|---|---|---|---|---|
| 6 | 7 | 5 | 9 | 3 | 2 | 1 | 4 | 8 |
| 9 | 8 | 4 | 5 | 1 | 7 | 2 | 6 | 3 |
| 7 | 1 | 3 | 8 | 5 | 6 | 4 | 2 | 9 |
| 4 | 6 | 8 | 3 | 2 | 9 | 5 | 7 | 1 |
| 5 | 2 | 9 | 7 | 4 | 1 | 3 | 8 | 6 |
| 8 | 4 | 2 | 1 | 6 | 3 | 9 | 5 | 7 |
| 1 | 5 | 7 | 2 | 9 | 8 | 6 | 3 | 4 |
| 3 | 9 | 6 | 4 | 7 | 5 | 8 | 1 | 2 |

## 4.2.24.

| 2 | 8 | 6 | 7 | 9 | 5 | 1 | 4 | 3 |
|---|---|---|---|---|---|---|---|---|
| 1 | 9 | 5 | 4 | 2 | 3 | 6 | 8 | 7 |
| 7 | 4 | 3 | 6 | 8 | 1 | 2 | 9 | 5 |
| 9 | 3 | 1 | 5 | 7 | 6 | 8 | 2 | 4 |
| 4 | 5 | 8 | 9 | 1 | 2 | 3 | 7 | 6 |
| 6 | 7 | 2 | 8 | 3 | 4 | 9 | 5 | 1 |
| 3 | 1 | 4 | 2 | 5 | 8 | 7 | 6 | 9 |
| 8 | 6 | 7 | 1 | 4 | 9 | 5 | 3 | 2 |
| 5 | 2 | 9 | 3 | 6 | 7 | 4 | 1 | 8 |

### 4.2.25.

| 1 | 6 | 4 | 9 | 3 | 8 | 5 | 2 | 7 |
|---|---|---|---|---|---|---|---|---|
| 2 | 3 | 9 | 7 | 5 | 1 | 4 | 8 | 6 |
| 8 | 7 | 5 | 4 | 6 | 2 | 1 | 3 | 9 |
| 5 | 2 | 3 | 6 | 1 | 4 | 7 | 9 | 8 |
| 4 | 1 | 8 | 2 | 7 | 9 | 3 | 6 | 5 |
| 6 | 9 | 7 | 5 | 8 | 3 | 2 | 4 | 1 |
| 3 | 4 | 1 | 8 | 9 | 7 | 6 | 5 | 2 |
| 7 | 8 | 6 | 3 | 2 | 5 | 9 | 1 | 4 |
| 9 | 5 | 2 | 1 | 4 | 6 | 8 | 7 | 3 |

### 4.2.26.

| 4 | 6 | 5 | 9 | 3 | 2 | 8 | 7 | 1 |
|---|---|---|---|---|---|---|---|---|
| 2 | 3 | 8 | 7 | 1 | 6 | 9 | 4 | 5 |
| 1 | 7 | 9 | 5 | 4 | 8 | 3 | 6 | 2 |
| 3 | 5 | 1 | 4 | 6 | 9 | 2 | 8 | 7 |
| 7 | 9 | 2 | 8 | 5 | 1 | 4 | 3 | 6 |
| 8 | 4 | 6 | 3 | 2 | 7 | 5 | 1 | 9 |
| 9 | 8 | 3 | 6 | 7 | 5 | 1 | 2 | 4 |
| 6 | 2 | 4 | 1 | 9 | 3 | 7 | 5 | 8 |
| 5 | 1 | 7 | 2 | 8 | 4 | 6 | 9 | 3 |

### 4.2.27.

| 3 | 4 | 2 | 5 | 6 | 7 | 9 | 8 | 1 |
|---|---|---|---|---|---|---|---|---|
| 7 | 8 | 6 | 9 | 4 | 1 | 3 | 5 | 2 |
| 9 | 5 | 1 | 8 | 3 | 2 | 6 | 4 | 7 |
| 5 | 7 | 4 | 6 | 1 | 9 | 2 | 3 | 8 |
| 6 | 1 | 3 | 4 | 2 | 8 | 7 | 9 | 5 |
| 2 | 9 | 8 | 7 | 5 | 3 | 1 | 6 | 4 |
| 1 | 3 | 9 | 2 | 8 | 5 | 4 | 7 | 6 |
| 4 | 2 | 5 | 3 | 7 | 6 | 8 | 1 | 9 |
| 8 | 6 | 7 | 1 | 9 | 4 | 5 | 2 | 3 |

### 4.2.28.

| 9 | 2 | 1 | 4 | 7 | 5 | 6 | 3 | 8 |
|---|---|---|---|---|---|---|---|---|
| 4 | 3 | 8 | 6 | 2 | 9 | 1 | 7 | 5 |
| 7 | 6 | 5 | 1 | 3 | 8 | 9 | 2 | 4 |
| 1 | 4 | 9 | 2 | 5 | 6 | 3 | 8 | 7 |
| 3 | 5 | 6 | 9 | 8 | 7 | 2 | 4 | 1 |
| 8 | 7 | 2 | 3 | 4 | 1 | 5 | 6 | 9 |
| 5 | 9 | 3 | 8 | 6 | 4 | 7 | 1 | 2 |
| 6 | 8 | 7 | 5 | 1 | 2 | 4 | 9 | 3 |
| 2 | 1 | 4 | 7 | 9 | 3 | 8 | 5 | 6 |

### 4.2.29.

| 9 | 8 | 2 | 5 | 7 | 4 | 3 | 6 | 1 |
|---|---|---|---|---|---|---|---|---|
| 1 | 4 | 5 | 3 | 8 | 6 | 7 | 9 | 2 |
| 7 | 6 | 3 | 9 | 2 | 1 | 4 | 5 | 8 |
| 6 | 2 | 1 | 7 | 3 | 8 | 9 | 4 | 5 |
| 4 | 7 | 9 | 6 | 5 | 2 | 8 | 1 | 3 |
| 3 | 5 | 8 | 1 | 4 | 9 | 6 | 2 | 7 |
| 8 | 1 | 7 | 4 | 9 | 5 | 2 | 3 | 6 |
| 5 | 3 | 4 | 2 | 6 | 7 | 1 | 8 | 9 |
| 2 | 9 | 6 | 8 | 1 | 3 | 5 | 7 | 4 |

### 4.2.30.

| 8 | 9 | 6 | 1 | 3 | 7 | 5 | 4 | 2 |
|---|---|---|---|---|---|---|---|---|
| 5 | 4 | 2 | 9 | 8 | 6 | 3 | 7 | 1 |
| 3 | 7 | 1 | 5 | 2 | 4 | 6 | 8 | 9 |
| 9 | 8 | 3 | 7 | 1 | 2 | 4 | 6 | 5 |
| 7 | 2 | 4 | 6 | 5 | 3 | 9 | 1 | 8 |
| 1 | 6 | 5 | 4 | 9 | 8 | 2 | 3 | 7 |
| 2 | 3 | 7 | 8 | 4 | 9 | 1 | 5 | 6 |
| 6 | 1 | 9 | 3 | 7 | 5 | 8 | 2 | 4 |
| 4 | 5 | 8 | 2 | 6 | 1 | 7 | 9 | 3 |

### 4.2.31.

| 2 | 9 | 5 | 8 | 1 | 3 | 4 | 6 | 7 |
|---|---|---|---|---|---|---|---|---|
| 7 | 3 | 4 | 6 | 9 | 5 | 1 | 2 | 8 |
| 6 | 1 | 8 | 4 | 2 | 7 | 3 | 5 | 9 |
| 9 | 4 | 1 | 3 | 6 | 2 | 8 | 7 | 5 |
| 5 | 2 | 6 | 1 | 7 | 8 | 9 | 3 | 4 |
| 3 | 8 | 7 | 5 | 4 | 9 | 2 | 1 | 6 |
| 4 | 7 | 3 | 2 | 8 | 6 | 5 | 9 | 1 |
| 1 | 6 | 2 | 9 | 5 | 4 | 7 | 8 | 3 |
| 8 | 5 | 9 | 7 | 3 | 1 | 6 | 4 | 2 |

### 4.2.32.

| 5 | 9 | 2 | 4 | 8 | 6 | 1 | 3 | 7 |
|---|---|---|---|---|---|---|---|---|
| 8 | 6 | 3 | 2 | 1 | 7 | 5 | 9 | 4 |
| 7 | 1 | 4 | 3 | 9 | 5 | 6 | 8 | 2 |
| 4 | 2 | 5 | 9 | 7 | 8 | 3 | 6 | 1 |
| 6 | 7 | 8 | 1 | 5 | 3 | 2 | 4 | 9 |
| 1 | 3 | 9 | 6 | 4 | 2 | 8 | 7 | 5 |
| 3 | 5 | 1 | 7 | 6 | 4 | 9 | 2 | 8 |
| 9 | 4 | 6 | 8 | 2 | 1 | 7 | 5 | 3 |
| 2 | 8 | 7 | 5 | 3 | 9 | 4 | 1 | 6 |

### 4.2.33.

| 4 | 2 | 3 | 5 | 7 | 9 | 8 | 6 | 1 |
|---|---|---|---|---|---|---|---|---|
| 6 | 9 | 5 | 8 | 1 | 2 | 4 | 7 | 3 |
| 1 | 7 | 8 | 4 | 6 | 3 | 2 | 5 | 9 |
| 3 | 4 | 1 | 9 | 2 | 6 | 7 | 8 | 5 |
| 2 | 5 | 9 | 3 | 8 | 7 | 1 | 4 | 6 |
| 8 | 6 | 7 | 1 | 5 | 4 | 9 | 3 | 2 |
| 7 | 3 | 4 | 6 | 9 | 1 | 5 | 2 | 8 |
| 5 | 1 | 2 | 7 | 3 | 8 | 6 | 9 | 4 |
| 9 | 8 | 6 | 2 | 4 | 5 | 3 | 1 | 7 |

### 4.2.34.

| 5 | 4 | 2 | 6 | 7 | 1 | 8 | 3 | 9 |
|---|---|---|---|---|---|---|---|---|
| 1 | 7 | 9 | 5 | 3 | 8 | 2 | 6 | 4 |
| 8 | 3 | 6 | 4 | 2 | 9 | 7 | 1 | 5 |
| 6 | 5 | 1 | 3 | 9 | 7 | 4 | 2 | 8 |
| 7 | 2 | 8 | 1 | 5 | 4 | 6 | 9 | 3 |
| 3 | 9 | 4 | 8 | 6 | 2 | 1 | 5 | 7 |
| 9 | 1 | 5 | 7 | 4 | 6 | 3 | 8 | 2 |
| 2 | 6 | 7 | 9 | 8 | 3 | 5 | 4 | 1 |
| 4 | 8 | 3 | 2 | 1 | 5 | 9 | 7 | 6 |

### 4.2.35.

| 5 | 8 | 3 | 9 | 7 | 6 | 2 | 4 | 1 |
|---|---|---|---|---|---|---|---|---|
| 7 | 6 | 9 | 2 | 4 | 1 | 3 | 5 | 8 |
| 1 | 4 | 2 | 3 | 5 | 8 | 9 | 6 | 7 |
| 4 | 2 | 6 | 8 | 1 | 5 | 7 | 3 | 9 |
| 3 | 1 | 5 | 7 | 9 | 4 | 6 | 8 | 2 |
| 8 | 9 | 7 | 6 | 2 | 3 | 4 | 1 | 5 |
| 9 | 5 | 4 | 1 | 6 | 2 | 8 | 7 | 3 |
| 2 | 3 | 1 | 4 | 8 | 7 | 5 | 9 | 6 |
| 6 | 7 | 8 | 5 | 3 | 9 | 1 | 2 | 4 |

### 4.2.36.

| 5 | 2 | 4 | 1 | 3 | 6 | 9 | 8 | 7 |
|---|---|---|---|---|---|---|---|---|
| 6 | 3 | 9 | 5 | 7 | 8 | 1 | 2 | 4 |
| 8 | 7 | 1 | 9 | 2 | 4 | 5 | 3 | 6 |
| 1 | 4 | 7 | 3 | 6 | 2 | 8 | 5 | 9 |
| 9 | 6 | 3 | 8 | 4 | 5 | 2 | 7 | 1 |
| 2 | 8 | 5 | 7 | 1 | 9 | 6 | 4 | 3 |
| 3 | 1 | 6 | 2 | 8 | 7 | 4 | 9 | 5 |
| 7 | 9 | 2 | 4 | 5 | 1 | 3 | 6 | 8 |
| 4 | 5 | 8 | 6 | 9 | 3 | 7 | 1 | 2 |

**4.2.37.**

| 9 | 7 | 4 | 5 | 6 | 3 | 8 | 2 | 1 |
|---|---|---|---|---|---|---|---|---|
| 5 | 3 | 6 | 1 | 8 | 2 | 9 | 7 | 4 |
| 1 | 8 | 2 | 4 | 9 | 7 | 6 | 3 | 5 |
| 4 | 5 | 1 | 3 | 2 | 6 | 7 | 9 | 8 |
| 6 | 9 | 8 | 7 | 4 | 5 | 3 | 1 | 2 |
| 7 | 2 | 3 | 8 | 1 | 9 | 5 | 4 | 6 |
| 3 | 1 | 5 | 2 | 7 | 8 | 4 | 6 | 9 |
| 2 | 6 | 7 | 9 | 5 | 4 | 1 | 8 | 3 |
| 8 | 4 | 9 | 6 | 3 | 1 | 2 | 5 | 7 |

**4.2.38.**

| 7 | 5 | 6 | 8 | 3 | 2 | 4 | 1 | 9 |
|---|---|---|---|---|---|---|---|---|
| 8 | 9 | 4 | 6 | 1 | 7 | 5 | 3 | 2 |
| 2 | 3 | 1 | 4 | 9 | 5 | 7 | 8 | 6 |
| 6 | 7 | 3 | 1 | 8 | 4 | 2 | 9 | 5 |
| 4 | 1 | 5 | 3 | 2 | 9 | 8 | 6 | 7 |
| 9 | 8 | 2 | 7 | 5 | 6 | 1 | 4 | 3 |
| 3 | 2 | 7 | 9 | 4 | 1 | 6 | 5 | 8 |
| 5 | 4 | 8 | 2 | 6 | 3 | 9 | 7 | 1 |
| 1 | 6 | 9 | 5 | 7 | 8 | 3 | 2 | 4 |

**4.2.39.**

| 8 | 3 | 5 | 7 | 2 | 1 | 6 | 4 | 9 |
|---|---|---|---|---|---|---|---|---|
| 2 | 4 | 6 | 9 | 3 | 8 | 7 | 5 | 1 |
| 7 | 9 | 1 | 6 | 5 | 4 | 3 | 2 | 8 |
| 5 | 7 | 9 | 8 | 4 | 2 | 1 | 6 | 3 |
| 6 | 2 | 3 | 1 | 9 | 7 | 5 | 8 | 4 |
| 1 | 8 | 4 | 3 | 6 | 5 | 9 | 7 | 2 |
| 4 | 1 | 2 | 5 | 7 | 3 | 8 | 9 | 6 |
| 9 | 5 | 8 | 4 | 1 | 6 | 2 | 3 | 7 |
| 3 | 6 | 7 | 2 | 8 | 9 | 4 | 1 | 5 |

**4.2.40.**

| 7 | 6 | 2 | 8 | 5 | 9 | 3 | 4 | 1 |
|---|---|---|---|---|---|---|---|---|
| 8 | 3 | 9 | 1 | 7 | 4 | 6 | 5 | 2 |
| 1 | 4 | 5 | 6 | 3 | 2 | 8 | 9 | 7 |
| 2 | 8 | 3 | 5 | 6 | 1 | 4 | 7 | 9 |
| 6 | 5 | 7 | 9 | 4 | 3 | 1 | 2 | 8 |
| 9 | 1 | 4 | 7 | 2 | 8 | 5 | 3 | 6 |
| 5 | 2 | 1 | 4 | 9 | 6 | 7 | 8 | 3 |
| 4 | 9 | 8 | 3 | 1 | 7 | 2 | 6 | 5 |
| 3 | 7 | 6 | 2 | 8 | 5 | 9 | 1 | 4 |

### 4.3.1.

| 3 | 1 | 4 | 5 | 7 | 9 | 6 | 2 | 8 |
|---|---|---|---|---|---|---|---|---|
| 5 | 9 | 6 | 8 | 1 | 2 | 4 | 3 | 7 |
| 7 | 2 | 8 | 6 | 4 | 3 | 9 | 1 | 5 |
| 6 | 8 | 3 | 4 | 9 | 5 | 2 | 7 | 1 |
| 2 | 4 | 7 | 3 | 8 | 1 | 5 | 9 | 6 |
| 9 | 5 | 1 | 7 | 2 | 6 | 8 | 4 | 3 |
| 4 | 7 | 9 | 1 | 5 | 8 | 3 | 6 | 2 |
| 1 | 6 | 5 | 2 | 3 | 4 | 7 | 8 | 9 |
| 8 | 3 | 2 | 9 | 6 | 7 | 1 | 5 | 4 |

### 4.3.2.

| 2 | 4 | 5 | 1 | 8 | 9 | 6 | 3 | 7 |
|---|---|---|---|---|---|---|---|---|
| 1 | 6 | 8 | 3 | 7 | 4 | 5 | 2 | 9 |
| 3 | 9 | 7 | 6 | 5 | 2 | 1 | 8 | 4 |
| 7 | 3 | 9 | 4 | 1 | 5 | 2 | 6 | 8 |
| 6 | 8 | 2 | 9 | 3 | 7 | 4 | 1 | 5 |
| 4 | 5 | 1 | 2 | 6 | 8 | 7 | 9 | 3 |
| 9 | 2 | 3 | 5 | 4 | 1 | 8 | 7 | 6 |
| 8 | 1 | 4 | 7 | 9 | 6 | 3 | 5 | 2 |
| 5 | 7 | 6 | 8 | 2 | 3 | 9 | 4 | 1 |

### 4.3.3.

| 7 | 5 | 3 | 6 | 2 | 8 | 4 | 1 | 9 |
|---|---|---|---|---|---|---|---|---|
| 1 | 4 | 6 | 3 | 5 | 9 | 2 | 8 | 7 |
| 2 | 8 | 9 | 4 | 1 | 7 | 3 | 6 | 5 |
| 3 | 1 | 7 | 5 | 6 | 4 | 8 | 9 | 2 |
| 6 | 2 | 8 | 9 | 7 | 1 | 5 | 4 | 3 |
| 4 | 9 | 5 | 8 | 3 | 2 | 6 | 7 | 1 |
| 5 | 7 | 1 | 2 | 8 | 6 | 9 | 3 | 4 |
| 9 | 6 | 2 | 7 | 4 | 3 | 1 | 5 | 8 |
| 8 | 3 | 4 | 1 | 9 | 5 | 7 | 2 | 6 |

### 4.3.4.

| 5 | 6 | 1 | 7 | 9 | 4 | 2 | 8 | 3 |
|---|---|---|---|---|---|---|---|---|
| 4 | 8 | 3 | 2 | 1 | 6 | 5 | 9 | 7 |
| 2 | 9 | 7 | 8 | 3 | 5 | 4 | 6 | 1 |
| 9 | 5 | 8 | 3 | 7 | 1 | 6 | 4 | 2 |
| 7 | 4 | 2 | 6 | 5 | 9 | 1 | 3 | 8 |
| 1 | 3 | 6 | 4 | 8 | 2 | 9 | 7 | 5 |
| 3 | 2 | 9 | 5 | 4 | 7 | 8 | 1 | 6 |
| 8 | 1 | 5 | 9 | 6 | 3 | 7 | 2 | 4 |
| 6 | 7 | 4 | 1 | 2 | 8 | 3 | 5 | 9 |

### 4.3.5.

| 6 | 2 | 8 | 5 | 4 | 9 | 3 | 1 | 7 |
|---|---|---|---|---|---|---|---|---|
| 9 | 5 | 7 | 1 | 6 | 3 | 8 | 4 | 2 |
| 3 | 1 | 4 | 8 | 7 | 2 | 9 | 6 | 5 |
| 4 | 7 | 3 | 2 | 9 | 6 | 1 | 5 | 8 |
| 2 | 9 | 1 | 7 | 8 | 5 | 6 | 3 | 4 |
| 5 | 8 | 6 | 3 | 1 | 4 | 7 | 2 | 9 |
| 7 | 4 | 2 | 6 | 3 | 8 | 5 | 9 | 1 |
| 8 | 6 | 5 | 9 | 2 | 1 | 4 | 7 | 3 |
| 1 | 3 | 9 | 4 | 5 | 7 | 2 | 8 | 6 |

### 4.3.6.

| 5 | 1 | 8 | 3 | 6 | 7 | 4 | 2 | 9 |
|---|---|---|---|---|---|---|---|---|
| 2 | 3 | 7 | 9 | 4 | 5 | 8 | 6 | 1 |
| 4 | 9 | 6 | 1 | 8 | 2 | 3 | 7 | 5 |
| 8 | 5 | 3 | 7 | 9 | 6 | 2 | 1 | 4 |
| 7 | 2 | 9 | 5 | 1 | 4 | 6 | 3 | 8 |
| 6 | 4 | 1 | 2 | 3 | 8 | 9 | 5 | 7 |
| 1 | 6 | 2 | 8 | 7 | 9 | 5 | 4 | 3 |
| 9 | 7 | 4 | 6 | 5 | 3 | 1 | 8 | 2 |
| 3 | 8 | 5 | 4 | 2 | 1 | 7 | 9 | 6 |

### 4.3.7.

| 6 | 1 | 8 | 9 | 5 | 4 | 2 | 3 | 7 |
|---|---|---|---|---|---|---|---|---|
| 4 | 7 | 2 | 8 | 6 | 3 | 9 | 1 | 5 |
| 9 | 5 | 3 | 1 | 7 | 2 | 8 | 4 | 6 |
| 1 | 6 | 7 | 4 | 2 | 8 | 3 | 5 | 9 |
| 2 | 3 | 5 | 6 | 9 | 7 | 1 | 8 | 4 |
| 8 | 9 | 4 | 3 | 1 | 5 | 7 | 6 | 2 |
| 7 | 4 | 6 | 2 | 3 | 1 | 5 | 9 | 8 |
| 3 | 2 | 9 | 5 | 8 | 6 | 4 | 7 | 1 |
| 5 | 8 | 1 | 7 | 4 | 9 | 6 | 2 | 3 |

### 4.3.8.

| 6 | 9 | 7 | 8 | 2 | 5 | 4 | 1 | 3 |
|---|---|---|---|---|---|---|---|---|
| 3 | 4 | 5 | 9 | 7 | 1 | 6 | 2 | 8 |
| 2 | 8 | 1 | 3 | 4 | 6 | 5 | 7 | 9 |
| 7 | 6 | 8 | 2 | 1 | 4 | 9 | 3 | 5 |
| 4 | 5 | 3 | 7 | 9 | 8 | 2 | 6 | 1 |
| 1 | 2 | 9 | 5 | 6 | 3 | 7 | 8 | 4 |
| 9 | 3 | 6 | 4 | 8 | 7 | 1 | 5 | 2 |
| 5 | 7 | 4 | 1 | 3 | 2 | 8 | 9 | 6 |
| 8 | 1 | 2 | 6 | 5 | 9 | 3 | 4 | 7 |

### 4.3.9.

| 4 | 6 | 8 | 7 | 1 | 9 | 2 | 3 | 5 |
|---|---|---|---|---|---|---|---|---|
| 9 | 5 | 1 | 8 | 2 | 3 | 7 | 6 | 4 |
| 2 | 3 | 7 | 6 | 5 | 4 | 1 | 8 | 9 |
| 1 | 9 | 5 | 2 | 6 | 7 | 8 | 4 | 3 |
| 7 | 4 | 6 | 3 | 9 | 8 | 5 | 1 | 2 |
| 3 | 8 | 2 | 5 | 4 | 1 | 6 | 9 | 7 |
| 5 | 1 | 3 | 9 | 8 | 2 | 4 | 7 | 6 |
| 6 | 7 | 4 | 1 | 3 | 5 | 9 | 2 | 8 |
| 8 | 2 | 9 | 4 | 7 | 6 | 3 | 5 | 1 |

### 4.3.10.

| 6 | 4 | 1 | 7 | 5 | 2 | 9 | 8 | 3 |
|---|---|---|---|---|---|---|---|---|
| 5 | 8 | 9 | 4 | 6 | 3 | 7 | 2 | 1 |
| 3 | 7 | 2 | 1 | 8 | 9 | 6 | 5 | 4 |
| 9 | 5 | 6 | 3 | 2 | 4 | 1 | 7 | 8 |
| 8 | 1 | 4 | 5 | 7 | 6 | 2 | 3 | 9 |
| 7 | 2 | 3 | 9 | 1 | 8 | 4 | 6 | 5 |
| 2 | 3 | 8 | 6 | 9 | 1 | 5 | 4 | 7 |
| 1 | 6 | 5 | 8 | 4 | 7 | 3 | 9 | 2 |
| 4 | 9 | 7 | 2 | 3 | 5 | 8 | 1 | 6 |

### 4.3.11.

| 5 | 9 | 2 | 8 | 1 | 6 | 3 | 4 | 7 |
|---|---|---|---|---|---|---|---|---|
| 8 | 4 | 3 | 9 | 2 | 7 | 5 | 1 | 6 |
| 6 | 1 | 7 | 5 | 3 | 4 | 9 | 2 | 8 |
| 2 | 7 | 9 | 6 | 5 | 3 | 1 | 8 | 4 |
| 4 | 6 | 5 | 1 | 8 | 2 | 7 | 3 | 9 |
| 1 | 3 | 8 | 7 | 4 | 9 | 6 | 5 | 2 |
| 9 | 5 | 4 | 3 | 7 | 8 | 2 | 6 | 1 |
| 3 | 8 | 6 | 2 | 9 | 1 | 4 | 7 | 5 |
| 7 | 2 | 1 | 4 | 6 | 5 | 8 | 9 | 3 |

### 4.3.12.

| 3 | 5 | 8 | 7 | 1 | 2 | 6 | 9 | 4 |
|---|---|---|---|---|---|---|---|---|
| 1 | 4 | 9 | 6 | 3 | 5 | 7 | 8 | 2 |
| 7 | 6 | 2 | 9 | 4 | 8 | 1 | 5 | 3 |
| 8 | 3 | 5 | 1 | 6 | 9 | 4 | 2 | 7 |
| 9 | 7 | 6 | 4 | 2 | 3 | 8 | 1 | 5 |
| 2 | 1 | 4 | 5 | 8 | 7 | 3 | 6 | 9 |
| 4 | 9 | 7 | 8 | 5 | 1 | 2 | 3 | 6 |
| 6 | 2 | 1 | 6 | 9 | 4 | 5 | 7 | 8 |
| 5 | 8 | 3 | 2 | 7 | 6 | 9 | 4 | 1 |

### 4.3.13.

| 7 | 3 | 4 | 5 | 1 | 6 | 2 | 9 | 8 |
|---|---|---|---|---|---|---|---|---|
| 5 | 1 | 9 | 7 | 2 | 8 | 3 | 6 | 4 |
| 8 | 2 | 6 | 4 | 3 | 9 | 5 | 1 | 7 |
| 9 | 5 | 2 | 8 | 7 | 4 | 6 | 3 | 1 |
| 6 | 4 | 1 | 9 | 5 | 3 | 7 | 8 | 2 |
| 3 | 7 | 8 | 2 | 6 | 1 | 9 | 4 | 5 |
| 2 | 9 | 3 | 1 | 8 | 5 | 4 | 7 | 6 |
| 4 | 8 | 7 | 6 | 9 | 2 | 1 | 5 | 3 |
| 1 | 6 | 5 | 3 | 4 | 7 | 8 | 2 | 9 |

### 4.3.14.

| 6 | 2 | 5 | 3 | 8 | 7 | 1 | 4 | 9 |
|---|---|---|---|---|---|---|---|---|
| 3 | 8 | 9 | 4 | 2 | 1 | 7 | 6 | 5 |
| 7 | 1 | 4 | 5 | 6 | 9 | 2 | 3 | 8 |
| 4 | 7 | 3 | 2 | 1 | 8 | 5 | 9 | 6 |
| 9 | 6 | 1 | 7 | 4 | 5 | 8 | 2 | 3 |
| 2 | 5 | 8 | 9 | 3 | 6 | 4 | 7 | 1 |
| 5 | 3 | 7 | 8 | 9 | 4 | 6 | 1 | 2 |
| 8 | 9 | 6 | 1 | 7 | 2 | 3 | 5 | 4 |
| 1 | 4 | 2 | 6 | 5 | 3 | 9 | 8 | 7 |

### 4.3.15.

| 4 | 9 | 7 | 3 | 1 | 6 | 8 | 5 | 2 |
|---|---|---|---|---|---|---|---|---|
| 8 | 6 | 1 | 5 | 9 | 2 | 4 | 7 | 3 |
| 5 | 2 | 3 | 4 | 7 | 8 | 1 | 6 | 9 |
| 9 | 4 | 5 | 1 | 2 | 3 | 6 | 8 | 7 |
| 7 | 8 | 6 | 9 | 4 | 5 | 3 | 2 | 1 |
| 1 | 3 | 2 | 8 | 6 | 7 | 9 | 4 | 5 |
| 6 | 5 | 8 | 2 | 3 | 9 | 7 | 1 | 4 |
| 3 | 7 | 4 | 6 | 5 | 1 | 2 | 9 | 8 |
| 2 | 1 | 9 | 7 | 8 | 4 | 5 | 3 | 6 |

### 4.3.16.

| 7 | 5 | 1 | 4 | 6 | 3 | 9 | 2 | 8 |
|---|---|---|---|---|---|---|---|---|
| 3 | 8 | 6 | 5 | 9 | 2 | 7 | 1 | 4 |
| 9 | 4 | 2 | 1 | 8 | 7 | 5 | 3 | 6 |
| 1 | 2 | 4 | 3 | 5 | 6 | 8 | 9 | 7 |
| 6 | 9 | 8 | 2 | 7 | 4 | 1 | 5 | 3 |
| 5 | 7 | 3 | 9 | 1 | 8 | 4 | 6 | 2 |
| 4 | 1 | 7 | 6 | 2 | 5 | 3 | 8 | 9 |
| 8 | 6 | 9 | 7 | 3 | 1 | 2 | 4 | 5 |
| 2 | 3 | 5 | 8 | 4 | 9 | 6 | 7 | 1 |

### 4.3.17.

| 3 | 5 | 1 | 7 | 8 | 4 | 9 | 2 | 6 |
|---|---|---|---|---|---|---|---|---|
| 9 | 8 | 6 | 2 | 3 | 1 | 5 | 4 | 7 |
| 7 | 2 | 4 | 5 | 6 | 9 | 1 | 8 | 3 |
| 1 | 4 | 9 | 6 | 7 | 8 | 3 | 5 | 2 |
| 2 | 7 | 3 | 1 | 9 | 5 | 4 | 6 | 8 |
| 8 | 6 | 5 | 3 | 4 | 2 | 7 | 1 | 9 |
| 5 | 1 | 7 | 8 | 2 | 3 | 6 | 9 | 4 |
| 6 | 9 | 2 | 4 | 1 | 7 | 8 | 3 | 5 |
| 4 | 3 | 8 | 9 | 5 | 6 | 2 | 7 | 1 |

### 4.3.18.

| 6 | 8 | 7 | 1 | 2 | 5 | 4 | 3 | 9 |
|---|---|---|---|---|---|---|---|---|
| 5 | 2 | 4 | 3 | 7 | 9 | 6 | 8 | 1 |
| 1 | 3 | 9 | 4 | 6 | 8 | 2 | 7 | 5 |
| 8 | 6 | 5 | 9 | 1 | 2 | 3 | 4 | 7 |
| 9 | 1 | 3 | 8 | 4 | 7 | 5 | 2 | 6 |
| 7 | 4 | 2 | 5 | 3 | 6 | 1 | 9 | 8 |
| 2 | 7 | 8 | 6 | 5 | 3 | 9 | 1 | 4 |
| 3 | 5 | 1 | 7 | 9 | 4 | 8 | 6 | 2 |
| 4 | 9 | 6 | 2 | 8 | 1 | 7 | 5 | 3 |

### 4.3.19.

| 3 | 7 | 1 | 5 | 9 | 4 | 8 | 2 | 6 |
|---|---|---|---|---|---|---|---|---|
| 8 | 6 | 5 | 2 | 1 | 3 | 7 | 9 | 4 |
| 9 | 4 | 2 | 8 | 7 | 6 | 5 | 1 | 3 |
| 2 | 9 | 3 | 4 | 6 | 7 | 1 | 8 | 5 |
| 4 | 8 | 6 | 1 | 5 | 9 | 3 | 7 | 2 |
| 1 | 5 | 7 | 3 | 8 | 2 | 6 | 4 | 9 |
| 7 | 3 | 9 | 6 | 4 | 8 | 2 | 5 | 1 |
| 5 | 2 | 8 | 9 | 3 | 1 | 4 | 6 | 7 |
| 6 | 1 | 4 | 7 | 2 | 5 | 9 | 3 | 8 |

### 4.3.20.

| 7 | 3 | 4 | 2 | 6 | 1 | 5 | 8 | 9 |
|---|---|---|---|---|---|---|---|---|
| 2 | 9 | 5 | 3 | 7 | 8 | 6 | 4 | 1 |
| 8 | 6 | 1 | 4 | 5 | 9 | 2 | 3 | 7 |
| 5 | 8 | 7 | 9 | 1 | 6 | 4 | 2 | 3 |
| 1 | 4 | 6 | 7 | 3 | 2 | 9 | 5 | 8 |
| 9 | 2 | 3 | 5 | 8 | 4 | 1 | 7 | 6 |
| 4 | 7 | 2 | 6 | 9 | 3 | 8 | 1 | 5 |
| 6 | 5 | 8 | 1 | 2 | 7 | 3 | 9 | 4 |
| 3 | 1 | 9 | 8 | 4 | 5 | 7 | 6 | 2 |

### 4.3.21.

| 9 | 4 | 5 | 6 | 2 | 8 | 3 | 1 | 7 |
|---|---|---|---|---|---|---|---|---|
| 6 | 7 | 2 | 4 | 1 | 3 | 9 | 5 | 8 |
| 1 | 3 | 8 | 5 | 7 | 9 | 2 | 4 | 6 |
| 4 | 1 | 7 | 2 | 5 | 6 | 8 | 9 | 3 |
| 5 | 8 | 3 | 1 | 9 | 7 | 4 | 6 | 2 |
| 2 | 6 | 9 | 3 | 8 | 4 | 1 | 7 | 5 |
| 8 | 5 | 6 | 9 | 3 | 1 | 7 | 2 | 4 |
| 7 | 9 | 4 | 8 | 6 | 2 | 5 | 3 | 1 |
| 3 | 2 | 1 | 7 | 4 | 5 | 6 | 8 | 9 |

### 4.3.22.

| 6 | 3 | 9 | 5 | 8 | 4 | 7 | 1 | 2 |
|---|---|---|---|---|---|---|---|---|
| 5 | 2 | 7 | 1 | 3 | 6 | 4 | 9 | 8 |
| 1 | 4 | 8 | 9 | 2 | 7 | 6 | 3 | 5 |
| 2 | 1 | 4 | 6 | 9 | 5 | 8 | 7 | 3 |
| 3 | 8 | 5 | 4 | 7 | 2 | 9 | 6 | 1 |
| 7 | 9 | 6 | 3 | 1 | 8 | 2 | 5 | 4 |
| 4 | 6 | 1 | 8 | 5 | 9 | 3 | 2 | 7 |
| 9 | 7 | 3 | 2 | 4 | 1 | 5 | 8 | 6 |
| 8 | 5 | 2 | 7 | 6 | 3 | 1 | 4 | 9 |

### 4.3.23.

| 2 | 7 | 3 | 6 | 5 | 4 | 8 | 9 | 1 |
|---|---|---|---|---|---|---|---|---|
| 1 | 6 | 4 | 2 | 9 | 8 | 3 | 7 | 5 |
| 9 | 8 | 5 | 7 | 3 | 1 | 6 | 4 | 2 |
| 8 | 3 | 9 | 5 | 6 | 7 | 2 | 1 | 4 |
| 5 | 4 | 7 | 8 | 1 | 2 | 9 | 3 | 6 |
| 6 | 2 | 1 | 9 | 4 | 3 | 5 | 8 | 7 |
| 4 | 1 | 6 | 3 | 8 | 5 | 7 | 2 | 9 |
| 7 | 5 | 8 | 1 | 2 | 9 | 4 | 6 | 3 |
| 3 | 9 | 2 | 4 | 7 | 6 | 1 | 5 | 8 |

### 4.3.24.

| 7 | 1 | 6 | 3 | 9 | 5 | 8 | 2 | 4 |
|---|---|---|---|---|---|---|---|---|
| 8 | 5 | 4 | 2 | 6 | 1 | 7 | 3 | 9 |
| 2 | 9 | 3 | 4 | 7 | 8 | 5 | 1 | 6 |
| 3 | 2 | 9 | 5 | 8 | 4 | 1 | 6 | 7 |
| 5 | 7 | 1 | 9 | 2 | 6 | 3 | 4 | 8 |
| 6 | 4 | 8 | 1 | 3 | 7 | 2 | 9 | 5 |
| 9 | 6 | 7 | 8 | 1 | 3 | 4 | 5 | 2 |
| 1 | 8 | 5 | 6 | 4 | 2 | 9 | 7 | 3 |
| 4 | 3 | 2 | 7 | 5 | 9 | 6 | 8 | 1 |

## 4.3.25.

| 7 | 6 | 9 | 3 | 1 | 5 | 4 | 8 | 2 |
|---|---|---|---|---|---|---|---|---|
| 1 | 3 | 2 | 8 | 4 | 9 | 5 | 7 | 6 |
| 5 | 4 | 8 | 2 | 6 | 7 | 3 | 9 | 1 |
| 3 | 9 | 7 | 4 | 8 | 6 | 2 | 1 | 5 |
| 4 | 1 | 5 | 7 | 2 | 3 | 8 | 6 | 9 |
| 2 | 8 | 6 | 5 | 9 | 1 | 7 | 3 | 4 |
| 8 | 2 | 1 | 6 | 3 | 4 | 9 | 5 | 7 |
| 6 | 5 | 3 | 9 | 7 | 2 | 1 | 4 | 8 |
| 9 | 7 | 4 | 1 | 5 | 8 | 6 | 2 | 3 |

## 4.3.26.

| 4 | 8 | 5 | 3 | 7 | 6 | 9 | 2 | 1 |
|---|---|---|---|---|---|---|---|---|
| 6 | 1 | 2 | 9 | 4 | 5 | 8 | 7 | 3 |
| 9 | 3 | 7 | 8 | 1 | 2 | 5 | 4 | 6 |
| 1 | 9 | 6 | 2 | 5 | 4 | 3 | 8 | 7 |
| 2 | 7 | 3 | 1 | 9 | 8 | 4 | 6 | 5 |
| 8 | 5 | 4 | 7 | 6 | 3 | 1 | 9 | 2 |
| 7 | 4 | 8 | 5 | 2 | 1 | 6 | 3 | 9 |
| 3 | 2 | 1 | 6 | 8 | 9 | 7 | 5 | 4 |
| 5 | 6 | 9 | 4 | 3 | 7 | 2 | 1 | 8 |

## 4.3.27.

| 6 | 9 | 2 | 1 | 7 | 8 | 5 | 4 | 3 |
|---|---|---|---|---|---|---|---|---|
| 7 | 3 | 5 | 6 | 4 | 9 | 1 | 2 | 8 |
| 1 | 4 | 8 | 5 | 2 | 3 | 9 | 6 | 7 |
| 4 | 5 | 9 | 2 | 3 | 1 | 7 | 8 | 6 |
| 2 | 7 | 6 | 4 | 8 | 5 | 3 | 1 | 9 |
| 8 | 1 | 3 | 7 | 9 | 6 | 4 | 5 | 2 |
| 3 | 2 | 4 | 8 | 1 | 7 | 6 | 9 | 5 |
| 5 | 8 | 7 | 9 | 6 | 4 | 2 | 3 | 1 |
| 9 | 6 | 1 | 3 | 5 | 2 | 8 | 7 | 4 |

## 4.3.28.

| 2 | 6 | 9 | 5 | 8 | 3 | 7 | 1 | 4 |
|---|---|---|---|---|---|---|---|---|
| 5 | 8 | 4 | 1 | 6 | 7 | 2 | 3 | 9 |
| 3 | 7 | 1 | 2 | 4 | 9 | 6 | 5 | 8 |
| 8 | 5 | 6 | 4 | 3 | 1 | 9 | 7 | 2 |
| 7 | 9 | 3 | 8 | 2 | 6 | 1 | 4 | 5 |
| 1 | 4 | 2 | 9 | 7 | 5 | 8 | 6 | 3 |
| 4 | 3 | 7 | 6 | 9 | 2 | 5 | 8 | 1 |
| 6 | 2 | 5 | 3 | 1 | 8 | 4 | 9 | 7 |
| 9 | 1 | 8 | 7 | 5 | 4 | 3 | 2 | 6 |

## 4.3.29.

| 9 | 3 | 1 | 8 | 4 | 5 | 7 | 6 | 2 |
|---|---|---|---|---|---|---|---|---|
| 4 | 8 | 6 | 7 | 3 | 2 | 1 | 9 | 5 |
| 2 | 5 | 7 | 9 | 6 | 1 | 8 | 3 | 4 |
| 6 | 9 | 3 | 5 | 8 | 4 | 2 | 7 | 1 |
| 1 | 7 | 4 | 2 | 9 | 6 | 5 | 8 | 3 |
| 5 | 2 | 8 | 3 | 1 | 7 | 6 | 4 | 9 |
| 8 | 6 | 2 | 4 | 5 | 3 | 9 | 1 | 7 |
| 3 | 1 | 5 | 6 | 7 | 9 | 4 | 2 | 8 |
| 7 | 4 | 9 | 1 | 2 | 8 | 3 | 5 | 6 |

## 4.3.30.

| 8 | 7 | 4 | 2 | 9 | 3 | 6 | 5 | 1 |
|---|---|---|---|---|---|---|---|---|
| 5 | 1 | 3 | 8 | 7 | 6 | 2 | 4 | 9 |
| 6 | 2 | 9 | 1 | 5 | 4 | 3 | 8 | 7 |
| 9 | 3 | 5 | 4 | 6 | 2 | 1 | 7 | 8 |
| 2 | 4 | 1 | 9 | 8 | 7 | 5 | 3 | 6 |
| 7 | 6 | 8 | 3 | 1 | 5 | 4 | 9 | 2 |
| 4 | 8 | 7 | 6 | 3 | 1 | 9 | 2 | 5 |
| 1 | 5 | 2 | 7 | 4 | 9 | 8 | 6 | 3 |
| 3 | 9 | 6 | 5 | 2 | 8 | 7 | 1 | 4 |

## 4.3.31.

| 8 | 7 | 3 | 1 | 9 | 4 | 2 | 5 | 6 |
|---|---|---|---|---|---|---|---|---|
| 4 | 5 | 6 | 2 | 7 | 8 | 3 | 9 | 1 |
| 2 | 9 | 1 | 5 | 6 | 3 | 8 | 7 | 4 |
| 1 | 6 | 5 | 3 | 4 | 9 | 7 | 2 | 8 |
| 9 | 8 | 2 | 7 | 1 | 5 | 4 | 6 | 3 |
| 7 | 3 | 4 | 6 | 8 | 2 | 9 | 1 | 5 |
| 5 | 4 | 7 | 8 | 2 | 6 | 1 | 3 | 9 |
| 6 | 1 | 8 | 9 | 3 | 7 | 5 | 4 | 2 |
| 3 | 2 | 9 | 4 | 5 | 1 | 6 | 8 | 7 |

## 4.3.32.

| 5 | 6 | 8 | 4 | 9 | 7 | 3 | 1 | 2 |
|---|---|---|---|---|---|---|---|---|
| 7 | 9 | 4 | 3 | 2 | 1 | 8 | 5 | 6 |
| 1 | 3 | 2 | 8 | 5 | 6 | 9 | 4 | 7 |
| 8 | 7 | 6 | 5 | 1 | 3 | 4 | 2 | 9 |
| 2 | 4 | 5 | 7 | 6 | 9 | 1 | 3 | 8 |
| 9 | 1 | 3 | 2 | 4 | 8 | 6 | 7 | 5 |
| 6 | 2 | 7 | 9 | 3 | 4 | 5 | 8 | 1 |
| 3 | 8 | 9 | 1 | 7 | 5 | 2 | 6 | 4 |
| 4 | 5 | 1 | 6 | 8 | 2 | 7 | 9 | 3 |

## 4.3.33.

| 2 | 5 | 3 | 4 | 9 | 8 | 1 | 7 | 6 |
|---|---|---|---|---|---|---|---|---|
| 8 | 9 | 6 | 7 | 3 | 1 | 2 | 4 | 5 |
| 1 | 4 | 7 | 6 | 5 | 2 | 9 | 3 | 8 |
| 3 | 2 | 8 | 9 | 6 | 4 | 5 | 1 | 7 |
| 5 | 7 | 1 | 2 | 8 | 3 | 4 | 6 | 9 |
| 9 | 6 | 4 | 5 | 1 | 7 | 3 | 8 | 2 |
| 7 | 1 | 5 | 3 | 2 | 6 | 8 | 9 | 4 |
| 4 | 3 | 2 | 8 | 7 | 9 | 6 | 5 | 1 |
| 6 | 8 | 9 | 1 | 4 | 5 | 7 | 2 | 3 |

## 4.3.34.

| 4 | 6 | 8 | 9 | 3 | 5 | 1 | 2 | 7 |
|---|---|---|---|---|---|---|---|---|
| 3 | 1 | 7 | 4 | 6 | 2 | 9 | 8 | 5 |
| 2 | 9 | 5 | 8 | 1 | 7 | 6 | 4 | 3 |
| 1 | 4 | 6 | 7 | 2 | 9 | 5 | 3 | 8 |
| 5 | 3 | 2 | 6 | 8 | 1 | 7 | 9 | 4 |
| 8 | 7 | 9 | 5 | 4 | 3 | 2 | 1 | 6 |
| 6 | 2 | 1 | 3 | 7 | 8 | 4 | 5 | 9 |
| 9 | 8 | 4 | 2 | 5 | 6 | 3 | 7 | 1 |
| 7 | 5 | 3 | 1 | 9 | 4 | 8 | 6 | 2 |

## 4.3.35.

| 6 | 5 | 1 | 7 | 3 | 8 | 9 | 2 | 4 |
|---|---|---|---|---|---|---|---|---|
| 9 | 7 | 4 | 5 | 2 | 1 | 8 | 6 | 3 |
| 8 | 2 | 3 | 9 | 6 | 4 | 7 | 5 | 1 |
| 1 | 4 | 8 | 2 | 7 | 5 | 6 | 3 | 9 |
| 2 | 3 | 9 | 8 | 4 | 6 | 5 | 1 | 7 |
| 5 | 6 | 7 | 1 | 9 | 3 | 4 | 8 | 2 |
| 4 | 8 | 2 | 6 | 1 | 7 | 3 | 9 | 5 |
| 7 | 1 | 5 | 3 | 8 | 9 | 2 | 4 | 6 |
| 3 | 9 | 6 | 4 | 5 | 2 | 1 | 7 | 8 |

## 4.3.36.

| 7 | 6 | 1 | 3 | 2 | 4 | 8 | 9 | 5 |
|---|---|---|---|---|---|---|---|---|
| 2 | 4 | 3 | 9 | 5 | 8 | 6 | 1 | 7 |
| 9 | 8 | 5 | 1 | 7 | 6 | 4 | 2 | 3 |
| 1 | 5 | 9 | 4 | 6 | 7 | 3 | 8 | 2 |
| 3 | 7 | 4 | 8 | 1 | 2 | 9 | 5 | 6 |
| 8 | 2 | 6 | 5 | 3 | 9 | 7 | 4 | 1 |
| 4 | 3 | 7 | 2 | 9 | 1 | 5 | 6 | 8 |
| 6 | 1 | 8 | 7 | 4 | 5 | 2 | 3 | 9 |
| 5 | 9 | 2 | 6 | 8 | 3 | 1 | 7 | 4 |

### 4.3.37.

| 2 | 9 | 1 | 3 | 7 | 6 | 5 | 8 | 4 |
|---|---|---|---|---|---|---|---|---|
| 5 | 8 | 6 | 1 | 2 | 4 | 9 | 3 | 7 |
| 3 | 4 | 7 | 8 | 5 | 9 | 2 | 1 | 6 |
| 9 | 7 | 2 | 6 | 8 | 3 | 1 | 4 | 5 |
| 4 | 6 | 3 | 5 | 1 | 7 | 8 | 2 | 9 |
| 8 | 1 | 5 | 4 | 9 | 2 | 6 | 7 | 3 |
| 7 | 5 | 4 | 2 | 6 | 8 | 3 | 9 | 1 |
| 6 | 2 | 9 | 7 | 3 | 1 | 4 | 5 | 8 |
| 1 | 3 | 8 | 9 | 4 | 5 | 7 | 6 | 2 |

### 4.3.38.

| 3 | 5 | 6 | 4 | 1 | 2 | 7 | 8 | 9 |
|---|---|---|---|---|---|---|---|---|
| 7 | 1 | 8 | 6 | 9 | 3 | 5 | 4 | 2 |
| 4 | 2 | 9 | 8 | 5 | 7 | 6 | 3 | 1 |
| 2 | 8 | 1 | 9 | 7 | 6 | 4 | 5 | 3 |
| 6 | 4 | 7 | 3 | 2 | 5 | 1 | 9 | 8 |
| 5 | 9 | 3 | 1 | 8 | 4 | 2 | 6 | 7 |
| 8 | 6 | 4 | 2 | 3 | 1 | 9 | 7 | 5 |
| 1 | 3 | 5 | 7 | 6 | 9 | 8 | 2 | 4 |
| 9 | 7 | 2 | 5 | 4 | 8 | 3 | 1 | 6 |

### 4.3.39.

| 2 | 8 | 1 | 3 | 9 | 7 | 5 | 6 | 4 |
|---|---|---|---|---|---|---|---|---|
| 9 | 7 | 4 | 5 | 6 | 2 | 1 | 3 | 8 |
| 3 | 6 | 5 | 1 | 4 | 8 | 7 | 2 | 9 |
| 8 | 1 | 9 | 4 | 7 | 3 | 6 | 5 | 2 |
| 5 | 3 | 6 | 2 | 1 | 9 | 8 | 4 | 7 |
| 7 | 4 | 2 | 6 | 8 | 5 | 3 | 9 | 1 |
| 6 | 9 | 8 | 7 | 3 | 4 | 2 | 1 | 5 |
| 4 | 2 | 3 | 8 | 5 | 1 | 9 | 7 | 6 |
| 1 | 5 | 7 | 9 | 2 | 6 | 4 | 8 | 3 |

### 4.3.40.

| 4 | 7 | 2 | 8 | 5 | 9 | 6 | 3 | 1 |
|---|---|---|---|---|---|---|---|---|
| 6 | 9 | 1 | 3 | 7 | 2 | 4 | 5 | 8 |
| 5 | 3 | 8 | 1 | 4 | 6 | 2 | 7 | 9 |
| 2 | 6 | 3 | 4 | 9 | 8 | 5 | 1 | 7 |
| 9 | 4 | 5 | 7 | 3 | 1 | 8 | 2 | 6 |
| 8 | 1 | 7 | 2 | 6 | 5 | 9 | 4 | 3 |
| 7 | 8 | 9 | 5 | 2 | 3 | 1 | 6 | 4 |
| 1 | 5 | 4 | 6 | 8 | 7 | 3 | 9 | 2 |
| 3 | 2 | 6 | 9 | 1 | 4 | 7 | 8 | 5 |

### 4.4.1.

| 8 | 3 | 2 | 4 | 9 | 5 | 6 | 7 | 1 |
|---|---|---|---|---|---|---|---|---|
| 5 | 9 | 6 | 8 | 7 | 1 | 2 | 3 | 4 |
| 7 | 1 | 4 | 3 | 6 | 2 | 9 | 5 | 8 |
| 2 | 5 | 8 | 7 | 3 | 6 | 4 | 1 | 9 |
| 4 | 7 | 1 | 2 | 8 | 9 | 3 | 6 | 5 |
| 9 | 6 | 3 | 1 | 5 | 4 | 7 | 8 | 2 |
| 6 | 2 | 7 | 5 | 4 | 8 | 1 | 9 | 3 |
| 3 | 4 | 5 | 9 | 1 | 7 | 8 | 2 | 6 |
| 1 | 8 | 9 | 6 | 2 | 3 | 5 | 4 | 7 |

### 4.4.2.

| 4 | 8 | 5 | 3 | 2 | 7 | 9 | 1 | 6 |
|---|---|---|---|---|---|---|---|---|
| 1 | 6 | 2 | 4 | 9 | 8 | 5 | 3 | 7 |
| 9 | 7 | 3 | 1 | 6 | 5 | 2 | 4 | 8 |
| 5 | 9 | 4 | 8 | 3 | 6 | 1 | 7 | 2 |
| 8 | 3 | 7 | 5 | 1 | 2 | 6 | 9 | 4 |
| 6 | 2 | 1 | 9 | 7 | 4 | 8 | 5 | 3 |
| 7 | 1 | 8 | 6 | 5 | 3 | 4 | 2 | 9 |
| 2 | 5 | 6 | 7 | 4 | 9 | 3 | 8 | 1 |
| 3 | 4 | 9 | 2 | 8 | 1 | 7 | 6 | 5 |

### 4.4.3.

| 3 | 1 | 9 | 6 | 8 | 5 | 4 | 7 | 2 |
|---|---|---|---|---|---|---|---|---|
| 5 | 7 | 2 | 3 | 9 | 4 | 1 | 6 | 8 |
| 6 | 8 | 4 | 1 | 2 | 7 | 3 | 5 | 9 |
| 7 | 4 | 3 | 8 | 6 | 9 | 5 | 2 | 1 |
| 8 | 9 | 5 | 4 | 1 | 2 | 7 | 3 | 6 |
| 1 | 2 | 6 | 7 | 5 | 3 | 9 | 8 | 4 |
| 9 | 5 | 1 | 2 | 7 | 8 | 6 | 4 | 3 |
| 4 | 6 | 8 | 5 | 3 | 1 | 2 | 9 | 7 |
| 2 | 3 | 7 | 9 | 4 | 6 | 8 | 1 | 5 |

### 4.4.4.

| 5 | 2 | 3 | 8 | 4 | 6 | 9 | 1 | 7 |
|---|---|---|---|---|---|---|---|---|
| 7 | 4 | 9 | 5 | 1 | 3 | 6 | 2 | 8 |
| 1 | 8 | 6 | 2 | 9 | 7 | 5 | 4 | 3 |
| 6 | 5 | 7 | 9 | 8 | 1 | 4 | 3 | 2 |
| 9 | 1 | 2 | 3 | 5 | 4 | 8 | 7 | 6 |
| 8 | 3 | 4 | 6 | 7 | 2 | 1 | 9 | 5 |
| 4 | 6 | 1 | 7 | 3 | 5 | 2 | 8 | 9 |
| 2 | 7 | 8 | 4 | 6 | 9 | 3 | 5 | 1 |
| 3 | 9 | 5 | 1 | 2 | 8 | 7 | 6 | 4 |

### 4.4.5.

| 3 | 9 | 6 | 1 | 2 | 4 | 7 | 8 | 5 |
|---|---|---|---|---|---|---|---|---|
| 4 | 8 | 1 | 7 | 9 | 5 | 3 | 2 | 6 |
| 7 | 5 | 2 | 3 | 6 | 8 | 4 | 1 | 9 |
| 1 | 6 | 7 | 8 | 4 | 3 | 9 | 5 | 2 |
| 9 | 3 | 4 | 5 | 1 | 2 | 6 | 7 | 8 |
| 8 | 2 | 5 | 6 | 7 | 9 | 1 | 3 | 4 |
| 2 | 7 | 9 | 4 | 8 | 1 | 5 | 6 | 3 |
| 6 | 4 | 3 | 2 | 5 | 7 | 8 | 9 | 1 |
| 5 | 1 | 8 | 9 | 3 | 6 | 2 | 4 | 7 |

### 4.4.6.

| 7 | 4 | 8 | 9 | 1 | 6 | 2 | 3 | 5 |
|---|---|---|---|---|---|---|---|---|
| 3 | 1 | 5 | 2 | 7 | 8 | 6 | 4 | 9 |
| 9 | 6 | 2 | 5 | 3 | 4 | 8 | 1 | 7 |
| 1 | 5 | 9 | 3 | 2 | 7 | 4 | 8 | 6 |
| 2 | 8 | 3 | 4 | 6 | 5 | 7 | 9 | 1 |
| 6 | 7 | 4 | 8 | 9 | 1 | 3 | 5 | 2 |
| 8 | 9 | 6 | 7 | 5 | 3 | 1 | 2 | 4 |
| 4 | 2 | 1 | 6 | 8 | 9 | 5 | 7 | 3 |
| 5 | 3 | 7 | 1 | 4 | 2 | 9 | 6 | 8 |

## 4.4.7.

| 8 | 3 | 4 | 9 | 6 | 5 | 1 | 2 | 7 |
|---|---|---|---|---|---|---|---|---|
| 9 | 2 | 1 | 8 | 7 | 4 | 3 | 6 | 5 |
| 6 | 5 | 7 | 2 | 3 | 1 | 4 | 8 | 9 |
| 2 | 4 | 6 | 7 | 5 | 3 | 8 | 9 | 1 |
| 5 | 1 | 9 | 6 | 4 | 8 | 2 | 7 | 3 |
| 7 | 8 | 3 | 1 | 9 | 2 | 6 | 5 | 4 |
| 1 | 6 | 5 | 4 | 8 | 7 | 9 | 3 | 2 |
| 3 | 9 | 2 | 5 | 1 | 6 | 7 | 4 | 8 |
| 4 | 7 | 8 | 3 | 2 | 9 | 5 | 1 | 6 |

## 4.4.8.

| 7 | 8 | 4 | 3 | 6 | 1 | 9 | 5 | 2 |
|---|---|---|---|---|---|---|---|---|
| 2 | 1 | 6 | 9 | 4 | 5 | 7 | 8 | 3 |
| 5 | 3 | 9 | 7 | 2 | 8 | 1 | 6 | 4 |
| 6 | 9 | 2 | 1 | 3 | 4 | 8 | 7 | 5 |
| 3 | 5 | 1 | 8 | 7 | 2 | 6 | 4 | 9 |
| 8 | 4 | 7 | 5 | 9 | 6 | 2 | 3 | 1 |
| 4 | 7 | 3 | 6 | 1 | 9 | 5 | 2 | 8 |
| 9 | 2 | 8 | 4 | 5 | 7 | 3 | 1 | 6 |
| 1 | 6 | 5 | 2 | 8 | 3 | 4 | 9 | 7 |

## 4.4.9.

| 6 | 4 | 3 | 9 | 8 | 7 | 2 | 5 | 1 |
|---|---|---|---|---|---|---|---|---|
| 5 | 9 | 7 | 4 | 1 | 2 | 6 | 8 | 3 |
| 8 | 1 | 2 | 3 | 5 | 6 | 9 | 4 | 7 |
| 9 | 6 | 4 | 5 | 7 | 3 | 8 | 1 | 2 |
| 7 | 3 | 1 | 2 | 6 | 8 | 5 | 9 | 4 |
| 2 | 8 | 5 | 1 | 9 | 4 | 3 | 7 | 6 |
| 1 | 2 | 8 | 7 | 3 | 9 | 4 | 6 | 5 |
| 4 | 7 | 9 | 6 | 2 | 5 | 1 | 3 | 8 |
| 3 | 5 | 6 | 8 | 4 | 1 | 7 | 2 | 9 |

## 4.4.10.

| 1 | 4 | 9 | 3 | 8 | 2 | 5 | 6 | 7 |
|---|---|---|---|---|---|---|---|---|
| 6 | 5 | 2 | 1 | 9 | 7 | 3 | 4 | 8 |
| 8 | 3 | 7 | 6 | 4 | 5 | 2 | 1 | 9 |
| 5 | 1 | 8 | 9 | 7 | 3 | 4 | 2 | 6 |
| 9 | 7 | 4 | 2 | 6 | 1 | 8 | 3 | 5 |
| 2 | 6 | 3 | 8 | 5 | 4 | 9 | 7 | 1 |
| 4 | 8 | 1 | 7 | 2 | 9 | 6 | 5 | 3 |
| 7 | 2 | 6 | 5 | 3 | 8 | 1 | 9 | 4 |
| 3 | 9 | 5 | 4 | 1 | 6 | 7 | 8 | 2 |

## 4.4.11.

| 9 | 4 | 3 | 5 | 7 | 2 | 8 | 6 | 1 |
|---|---|---|---|---|---|---|---|---|
| 7 | 5 | 6 | 1 | 8 | 4 | 2 | 9 | 3 |
| 8 | 1 | 2 | 6 | 9 | 3 | 4 | 7 | 5 |
| 2 | 6 | 4 | 3 | 5 | 7 | 1 | 8 | 9 |
| 3 | 8 | 5 | 9 | 1 | 6 | 7 | 4 | 2 |
| 1 | 7 | 9 | 2 | 4 | 8 | 5 | 3 | 6 |
| 6 | 9 | 8 | 7 | 2 | 1 | 3 | 5 | 4 |
| 5 | 2 | 7 | 4 | 3 | 9 | 6 | 1 | 8 |
| 4 | 3 | 1 | 8 | 6 | 5 | 9 | 2 | 7 |

## 4.4.12.

| 8 | 4 | 7 | 5 | 9 | 2 | 3 | 6 | 1 |
|---|---|---|---|---|---|---|---|---|
| 1 | 5 | 2 | 6 | 7 | 3 | 9 | 4 | 8 |
| 3 | 9 | 6 | 1 | 4 | 8 | 5 | 2 | 7 |
| 7 | 3 | 5 | 9 | 6 | 1 | 2 | 8 | 4 |
| 9 | 2 | 1 | 8 | 5 | 4 | 6 | 7 | 3 |
| 4 | 6 | 8 | 2 | 3 | 7 | 1 | 5 | 9 |
| 5 | 7 | 4 | 3 | 2 | 9 | 8 | 1 | 6 |
| 6 | 8 | 3 | 7 | 1 | 5 | 4 | 9 | 2 |
| 2 | 1 | 9 | 4 | 8 | 6 | 7 | 3 | 5 |

## 4.4.13.

| 4 | 8 | 7 | 1 | 2 | 3 | 5 | 9 | 6 |
|---|---|---|---|---|---|---|---|---|
| 2 | 9 | 1 | 6 | 8 | 5 | 7 | 3 | 4 |
| 3 | 6 | 5 | 9 | 7 | 4 | 1 | 2 | 8 |
| 5 | 7 | 9 | 2 | 3 | 8 | 6 | 4 | 1 |
| 1 | 2 | 3 | 7 | 4 | 6 | 9 | 8 | 5 |
| 8 | 4 | 6 | 5 | 9 | 1 | 2 | 7 | 3 |
| 9 | 1 | 4 | 8 | 6 | 7 | 3 | 5 | 2 |
| 7 | 5 | 8 | 3 | 1 | 2 | 4 | 6 | 9 |
| 6 | 3 | 2 | 4 | 5 | 9 | 8 | 1 | 7 |

## 4.4.14.

| 4 | 5 | 9 | 8 | 1 | 3 | 6 | 2 | 7 |
|---|---|---|---|---|---|---|---|---|
| 8 | 7 | 2 | 6 | 9 | 4 | 3 | 1 | 5 |
| 1 | 3 | 6 | 7 | 5 | 2 | 8 | 9 | 4 |
| 9 | 6 | 7 | 3 | 2 | 1 | 5 | 4 | 8 |
| 3 | 8 | 5 | 4 | 6 | 9 | 1 | 7 | 2 |
| 2 | 4 | 1 | 5 | 7 | 8 | 9 | 3 | 6 |
| 7 | 9 | 8 | 1 | 4 | 5 | 2 | 6 | 3 |
| 6 | 1 | 3 | 2 | 8 | 7 | 4 | 5 | 9 |
| 5 | 2 | 4 | 9 | 3 | 6 | 7 | 8 | 1 |

## 4.4.15.

| 3 | 8 | 9 | 2 | 1 | 5 | 7 | 4 | 6 |
|---|---|---|---|---|---|---|---|---|
| 7 | 5 | 1 | 4 | 3 | 6 | 2 | 8 | 9 |
| 2 | 6 | 4 | 9 | 7 | 8 | 1 | 5 | 3 |
| 9 | 1 | 8 | 6 | 2 | 4 | 3 | 7 | 5 |
| 4 | 2 | 3 | 7 | 5 | 9 | 8 | 6 | 1 |
| 6 | 7 | 5 | 1 | 8 | 3 | 9 | 2 | 4 |
| 8 | 4 | 7 | 5 | 9 | 1 | 6 | 3 | 2 |
| 1 | 3 | 6 | 8 | 4 | 2 | 5 | 9 | 7 |
| 5 | 9 | 2 | 3 | 6 | 7 | 4 | 1 | 8 |

## 4.4.16.

| 7 | 4 | 9 | 5 | 6 | 8 | 1 | 3 | 2 |
|---|---|---|---|---|---|---|---|---|
| 3 | 5 | 2 | 9 | 7 | 1 | 6 | 4 | 8 |
| 1 | 6 | 8 | 3 | 2 | 4 | 5 | 7 | 9 |
| 6 | 1 | 3 | 2 | 5 | 9 | 4 | 8 | 7 |
| 4 | 2 | 7 | 1 | 8 | 3 | 9 | 6 | 5 |
| 8 | 9 | 5 | 6 | 4 | 7 | 3 | 2 | 1 |
| 2 | 3 | 6 | 8 | 9 | 5 | 7 | 1 | 4 |
| 9 | 7 | 1 | 4 | 3 | 2 | 8 | 5 | 6 |
| 5 | 8 | 4 | 7 | 1 | 6 | 2 | 9 | 3 |

## 4.4.17.

| 3 | 8 | 5 | 7 | 2 | 4 | 1 | 6 | 9 |
|---|---|---|---|---|---|---|---|---|
| 7 | 1 | 6 | 5 | 8 | 9 | 4 | 3 | 2 |
| 2 | 9 | 4 | 1 | 3 | 6 | 5 | 7 | 8 |
| 4 | 6 | 9 | 8 | 7 | 1 | 3 | 2 | 5 |
| 5 | 2 | 8 | 4 | 6 | 3 | 7 | 9 | 1 |
| 1 | 7 | 3 | 9 | 5 | 2 | 6 | 8 | 4 |
| 6 | 3 | 1 | 2 | 9 | 5 | 8 | 4 | 7 |
| 9 | 5 | 7 | 6 | 4 | 8 | 2 | 1 | 3 |
| 8 | 4 | 2 | 3 | 1 | 7 | 9 | 5 | 6 |

## 4.4.18.

| 8 | 2 | 7 | 9 | 4 | 5 | 1 | 6 | 3 |
|---|---|---|---|---|---|---|---|---|
| 6 | 1 | 5 | 8 | 3 | 7 | 9 | 2 | 4 |
| 3 | 9 | 4 | 6 | 2 | 1 | 7 | 5 | 8 |
| 1 | 6 | 9 | 2 | 7 | 8 | 4 | 3 | 5 |
| 5 | 7 | 2 | 4 | 6 | 3 | 8 | 1 | 9 |
| 4 | 3 | 8 | 5 | 1 | 9 | 2 | 7 | 6 |
| 2 | 5 | 3 | 7 | 8 | 4 | 6 | 9 | 1 |
| 9 | 4 | 6 | 1 | 5 | 2 | 3 | 8 | 7 |
| 7 | 8 | 1 | 3 | 9 | 6 | 5 | 4 | 2 |

## 4.4.19.

| 7 | 6 | 4 | 8 | 1 | 2 | 3 | 9 | 5 |
|---|---|---|---|---|---|---|---|---|
| 3 | 9 | 5 | 6 | 4 | 7 | 8 | 1 | 2 |
| 2 | 1 | 8 | 3 | 9 | 5 | 7 | 6 | 4 |
| 1 | 7 | 9 | 4 | 2 | 6 | 5 | 8 | 3 |
| 4 | 3 | 6 | 5 | 7 | 8 | 1 | 2 | 9 |
| 8 | 5 | 2 | 9 | 3 | 1 | 6 | 4 | 7 |
| 5 | 8 | 3 | 2 | 6 | 4 | 9 | 7 | 1 |
| 6 | 2 | 1 | 7 | 5 | 9 | 4 | 3 | 8 |
| 9 | 4 | 7 | 1 | 8 | 3 | 2 | 5 | 6 |

## 4.4.20.

| 2 | 3 | 8 | 7 | 9 | 6 | 4 | 1 | 5 |
|---|---|---|---|---|---|---|---|---|
| 6 | 4 | 5 | 8 | 2 | 1 | 3 | 9 | 7 |
| 1 | 7 | 9 | 5 | 3 | 4 | 2 | 8 | 6 |
| 9 | 5 | 6 | 2 | 4 | 8 | 1 | 7 | 3 |
| 4 | 2 | 1 | 3 | 5 | 7 | 9 | 6 | 8 |
| 3 | 8 | 7 | 6 | 1 | 9 | 5 | 4 | 2 |
| 5 | 6 | 4 | 1 | 8 | 3 | 7 | 2 | 9 |
| 8 | 1 | 3 | 9 | 7 | 2 | 6 | 5 | 4 |
| 7 | 9 | 2 | 4 | 6 | 5 | 8 | 3 | 1 |

## 4.4.21.

| 8 | 6 | 3 | 9 | 2 | 7 | 1 | 5 | 4 |
|---|---|---|---|---|---|---|---|---|
| 5 | 4 | 2 | 6 | 8 | 1 | 9 | 7 | 3 |
| 7 | 1 | 9 | 4 | 5 | 3 | 8 | 6 | 2 |
| 6 | 2 | 1 | 7 | 3 | 4 | 5 | 8 | 9 |
| 9 | 7 | 5 | 2 | 6 | 8 | 4 | 3 | 1 |
| 4 | 3 | 8 | 5 | 1 | 9 | 7 | 2 | 6 |
| 1 | 5 | 6 | 8 | 9 | 2 | 3 | 4 | 7 |
| 3 | 8 | 7 | 1 | 4 | 6 | 2 | 9 | 5 |
| 2 | 9 | 4 | 3 | 7 | 5 | 6 | 1 | 8 |

## 4.4.22.

| 3 | 9 | 1 | 7 | 4 | 6 | 8 | 2 | 5 |
|---|---|---|---|---|---|---|---|---|
| 5 | 6 | 8 | 1 | 2 | 3 | 4 | 7 | 9 |
| 7 | 4 | 2 | 9 | 5 | 8 | 1 | 3 | 6 |
| 9 | 3 | 4 | 6 | 8 | 5 | 7 | 1 | 2 |
| 6 | 1 | 5 | 2 | 7 | 4 | 9 | 8 | 3 |
| 2 | 8 | 7 | 3 | 9 | 1 | 5 | 6 | 4 |
| 1 | 7 | 6 | 4 | 3 | 9 | 2 | 5 | 8 |
| 4 | 5 | 3 | 8 | 1 | 2 | 6 | 9 | 7 |
| 8 | 2 | 9 | 5 | 6 | 7 | 3 | 4 | 1 |

## 4.4.23.

| 5 | 2 | 7 | 4 | 8 | 1 | 3 | 9 | 6 |
|---|---|---|---|---|---|---|---|---|
| 1 | 8 | 6 | 3 | 5 | 9 | 7 | 4 | 2 |
| 9 | 4 | 3 | 7 | 6 | 2 | 8 | 5 | 1 |
| 8 | 6 | 1 | 2 | 3 | 4 | 5 | 7 | 9 |
| 7 | 5 | 2 | 6 | 9 | 8 | 1 | 3 | 4 |
| 3 | 9 | 4 | 5 | 1 | 7 | 2 | 6 | 8 |
| 2 | 7 | 5 | 8 | 4 | 6 | 9 | 1 | 3 |
| 4 | 3 | 9 | 1 | 2 | 5 | 6 | 8 | 7 |
| 6 | 1 | 8 | 9 | 7 | 3 | 4 | 2 | 5 |

## 4.4.24.

| 7 | 2 | 4 | 6 | 3 | 9 | 8 | 1 | 5 |
|---|---|---|---|---|---|---|---|---|
| 3 | 1 | 9 | 8 | 5 | 2 | 4 | 7 | 6 |
| 8 | 6 | 5 | 1 | 4 | 7 | 9 | 2 | 3 |
| 6 | 5 | 2 | 3 | 1 | 8 | 7 | 4 | 9 |
| 4 | 8 | 3 | 9 | 7 | 5 | 1 | 6 | 2 |
| 1 | 9 | 7 | 4 | 2 | 6 | 5 | 3 | 8 |
| 2 | 7 | 6 | 5 | 9 | 1 | 3 | 8 | 4 |
| 9 | 3 | 8 | 7 | 6 | 4 | 2 | 5 | 1 |
| 5 | 4 | 1 | 2 | 8 | 3 | 6 | 9 | 7 |

## 4.4.25.

| 2 | 1 | 5 | 6 | 3 | 9 | 8 | 4 | 7 |
|---|---|---|---|---|---|---|---|---|
| 8 | 6 | 7 | 2 | 5 | 4 | 1 | 9 | 3 |
| 3 | 4 | 9 | 7 | 1 | 8 | 5 | 2 | 6 |
| 5 | 8 | 1 | 4 | 7 | 3 | 9 | 6 | 2 |
| 7 | 2 | 6 | 9 | 8 | 1 | 3 | 5 | 4 |
| 4 | 9 | 3 | 5 | 2 | 6 | 7 | 1 | 8 |
| 9 | 5 | 4 | 3 | 6 | 7 | 2 | 8 | 1 |
| 1 | 3 | 2 | 8 | 4 | 5 | 6 | 7 | 9 |
| 6 | 7 | 8 | 1 | 9 | 2 | 4 | 3 | 5 |

## 4.4.26.

| 3 | 4 | 5 | 1 | 9 | 8 | 6 | 2 | 7 |
|---|---|---|---|---|---|---|---|---|
| 1 | 8 | 2 | 6 | 4 | 7 | 3 | 9 | 5 |
| 7 | 9 | 6 | 5 | 3 | 2 | 1 | 8 | 4 |
| 8 | 7 | 4 | 2 | 6 | 1 | 5 | 3 | 9 |
| 9 | 6 | 1 | 3 | 8 | 5 | 7 | 4 | 2 |
| 2 | 5 | 3 | 9 | 7 | 4 | 8 | 1 | 6 |
| 5 | 1 | 7 | 8 | 2 | 9 | 4 | 6 | 3 |
| 6 | 2 | 8 | 4 | 5 | 3 | 9 | 7 | 1 |
| 4 | 3 | 9 | 7 | 1 | 6 | 2 | 5 | 8 |

## 4.4.27.

| 3 | 8 | 9 | 7 | 5 | 2 | 6 | 4 | 1 |
|---|---|---|---|---|---|---|---|---|
| 2 | 6 | 7 | 4 | 1 | 9 | 5 | 3 | 8 |
| 5 | 1 | 4 | 6 | 3 | 8 | 7 | 2 | 9 |
| 8 | 4 | 2 | 5 | 7 | 6 | 9 | 1 | 3 |
| 1 | 7 | 3 | 9 | 8 | 4 | 2 | 5 | 6 |
| 6 | 9 | 5 | 1 | 2 | 3 | 8 | 7 | 4 |
| 7 | 3 | 8 | 2 | 6 | 1 | 4 | 9 | 5 |
| 9 | 2 | 1 | 8 | 4 | 5 | 3 | 6 | 7 |
| 4 | 5 | 6 | 3 | 9 | 7 | 1 | 8 | 2 |

## 4.4.28.

| 8 | 4 | 5 | 3 | 7 | 2 | 1 | 9 | 6 |
|---|---|---|---|---|---|---|---|---|
| 7 | 1 | 6 | 5 | 8 | 9 | 3 | 4 | 2 |
| 3 | 2 | 9 | 6 | 4 | 1 | 5 | 7 | 8 |
| 2 | 6 | 3 | 8 | 5 | 7 | 9 | 1 | 4 |
| 1 | 5 | 7 | 2 | 9 | 4 | 6 | 8 | 3 |
| 4 | 9 | 8 | 1 | 3 | 6 | 2 | 5 | 7 |
| 5 | 3 | 4 | 9 | 6 | 8 | 7 | 2 | 1 |
| 9 | 8 | 1 | 7 | 2 | 3 | 4 | 6 | 5 |
| 6 | 7 | 2 | 4 | 1 | 5 | 8 | 3 | 9 |

## 4.4.29.

| 6 | 4 | 3 | 5 | 1 | 7 | 9 | 8 | 2 |
|---|---|---|---|---|---|---|---|---|
| 8 | 9 | 7 | 2 | 4 | 6 | 1 | 5 | 3 |
| 2 | 5 | 1 | 3 | 8 | 9 | 6 | 7 | 4 |
| 3 | 1 | 5 | 7 | 9 | 8 | 2 | 4 | 6 |
| 7 | 8 | 9 | 6 | 2 | 4 | 5 | 3 | 1 |
| 4 | 6 | 2 | 1 | 5 | 3 | 7 | 9 | 8 |
| 5 | 3 | 6 | 4 | 7 | 2 | 8 | 1 | 9 |
| 1 | 2 | 8 | 9 | 3 | 5 | 4 | 6 | 7 |
| 9 | 7 | 4 | 8 | 6 | 1 | 3 | 2 | 5 |

## 4.4.30.

| 3 | 9 | 8 | 5 | 2 | 4 | 6 | 7 | 1 |
|---|---|---|---|---|---|---|---|---|
| 2 | 7 | 1 | 8 | 6 | 9 | 4 | 3 | 5 |
| 4 | 6 | 5 | 1 | 7 | 3 | 9 | 8 | 2 |
| 1 | 2 | 7 | 4 | 5 | 6 | 3 | 9 | 8 |
| 8 | 3 | 6 | 9 | 1 | 2 | 5 | 4 | 7 |
| 9 | 5 | 4 | 3 | 8 | 7 | 1 | 2 | 6 |
| 6 | 1 | 3 | 2 | 4 | 8 | 7 | 5 | 9 |
| 5 | 4 | 2 | 7 | 9 | 1 | 8 | 6 | 3 |
| 7 | 8 | 9 | 6 | 3 | 5 | 2 | 1 | 4 |

### 4.4.31.

| 3 | 5 | 2 | 7 | 9 | 4 | 8 | 1 | 6 |
|---|---|---|---|---|---|---|---|---|
| 6 | 7 | 8 | 2 | 3 | 1 | 9 | 4 | 5 |
| 4 | 1 | 9 | 8 | 6 | 5 | 7 | 2 | 3 |
| 5 | 8 | 3 | 1 | 7 | 6 | 4 | 9 | 2 |
| 2 | 6 | 7 | 4 | 5 | 9 | 3 | 8 | 1 |
| 9 | 4 | 1 | 3 | 8 | 2 | 6 | 5 | 7 |
| 1 | 3 | 5 | 6 | 4 | 8 | 2 | 7 | 9 |
| 8 | 2 | 6 | 9 | 1 | 7 | 5 | 3 | 4 |
| 7 | 9 | 4 | 5 | 2 | 3 | 1 | 6 | 8 |

### 4.4.32.

| 8 | 9 | 1 | 4 | 3 | 7 | 2 | 6 | 5 |
|---|---|---|---|---|---|---|---|---|
| 2 | 4 | 6 | 9 | 1 | 5 | 7 | 3 | 8 |
| 7 | 3 | 5 | 8 | 2 | 6 | 9 | 1 | 4 |
| 9 | 6 | 2 | 3 | 5 | 8 | 1 | 4 | 7 |
| 1 | 8 | 3 | 2 | 7 | 4 | 5 | 9 | 6 |
| 5 | 7 | 4 | 6 | 9 | 1 | 8 | 2 | 3 |
| 3 | 5 | 7 | 1 | 6 | 2 | 4 | 8 | 9 |
| 6 | 2 | 8 | 5 | 4 | 9 | 3 | 7 | 1 |
| 4 | 1 | 9 | 7 | 8 | 3 | 6 | 5 | 2 |

### 4.4.33.

| 9 | 8 | 5 | 1 | 2 | 3 | 4 | 6 | 7 |
|---|---|---|---|---|---|---|---|---|
| 3 | 2 | 6 | 9 | 4 | 7 | 5 | 1 | 8 |
| 1 | 4 | 7 | 6 | 8 | 5 | 2 | 3 | 9 |
| 4 | 9 | 8 | 3 | 7 | 1 | 6 | 2 | 5 |
| 5 | 1 | 2 | 8 | 6 | 4 | 9 | 7 | 3 |
| 6 | 7 | 3 | 2 | 5 | 9 | 1 | 8 | 4 |
| 7 | 6 | 9 | 5 | 1 | 8 | 3 | 4 | 2 |
| 8 | 3 | 1 | 4 | 9 | 2 | 7 | 5 | 6 |
| 2 | 5 | 4 | 7 | 3 | 6 | 8 | 9 | 1 |

### 4.4.34.

| 6 | 1 | 7 | 9 | 3 | 5 | 2 | 8 | 4 |
|---|---|---|---|---|---|---|---|---|
| 3 | 8 | 4 | 6 | 2 | 1 | 7 | 9 | 5 |
| 2 | 9 | 5 | 8 | 7 | 4 | 3 | 1 | 6 |
| 7 | 6 | 2 | 1 | 9 | 3 | 5 | 4 | 8 |
| 5 | 4 | 9 | 7 | 8 | 2 | 1 | 6 | 3 |
| 1 | 3 | 8 | 4 | 5 | 6 | 9 | 2 | 7 |
| 8 | 7 | 1 | 5 | 6 | 9 | 4 | 3 | 2 |
| 9 | 2 | 6 | 3 | 4 | 7 | 8 | 5 | 1 |
| 4 | 5 | 3 | 2 | 1 | 8 | 6 | 7 | 9 |

### 4.4.35.

| 3 | 5 | 8 | 1 | 6 | 7 | 4 | 9 | 2 |
|---|---|---|---|---|---|---|---|---|
| 2 | 4 | 6 | 8 | 5 | 9 | 7 | 3 | 1 |
| 9 | 1 | 7 | 3 | 2 | 4 | 5 | 8 | 6 |
| 5 | 7 | 3 | 4 | 1 | 8 | 6 | 2 | 9 |
| 1 | 8 | 9 | 6 | 7 | 2 | 3 | 4 | 5 |
| 6 | 2 | 4 | 5 | 9 | 3 | 1 | 7 | 8 |
| 4 | 3 | 5 | 2 | 8 | 1 | 9 | 6 | 7 |
| 7 | 6 | 2 | 9 | 4 | 5 | 8 | 1 | 3 |
| 8 | 9 | 1 | 7 | 3 | 6 | 2 | 5 | 4 |

### 4.4.36.

| 4 | 3 | 7 | 9 | 8 | 5 | 2 | 1 | 6 |
|---|---|---|---|---|---|---|---|---|
| 6 | 8 | 5 | 1 | 4 | 2 | 9 | 3 | 7 |
| 9 | 2 | 1 | 6 | 7 | 3 | 4 | 5 | 8 |
| 1 | 9 | 8 | 5 | 6 | 7 | 3 | 2 | 4 |
| 5 | 7 | 6 | 2 | 3 | 4 | 8 | 9 | 1 |
| 3 | 4 | 2 | 8 | 9 | 1 | 6 | 7 | 5 |
| 2 | 5 | 9 | 4 | 1 | 6 | 7 | 8 | 3 |
| 8 | 6 | 3 | 7 | 5 | 9 | 1 | 4 | 2 |
| 7 | 1 | 4 | 3 | 2 | 8 | 5 | 6 | 9 |

### 4.4.37.

| 8 | 5 | 1 | 3 | 2 | 4 | 9 | 7 | 6 |
|---|---|---|---|---|---|---|---|---|
| 7 | 9 | 4 | 5 | 8 | 6 | 3 | 1 | 2 |
| 2 | 6 | 3 | 7 | 9 | 1 | 8 | 4 | 5 |
| 5 | 4 | 8 | 2 | 6 | 7 | 1 | 3 | 9 |
| 3 | 2 | 9 | 8 | 1 | 5 | 4 | 6 | 7 |
| 6 | 1 | 7 | 9 | 4 | 3 | 2 | 5 | 8 |
| 1 | 8 | 5 | 4 | 7 | 2 | 6 | 9 | 3 |
| 9 | 3 | 6 | 1 | 5 | 8 | 7 | 2 | 4 |
| 4 | 7 | 2 | 6 | 3 | 9 | 5 | 8 | 1 |

### 4.4.38.

| 6 | 9 | 7 | 8 | 5 | 4 | 1 | 3 | 2 |
|---|---|---|---|---|---|---|---|---|
| 3 | 8 | 4 | 2 | 7 | 1 | 5 | 6 | 9 |
| 5 | 2 | 1 | 6 | 3 | 9 | 4 | 8 | 7 |
| 8 | 6 | 2 | 1 | 9 | 7 | 3 | 5 | 4 |
| 9 | 7 | 5 | 3 | 4 | 8 | 6 | 2 | 1 |
| 4 | 1 | 3 | 5 | 6 | 2 | 9 | 7 | 8 |
| 7 | 3 | 9 | 4 | 8 | 5 | 2 | 1 | 6 |
| 1 | 5 | 8 | 9 | 2 | 6 | 7 | 4 | 3 |
| 2 | 4 | 6 | 7 | 1 | 3 | 8 | 9 | 5 |

### 4.4.39.

| 8 | 1 | 4 | 3 | 6 | 5 | 7 | 9 | 2 |
|---|---|---|---|---|---|---|---|---|
| 2 | 9 | 6 | 7 | 1 | 4 | 5 | 8 | 3 |
| 7 | 3 | 5 | 8 | 2 | 9 | 6 | 4 | 1 |
| 4 | 5 | 3 | 9 | 8 | 6 | 2 | 1 | 7 |
| 9 | 2 | 7 | 4 | 3 | 1 | 8 | 6 | 5 |
| 1 | 6 | 8 | 2 | 5 | 7 | 4 | 3 | 9 |
| 5 | 8 | 9 | 1 | 4 | 2 | 3 | 7 | 6 |
| 6 | 4 | 1 | 5 | 7 | 3 | 9 | 2 | 8 |
| 3 | 7 | 2 | 6 | 9 | 8 | 1 | 5 | 4 |

### 4.4.40.

| 3 | 8 | 2 | 1 | 7 | 6 | 9 | 5 | 4 |
|---|---|---|---|---|---|---|---|---|
| 5 | 9 | 1 | 4 | 8 | 3 | 2 | 7 | 6 |
| 6 | 4 | 7 | 9 | 2 | 5 | 3 | 8 | 1 |
| 7 | 6 | 9 | 2 | 3 | 1 | 5 | 4 | 8 |
| 8 | 2 | 3 | 5 | 4 | 7 | 6 | 1 | 9 |
| 4 | 1 | 5 | 8 | 6 | 9 | 7 | 3 | 2 |
| 1 | 5 | 4 | 3 | 9 | 2 | 8 | 6 | 7 |
| 9 | 3 | 6 | 7 | 1 | 8 | 4 | 2 | 5 |
| 2 | 7 | 8 | 6 | 5 | 4 | 1 | 9 | 3 |

### 4.5.1.

| 3 | 6 | 2 | 4 | 8 | 5 | 9 | 7 | 1 |
|---|---|---|---|---|---|---|---|---|
| 8 | 7 | 5 | 2 | 9 | 1 | 3 | 4 | 6 |
| 9 | 4 | 1 | 7 | 3 | 6 | 5 | 2 | 8 |
| 7 | 9 | 8 | 3 | 6 | 4 | 2 | 1 | 5 |
| 4 | 2 | 6 | 1 | 5 | 9 | 8 | 3 | 7 |
| 5 | 1 | 3 | 8 | 2 | 7 | 4 | 6 | 9 |
| 6 | 3 | 4 | 9 | 1 | 8 | 7 | 5 | 2 |
| 1 | 8 | 7 | 5 | 4 | 2 | 6 | 9 | 3 |
| 2 | 5 | 9 | 6 | 7 | 3 | 1 | 8 | 4 |

### 4.5.2.

| 9 | 2 | 1 | 6 | 3 | 7 | 5 | 8 | 4 |
|---|---|---|---|---|---|---|---|---|
| 3 | 8 | 4 | 2 | 5 | 9 | 6 | 7 | 1 |
| 6 | 7 | 5 | 1 | 8 | 4 | 2 | 9 | 3 |
| 5 | 3 | 9 | 4 | 7 | 1 | 8 | 6 | 2 |
| 2 | 1 | 7 | 3 | 6 | 8 | 9 | 4 | 5 |
| 8 | 4 | 6 | 5 | 9 | 2 | 3 | 1 | 7 |
| 1 | 6 | 8 | 7 | 2 | 3 | 4 | 5 | 9 |
| 7 | 5 | 2 | 9 | 4 | 6 | 1 | 3 | 8 |
| 4 | 9 | 3 | 8 | 1 | 5 | 7 | 2 | 6 |

### 4.5.3.

| 8 | 1 | 5 | 2 | 9 | 6 | 7 | 3 | 4 |
|---|---|---|---|---|---|---|---|---|
| 7 | 4 | 9 | 3 | 5 | 1 | 6 | 2 | 8 |
| 2 | 6 | 3 | 8 | 4 | 7 | 5 | 1 | 9 |
| 3 | 5 | 7 | 9 | 6 | 4 | 1 | 8 | 2 |
| 6 | 9 | 8 | 5 | 1 | 2 | 4 | 7 | 3 |
| 4 | 2 | 1 | 7 | 3 | 8 | 9 | 5 | 6 |
| 1 | 8 | 6 | 4 | 2 | 5 | 3 | 9 | 7 |
| 5 | 3 | 2 | 6 | 7 | 9 | 8 | 4 | 1 |
| 9 | 7 | 4 | 1 | 8 | 3 | 2 | 6 | 5 |

### 4.5.4.

| 1 | 6 | 7 | 5 | 3 | 8 | 2 | 9 | 4 |
|---|---|---|---|---|---|---|---|---|
| 4 | 9 | 8 | 7 | 1 | 2 | 6 | 5 | 3 |
| 5 | 2 | 3 | 4 | 6 | 9 | 1 | 8 | 7 |
| 9 | 7 | 5 | 2 | 8 | 1 | 3 | 4 | 6 |
| 8 | 3 | 2 | 6 | 5 | 4 | 9 | 7 | 1 |
| 6 | 4 | 1 | 3 | 9 | 7 | 8 | 2 | 5 |
| 2 | 1 | 6 | 8 | 4 | 5 | 7 | 3 | 9 |
| 7 | 5 | 9 | 1 | 2 | 3 | 4 | 6 | 8 |
| 3 | 8 | 4 | 9 | 7 | 6 | 5 | 1 | 2 |

### 4.5.5.

| 5 | 8 | 4 | 3 | 9 | 6 | 2 | 1 | 7 |
|---|---|---|---|---|---|---|---|---|
| 3 | 7 | 2 | 4 | 1 | 8 | 5 | 9 | 6 |
| 1 | 9 | 6 | 7 | 2 | 5 | 3 | 8 | 4 |
| 9 | 4 | 1 | 6 | 5 | 3 | 7 | 2 | 8 |
| 2 | 6 | 5 | 9 | 8 | 7 | 4 | 3 | 1 |
| 8 | 3 | 7 | 1 | 4 | 2 | 9 | 6 | 5 |
| 6 | 1 | 3 | 5 | 7 | 9 | 8 | 4 | 2 |
| 7 | 2 | 9 | 8 | 6 | 4 | 1 | 5 | 3 |
| 4 | 5 | 8 | 2 | 3 | 1 | 6 | 7 | 9 |

### 4.5.6.

| 3 | 8 | 5 | 4 | 6 | 1 | 2 | 7 | 9 |
|---|---|---|---|---|---|---|---|---|
| 6 | 4 | 7 | 2 | 9 | 5 | 3 | 8 | 1 |
| 1 | 9 | 2 | 7 | 8 | 3 | 6 | 5 | 4 |
| 5 | 3 | 8 | 6 | 7 | 4 | 9 | 1 | 2 |
| 4 | 2 | 9 | 5 | 1 | 8 | 7 | 6 | 3 |
| 7 | 6 | 1 | 3 | 2 | 9 | 8 | 4 | 5 |
| 9 | 7 | 3 | 1 | 5 | 6 | 4 | 2 | 8 |
| 8 | 5 | 6 | 9 | 4 | 2 | 1 | 3 | 7 |
| 2 | 1 | 4 | 8 | 3 | 7 | 5 | 9 | 6 |

### 4.5.7.

| 6 | 3 | 2 | 8 | 4 | 9 | 1 | 5 | 7 |
|---|---|---|---|---|---|---|---|---|
| 7 | 4 | 9 | 1 | 6 | 5 | 3 | 8 | 2 |
| 5 | 8 | 1 | 7 | 2 | 3 | 4 | 6 | 9 |
| 8 | 5 | 4 | 6 | 7 | 1 | 2 | 9 | 3 |
| 2 | 9 | 6 | 3 | 8 | 4 | 5 | 7 | 1 |
| 3 | 1 | 7 | 9 | 5 | 2 | 6 | 4 | 8 |
| 4 | 6 | 3 | 2 | 9 | 7 | 8 | 1 | 5 |
| 1 | 7 | 5 | 4 | 3 | 8 | 9 | 2 | 6 |
| 9 | 2 | 8 | 5 | 1 | 6 | 7 | 3 | 4 |

### 4.5.8.

| 8 | 5 | 7 | 2 | 3 | 9 | 1 | 6 | 4 |
|---|---|---|---|---|---|---|---|---|
| 3 | 4 | 1 | 6 | 7 | 8 | 5 | 9 | 2 |
| 2 | 6 | 9 | 4 | 1 | 5 | 7 | 8 | 3 |
| 7 | 3 | 8 | 5 | 2 | 6 | 4 | 1 | 9 |
| 9 | 1 | 4 | 3 | 8 | 7 | 6 | 2 | 5 |
| 5 | 2 | 6 | 9 | 4 | 1 | 3 | 7 | 8 |
| 4 | 7 | 5 | 1 | 9 | 2 | 8 | 3 | 6 |
| 6 | 8 | 2 | 7 | 5 | 3 | 9 | 4 | 1 |
| 1 | 9 | 3 | 8 | 6 | 4 | 2 | 5 | 7 |

### 4.5.9.

| 9 | 1 | 6 | 3 | 7 | 5 | 4 | 8 | 2 |
|---|---|---|---|---|---|---|---|---|
| 4 | 5 | 8 | 6 | 1 | 2 | 3 | 9 | 7 |
| 3 | 7 | 2 | 9 | 8 | 4 | 1 | 6 | 5 |
| 6 | 9 | 1 | 2 | 5 | 7 | 8 | 4 | 3 |
| 7 | 4 | 5 | 8 | 3 | 6 | 9 | 2 | 1 |
| 8 | 2 | 3 | 4 | 9 | 1 | 5 | 7 | 6 |
| 5 | 8 | 9 | 7 | 6 | 3 | 2 | 1 | 4 |
| 2 | 3 | 7 | 1 | 4 | 8 | 6 | 5 | 9 |
| 1 | 6 | 4 | 5 | 2 | 9 | 7 | 3 | 8 |

### 4.5.10.

| 1 | 3 | 4 | 8 | 7 | 6 | 9 | 5 | 2 |
|---|---|---|---|---|---|---|---|---|
| 6 | 2 | 5 | 4 | 3 | 9 | 7 | 8 | 1 |
| 9 | 8 | 7 | 1 | 2 | 5 | 3 | 6 | 4 |
| 7 | 9 | 1 | 6 | 5 | 2 | 8 | 4 | 3 |
| 2 | 4 | 6 | 3 | 9 | 8 | 5 | 1 | 7 |
| 3 | 5 | 8 | 7 | 4 | 1 | 6 | 2 | 9 |
| 8 | 7 | 3 | 5 | 1 | 4 | 2 | 9 | 6 |
| 4 | 6 | 9 | 2 | 8 | 7 | 1 | 3 | 5 |
| 5 | 1 | 2 | 9 | 6 | 3 | 4 | 7 | 8 |

### 4.5.11.

| 5 | 2 | 7 | 4 | 1 | 3 | 9 | 6 | 8 |
|---|---|---|---|---|---|---|---|---|
| 9 | 3 | 8 | 6 | 2 | 5 | 1 | 7 | 4 |
| 4 | 1 | 6 | 7 | 9 | 8 | 3 | 5 | 2 |
| 2 | 8 | 1 | 3 | 6 | 9 | 5 | 4 | 7 |
| 3 | 7 | 9 | 8 | 5 | 4 | 6 | 2 | 1 |
| 6 | 4 | 5 | 1 | 7 | 2 | 8 | 3 | 9 |
| 7 | 6 | 3 | 2 | 8 | 1 | 4 | 9 | 5 |
| 8 | 5 | 4 | 9 | 3 | 7 | 2 | 1 | 6 |
| 1 | 9 | 2 | 5 | 4 | 6 | 7 | 8 | 3 |

### 4.5.12.

| 6 | 5 | 1 | 4 | 7 | 2 | 9 | 8 | 3 |
|---|---|---|---|---|---|---|---|---|
| 8 | 9 | 7 | 5 | 3 | 1 | 6 | 4 | 2 |
| 3 | 2 | 4 | 6 | 8 | 9 | 7 | 5 | 1 |
| 2 | 4 | 6 | 9 | 1 | 8 | 5 | 3 | 7 |
| 9 | 8 | 5 | 3 | 6 | 7 | 1 | 2 | 4 |
| 1 | 7 | 3 | 2 | 4 | 5 | 8 | 9 | 6 |
| 5 | 3 | 9 | 1 | 2 | 6 | 4 | 7 | 8 |
| 7 | 6 | 2 | 8 | 9 | 4 | 3 | 1 | 5 |
| 4 | 1 | 8 | 7 | 5 | 3 | 2 | 6 | 9 |

## 4.5.13.

| 9 | 3 | 1 | 4 | 7 | 5 | 2 | 8 | 6 |
|---|---|---|---|---|---|---|---|---|
| 4 | 2 | 6 | 9 | 1 | 8 | 5 | 7 | 3 |
| 5 | 7 | 8 | 6 | 2 | 3 | 9 | 4 | 1 |
| 1 | 5 | 7 | 3 | 9 | 6 | 8 | 2 | 4 |
| 6 | 4 | 3 | 5 | 8 | 2 | 1 | 9 | 7 |
| 8 | 9 | 2 | 1 | 4 | 7 | 6 | 3 | 5 |
| 2 | 8 | 4 | 7 | 6 | 1 | 3 | 5 | 9 |
| 3 | 6 | 9 | 2 | 5 | 4 | 7 | 1 | 8 |
| 7 | 1 | 5 | 8 | 3 | 9 | 4 | 6 | 2 |

## 4.5.14.

| 7 | 3 | 9 | 5 | 2 | 8 | 1 | 6 | 4 |
|---|---|---|---|---|---|---|---|---|
| 6 | 4 | 8 | 7 | 1 | 3 | 5 | 9 | 2 |
| 5 | 2 | 1 | 9 | 4 | 6 | 7 | 8 | 3 |
| 2 | 8 | 7 | 6 | 3 | 5 | 9 | 4 | 1 |
| 3 | 9 | 6 | 4 | 7 | 1 | 8 | 2 | 5 |
| 1 | 5 | 4 | 2 | 8 | 9 | 6 | 3 | 7 |
| 4 | 1 | 5 | 8 | 9 | 2 | 3 | 7 | 6 |
| 9 | 7 | 3 | 1 | 6 | 4 | 2 | 5 | 8 |
| 8 | 6 | 2 | 3 | 5 | 7 | 4 | 1 | 9 |

## 4.5.15.

| 8 | 1 | 5 | 9 | 6 | 7 | 2 | 4 | 3 |
|---|---|---|---|---|---|---|---|---|
| 4 | 6 | 3 | 5 | 8 | 2 | 1 | 7 | 9 |
| 2 | 7 | 9 | 3 | 4 | 1 | 5 | 8 | 6 |
| 9 | 2 | 6 | 8 | 5 | 3 | 7 | 1 | 4 |
| 3 | 5 | 7 | 2 | 1 | 4 | 6 | 9 | 8 |
| 1 | 4 | 8 | 6 | 7 | 9 | 3 | 5 | 2 |
| 7 | 8 | 4 | 1 | 2 | 6 | 9 | 3 | 5 |
| 6 | 3 | 1 | 4 | 9 | 5 | 8 | 2 | 7 |
| 5 | 9 | 2 | 7 | 3 | 8 | 4 | 6 | 1 |

## 4.5.16.

| 3 | 6 | 4 | 7 | 1 | 8 | 2 | 9 | 5 |
|---|---|---|---|---|---|---|---|---|
| 7 | 2 | 8 | 9 | 5 | 6 | 3 | 4 | 1 |
| 5 | 1 | 9 | 4 | 2 | 3 | 7 | 8 | 6 |
| 9 | 8 | 2 | 6 | 7 | 1 | 5 | 3 | 4 |
| 4 | 7 | 6 | 5 | 3 | 2 | 9 | 1 | 8 |
| 1 | 3 | 5 | 8 | 9 | 4 | 6 | 7 | 2 |
| 8 | 4 | 7 | 2 | 6 | 9 | 1 | 5 | 3 |
| 6 | 5 | 1 | 3 | 4 | 7 | 8 | 2 | 9 |
| 2 | 9 | 3 | 1 | 8 | 5 | 4 | 6 | 7 |

## 4.5.17.

| 5 | 4 | 7 | 2 | 9 | 3 | 6 | 8 | 1 |
|---|---|---|---|---|---|---|---|---|
| 3 | 1 | 6 | 8 | 5 | 7 | 4 | 9 | 2 |
| 8 | 9 | 2 | 4 | 1 | 6 | 3 | 5 | 7 |
| 9 | 3 | 1 | 5 | 4 | 2 | 7 | 6 | 8 |
| 7 | 2 | 8 | 6 | 3 | 9 | 1 | 4 | 5 |
| 4 | 6 | 5 | 7 | 8 | 1 | 2 | 3 | 9 |
| 6 | 7 | 9 | 3 | 2 | 8 | 5 | 1 | 4 |
| 2 | 8 | 4 | 1 | 6 | 5 | 9 | 7 | 3 |
| 1 | 5 | 3 | 9 | 7 | 4 | 8 | 2 | 6 |

## 4.5.18.

| 8 | 9 | 1 | 2 | 4 | 5 | 3 | 6 | 7 |
|---|---|---|---|---|---|---|---|---|
| 3 | 2 | 6 | 9 | 8 | 7 | 4 | 5 | 1 |
| 5 | 7 | 4 | 3 | 1 | 6 | 2 | 9 | 8 |
| 9 | 1 | 2 | 7 | 3 | 8 | 5 | 4 | 6 |
| 7 | 6 | 3 | 5 | 2 | 4 | 1 | 8 | 9 |
| 4 | 8 | 5 | 6 | 9 | 1 | 7 | 2 | 3 |
| 2 | 4 | 7 | 8 | 6 | 3 | 9 | 1 | 5 |
| 6 | 5 | 9 | 1 | 7 | 2 | 8 | 3 | 4 |
| 1 | 3 | 8 | 4 | 5 | 9 | 6 | 7 | 2 |

## 4.5.19.

| 4 | 5 | 9 | 3 | 7 | 8 | 6 | 2 | 1 |
|---|---|---|---|---|---|---|---|---|
| 3 | 7 | 2 | 5 | 6 | 1 | 4 | 8 | 9 |
| 6 | 1 | 8 | 2 | 4 | 9 | 7 | 5 | 3 |
| 1 | 8 | 6 | 7 | 2 | 3 | 5 | 9 | 4 |
| 5 | 9 | 3 | 1 | 8 | 4 | 2 | 6 | 7 |
| 7 | 2 | 4 | 9 | 5 | 6 | 3 | 1 | 8 |
| 2 | 6 | 1 | 4 | 9 | 7 | 8 | 3 | 5 |
| 8 | 3 | 7 | 6 | 1 | 5 | 9 | 4 | 2 |
| 9 | 4 | 5 | 8 | 3 | 2 | 1 | 7 | 6 |

## 4.5.20.

| 7 | 8 | 3 | 4 | 9 | 6 | 5 | 2 | 1 |
|---|---|---|---|---|---|---|---|---|
| 6 | 2 | 1 | 3 | 8 | 5 | 9 | 4 | 7 |
| 9 | 5 | 4 | 7 | 1 | 2 | 3 | 8 | 6 |
| 2 | 3 | 5 | 9 | 6 | 8 | 7 | 1 | 4 |
| 4 | 1 | 9 | 2 | 5 | 7 | 6 | 3 | 8 |
| 8 | 7 | 6 | 1 | 3 | 4 | 2 | 9 | 5 |
| 5 | 4 | 8 | 6 | 2 | 9 | 1 | 7 | 3 |
| 3 | 6 | 2 | 8 | 7 | 1 | 4 | 5 | 9 |
| 1 | 9 | 7 | 5 | 4 | 3 | 8 | 6 | 2 |

## 4.5.21.

| 1 | 3 | 8 | 6 | 9 | 7 | 4 | 5 | 2 |
|---|---|---|---|---|---|---|---|---|
| 9 | 4 | 7 | 5 | 1 | 2 | 8 | 6 | 3 |
| 2 | 6 | 5 | 4 | 8 | 3 | 9 | 1 | 7 |
| 4 | 7 | 2 | 3 | 6 | 1 | 5 | 8 | 9 |
| 5 | 9 | 3 | 7 | 4 | 8 | 1 | 2 | 6 |
| 8 | 1 | 6 | 2 | 5 | 9 | 3 | 7 | 4 |
| 7 | 8 | 4 | 1 | 3 | 6 | 2 | 9 | 5 |
| 3 | 2 | 1 | 9 | 7 | 5 | 6 | 4 | 8 |
| 6 | 5 | 9 | 8 | 2 | 4 | 7 | 3 | 1 |

## 4.5.22.

| 5 | 4 | 2 | 9 | 3 | 1 | 7 | 6 | 8 |
|---|---|---|---|---|---|---|---|---|
| 9 | 1 | 7 | 8 | 2 | 6 | 5 | 4 | 3 |
| 3 | 6 | 8 | 5 | 4 | 7 | 1 | 9 | 2 |
| 1 | 8 | 6 | 2 | 9 | 4 | 3 | 5 | 7 |
| 4 | 9 | 3 | 1 | 7 | 5 | 2 | 8 | 6 |
| 2 | 7 | 5 | 3 | 6 | 8 | 9 | 1 | 4 |
| 6 | 5 | 9 | 7 | 8 | 3 | 4 | 2 | 1 |
| 7 | 2 | 4 | 6 | 1 | 9 | 8 | 3 | 5 |
| 8 | 3 | 1 | 4 | 5 | 2 | 6 | 7 | 9 |

## 4.5.23.

| 1 | 5 | 2 | 9 | 8 | 3 | 4 | 7 | 6 |
|---|---|---|---|---|---|---|---|---|
| 3 | 6 | 8 | 7 | 4 | 5 | 1 | 2 | 9 |
| 4 | 9 | 7 | 2 | 1 | 6 | 3 | 5 | 8 |
| 7 | 4 | 1 | 8 | 5 | 2 | 9 | 6 | 3 |
| 8 | 3 | 5 | 1 | 6 | 9 | 2 | 4 | 7 |
| 6 | 2 | 9 | 3 | 7 | 4 | 5 | 8 | 1 |
| 5 | 1 | 4 | 6 | 3 | 7 | 8 | 9 | 2 |
| 9 | 8 | 6 | 5 | 2 | 1 | 7 | 3 | 4 |
| 2 | 7 | 3 | 4 | 9 | 8 | 6 | 1 | 5 |

## 4.5.24.

| 1 | 5 | 3 | 8 | 4 | 2 | 9 | 7 | 6 |
|---|---|---|---|---|---|---|---|---|
| 7 | 4 | 2 | 5 | 6 | 9 | 1 | 3 | 8 |
| 9 | 6 | 8 | 3 | 7 | 1 | 5 | 4 | 2 |
| 5 | 2 | 4 | 6 | 8 | 3 | 7 | 9 | 1 |
| 8 | 1 | 6 | 7 | 9 | 5 | 3 | 2 | 4 |
| 3 | 7 | 9 | 1 | 2 | 4 | 6 | 8 | 5 |
| 4 | 9 | 7 | 2 | 1 | 6 | 8 | 5 | 3 |
| 6 | 8 | 5 | 4 | 3 | 7 | 2 | 1 | 9 |
| 2 | 3 | 1 | 9 | 5 | 8 | 4 | 6 | 7 |

| 4.5.25. | 4.5.26. | 4.5.27. |
|---|---|---|
| 6 9 7 1 4 3 2 5 8 | 2 9 8 4 7 1 5 3 6 | 4 7 6 9 2 3 5 1 8 |
| 5 1 8 9 6 2 7 3 4 | 4 7 5 3 8 6 9 2 1 | 5 2 3 6 1 8 9 7 4 |
| 3 2 4 8 7 5 9 6 1 | 6 3 1 5 9 2 8 4 7 | 9 8 1 7 4 5 6 2 3 |
| 7 5 1 2 3 4 8 9 6 | 8 6 4 2 5 3 7 1 9 | 7 9 2 3 5 1 4 8 6 |
| 9 6 2 5 8 1 3 4 7 | 7 1 2 9 6 8 3 5 4 | 3 5 4 8 7 6 1 9 2 |
| 4 8 3 7 9 6 5 1 2 | 9 5 3 1 4 7 2 6 8 | 1 6 8 2 9 4 3 5 7 |
| 2 7 5 4 1 9 6 8 3 | 5 4 6 8 2 9 1 7 3 | 2 3 9 5 6 7 8 4 1 |
| 1 3 9 6 2 8 4 7 5 | 3 8 7 6 1 5 4 9 2 | 8 4 7 1 3 9 2 6 5 |
| 8 4 6 3 5 7 1 2 9 | 1 2 9 7 3 4 6 8 5 | 6 1 5 4 8 2 7 3 9 |

| 4.5.28. | 4.5.29. | 4.5.30. |
|---|---|---|
| 8 3 6 9 5 1 7 4 2 | 4 5 1 9 7 3 2 8 6 | 3 5 1 6 7 2 8 4 9 |
| 7 2 9 4 3 6 5 8 1 | 9 7 3 2 6 8 4 5 1 | 6 2 7 4 9 8 5 1 3 |
| 5 4 1 7 2 8 6 3 9 | 2 6 8 1 4 5 9 7 3 | 4 8 9 3 1 5 2 7 6 |
| 9 6 5 3 8 2 4 1 7 | 7 1 4 5 3 9 8 6 2 | 2 7 5 9 8 6 1 3 4 |
| 3 8 2 1 4 7 9 5 6 | 5 3 6 8 2 4 7 1 9 | 9 4 3 7 5 1 6 8 2 |
| 4 1 7 5 6 9 8 2 3 | 8 9 2 7 1 6 5 3 4 | 1 6 8 2 3 4 9 5 7 |
| 1 7 3 8 9 4 2 6 5 | 6 8 7 3 9 2 1 4 5 | 5 9 6 8 4 3 7 2 1 |
| 2 9 4 6 1 5 3 7 8 | 1 4 9 6 5 7 3 2 8 | 7 1 4 5 2 9 3 6 8 |
| 6 5 8 2 7 3 1 9 4 | 3 2 5 4 8 1 6 9 7 | 8 3 2 1 6 7 4 9 5 |

| 4.5.31. | 4.5.32. | 4.5.33. |
|---|---|---|
| 9 2 1 5 7 3 8 6 4 | 8 7 2 5 9 6 1 3 4 | 3 8 9 4 2 7 5 6 1 |
| 6 8 4 9 2 1 3 7 5 | 9 1 3 4 7 2 8 6 5 | 6 1 7 5 8 3 4 9 2 |
| 5 3 7 4 8 6 9 2 1 | 4 6 5 3 1 8 2 7 9 | 4 2 5 6 9 1 3 7 8 |
| 8 1 9 2 6 4 7 5 3 | 7 5 8 9 2 4 3 1 6 | 5 3 1 9 7 8 6 2 4 |
| 7 4 3 1 9 5 6 8 2 | 1 3 9 7 6 5 4 8 2 | 8 9 2 3 6 4 7 1 5 |
| 2 6 5 7 3 8 4 1 9 | 6 2 4 8 3 1 5 9 7 | 7 6 4 2 1 5 8 3 9 |
| 1 9 6 3 5 7 2 4 8 | 2 8 7 6 4 3 9 5 1 | 2 5 6 7 4 9 1 8 3 |
| 3 5 8 6 4 2 1 9 7 | 5 9 1 2 8 7 6 4 3 | 1 7 3 8 5 2 9 4 6 |
| 4 7 2 8 1 9 5 3 6 | 3 4 6 1 5 9 7 2 8 | 9 4 8 1 3 6 2 5 7 |

| 4.5.34. | 4.5.35. | 4.5.36. |
|---|---|---|
| 1 7 6 8 5 3 2 4 9 | 9 7 6 2 8 4 5 3 1 | 8 3 1 6 9 5 4 2 7 |
| 8 3 5 2 4 9 1 6 7 | 3 8 2 5 9 1 4 6 7 | 5 6 4 3 2 7 1 8 9 |
| 9 4 2 1 7 6 5 3 8 | 5 4 1 6 3 7 8 2 9 | 9 7 2 1 8 4 6 3 5 |
| 3 8 4 7 6 2 9 5 1 | 1 9 7 3 4 6 2 5 8 | 4 8 9 2 7 3 5 1 6 |
| 6 5 1 3 9 8 7 2 4 | 4 5 8 1 2 9 3 7 6 | 2 1 6 4 5 8 9 7 3 |
| 7 2 9 5 1 4 3 8 6 | 2 6 3 8 7 5 9 1 4 | 7 5 3 9 6 1 8 4 2 |
| 2 6 3 9 8 1 4 7 5 | 8 1 5 4 6 3 7 9 2 | 1 9 8 7 3 6 2 5 4 |
| 5 9 8 4 2 7 6 1 3 | 6 2 9 7 5 8 1 4 3 | 3 2 5 8 4 9 7 6 1 |
| 4 1 7 6 3 5 8 9 2 | 7 3 4 9 1 2 6 8 5 | 6 4 7 5 1 2 3 9 8 |

### 4.5.37.

| 5 | 1 | 4 | 8 | 7 | 9 | 6 | 2 | 3 |
|---|---|---|---|---|---|---|---|---|
| 9 | 7 | 3 | 4 | 6 | 2 | 5 | 1 | 8 |
| 8 | 6 | 2 | 3 | 1 | 5 | 7 | 9 | 4 |
| 7 | 4 | 5 | 1 | 2 | 6 | 3 | 8 | 9 |
| 1 | 8 | 9 | 5 | 4 | 3 | 2 | 7 | 6 |
| 3 | 2 | 6 | 7 | 9 | 8 | 1 | 4 | 5 |
| 6 | 3 | 1 | 2 | 8 | 4 | 9 | 5 | 7 |
| 2 | 5 | 8 | 9 | 3 | 7 | 4 | 6 | 1 |
| 4 | 9 | 7 | 6 | 5 | 1 | 8 | 3 | 2 |

### 4.5.38.

| 7 | 2 | 6 | 8 | 3 | 1 | 9 | 4 | 5 |
|---|---|---|---|---|---|---|---|---|
| 8 | 1 | 3 | 5 | 9 | 4 | 2 | 7 | 6 |
| 9 | 5 | 4 | 7 | 6 | 2 | 3 | 8 | 1 |
| 6 | 7 | 5 | 2 | 8 | 3 | 4 | 1 | 9 |
| 3 | 4 | 1 | 6 | 5 | 9 | 8 | 2 | 7 |
| 2 | 8 | 9 | 4 | 1 | 7 | 5 | 6 | 3 |
| 1 | 9 | 2 | 3 | 7 | 8 | 6 | 5 | 4 |
| 4 | 6 | 7 | 9 | 2 | 5 | 1 | 3 | 8 |
| 5 | 3 | 8 | 1 | 4 | 6 | 7 | 9 | 2 |

### 4.5.39.

| 5 | 2 | 1 | 7 | 4 | 8 | 6 | 9 | 3 |
|---|---|---|---|---|---|---|---|---|
| 4 | 7 | 8 | 3 | 9 | 6 | 5 | 1 | 2 |
| 9 | 6 | 3 | 1 | 2 | 5 | 8 | 7 | 4 |
| 1 | 8 | 4 | 2 | 7 | 3 | 9 | 5 | 6 |
| 2 | 5 | 6 | 9 | 8 | 4 | 7 | 3 | 1 |
| 7 | 3 | 9 | 6 | 5 | 1 | 2 | 4 | 8 |
| 6 | 4 | 5 | 8 | 3 | 7 | 1 | 2 | 9 |
| 3 | 1 | 2 | 5 | 6 | 9 | 4 | 8 | 7 |
| 8 | 9 | 7 | 4 | 1 | 2 | 3 | 6 | 5 |

### 4.5.40.

| 9 | 3 | 1 | 7 | 4 | 5 | 6 | 2 | 8 |
|---|---|---|---|---|---|---|---|---|
| 5 | 8 | 2 | 3 | 9 | 6 | 1 | 7 | 4 |
| 4 | 7 | 6 | 2 | 8 | 1 | 9 | 3 | 5 |
| 1 | 4 | 9 | 5 | 2 | 8 | 7 | 6 | 3 |
| 8 | 2 | 5 | 6 | 3 | 7 | 4 | 9 | 1 |
| 7 | 6 | 3 | 9 | 1 | 4 | 8 | 5 | 2 |
| 6 | 5 | 4 | 1 | 7 | 2 | 3 | 8 | 9 |
| 3 | 1 | 7 | 8 | 5 | 9 | 2 | 4 | 6 |
| 2 | 9 | 8 | 4 | 6 | 3 | 5 | 1 | 7 |

5.1.1. A= 4, B= 6    5.1.2. A=5, B= 4    5.1.3. A= 11, B= 8
5.1.4. A= -4, B= -7    5.1.5. A= -1, B= -7    5.1.6. A= 3, B= -3
5.1.7. A= 2, B= 5    5.1.8. A= 5, B= -1    5.1.9. A= 4, B= 7
5.1.10. A= -13, B= -2    5.1.11. A= 18, B= 9    5.1.12. A= 2, B= 0
5.1.13. A= 10, B= 11    5.1.14. A= 5, B= 5    5.1.15. A= 10, B= -5
5.1.16. A= 1, B= 17    5.1.17. A= -2, B= 18    5.1.18. A= 4, B= 9
5.1.19. A= -4, B= 8    5.1.20. A= 10, B= 2    5.1.21. A= 2, B= 14
5.1.22. A= 18, B= 16    5.1.23. A= 1, B= 16    5.1.24. A= 6, B= 8
5.1.25. A= -8, B= -5    5.1.26. A= 10, B= 5    5.1.27. A= 20, B= 8
5.1.28. A= 4, B= -3    5.1.29. A= 6, B= 3    5.1.30. A= 1, B= 12

5.2.1. A=8 , B=3, C=-4    5.2.2. A=12, B=-2, C=9    5.2.3. A=6, B= 2, C=-3
5.2.4. A=-2, B=-20, C=-11    5.2.5. A=4, B=14, C=0
5.2.6. A=4, B=12, C=8    5.2.7. A=4, B=5, C=-5    5.2.8. A=-10, B=-14, C=4
5.2.9. A=4, B=5, C=9    5.2.10.A=-2, B=17, C=-4    5.2.11. A=-2, B=10, C=3
5.2.12. A=5, B=-2, C=7    5.2.13. A=-2, B=9, C=11    5.2.14. A=5, B=3, C=0
5.2.15. A=1, B=6, C=14    5.2.16. A=15, B=10, C=-3

5.2.17. A=1, B=-6, C=-7   5.2.18. A=7, B=-15, C=3   5.2.19. A=5, B=-12, C=1
5.2.20. A=2, B=-6, C=5    5.2.21. A=1, B=-2, C=4    5.2.22. A=-6, B=-8, C=5
5.2.23. A=5, B=-13, C=-8  5.2.24. A=3, B=10, C=2    5.2.25. A=-16, B=10, C=5
5.2.26. A=4, B=2, C=-2    5.2.27. A=5, B=-1, C=6    5.2.28. A=0, B=-2, C=-5
5.2.29. A=-2, B=-4, C=-5  5.2.30. A=-4, B=2, C=7

5.3.1. A=-8, B=7, C=3, D=-13      5.3.2. A=7, B=1, C=15, D=-10
5.3.3. A=-1, B=-8, C=5, D=1       5.3.4. A=1, B=5, C=-2, D=11
5.3.5. A=-1, B=3, C=4, D=6        5.3.6. A=5, B=-5, C=8, D=-16
5.3.7. A=8, B=-2, C=1, D=3        5.3.8. A=4, B=12, C=16, D=6
5.3.9. A=18, B=-2, C=9, D=6       5.3.10. A=-2, B=-4, C=-5, D=10
5.3.11. A=2, B=8, C=6, D=3        5.3.12. A=2, B=12, C=-2, D=16
5.3.13. A=-3, B=-5, C=12, D=-10   5.3.14. A=6, B=8, C=-2, D=12
5.3.15. A=5, B=8, C=3, D=4        5.3.16. A=4, B=-7, C=7, D=2
5.3.17. A=-10, B=3, C=1, D=-9     5.3.18. A=-7, B=-2, C=10, D=5
5.3.19. A=4, B=8, C=6, D=12       5.3.20. A=5, B=-2, C=9, D=4
5.3.21. A=4, B=8, C=-3, D=6       5.3.22. A=-7, B=7, C=0, D=14
5.3.23. A=-5, B=-1, C=2, D=8      5.3.24. A=0, B=-7, C=-6, D=6
5.3.25. A=10, B=4, C=8, D=6       5.3.26. A=6, B=19, C=10, D=6
5.3.27. A=6, B=7, C=-12, D=8      5.3.28. A=-3, B=8, C=4, D=3
5.3.29. A=-6, B=-4, C=-3, D=1     5.3.30. A=3, B=12, C=6, D=15

| 6.1.1. | | | | 6.1.2. | | | | 6.1.3. | | | | 6.1.4. | | | |
|---|---|---|---|---|---|---|---|---|---|---|---|---|---|---|---|
| 3 | + | 1 | = | 4 | 9 | - | 7 | = | 2 | 4 | - | 3 | = | 1 | 14 | - | 3 | = | 11 |
| + | | x | | | / | | - | | | - | | + | | | / | | + | | |
| 8 | / | 2 | = | 4 | 3 | + | 1 | = | 4 | 3 | + | 9 | = | 12 | 2 | x | 4 | = | 8 |
| = | | = | | | = | | = | | | = | | = | | | = | | = | | |
| 11 | | 2 | | | 3 | | 6 | | | 1 | | 12 | | | 7 | | 7 | | |

| 6.1.5. | | | | 6.1.6. | | | | 6.1.7. | | | | 6.1.8. | | | |
|---|---|---|---|---|---|---|---|---|---|---|---|---|---|---|---|
| 21 | / | 3 | = | 7 | 8 | + | 2 | = | 10 | 25 | / | 5 | = | 5 | 3 | x | 2 | = | 6 |
| - | | x | | | / | | + | | | - | | - | | | + | | x | | |
| 14 | - | 2 | = | 12 | 8 | / | 4 | = | 2 | 12 | + | 3 | = | 15 | 24 | / | 6 | = | 4 |
| = | | = | | | = | | = | | | = | | = | | | = | | = | | |
| 7 | | 6 | | | 1 | | 6 | | | 13 | | 2 | | | 27 | | 12 | | |

| 6.1.9. | | | | 6.1.10. | | | | 6.1.11. | | | | 6.1.12. | | | |
|---|---|---|---|---|---|---|---|---|---|---|---|---|---|---|---|
| 5 | + | 21 | = | 26 | 10 | - | 3 | = | 7 | 9 | - | 1 | = | 8 | 3 | x | 6 | = | 18 |
| x | | / | | | / | | - | | | - | | + | | | x | | - | | |
| 3 | + | 7 | = | 10 | 2 | x | 1 | = | 2 | 7 | - | 1 | = | 6 | 4 | x | 5 | = | 20 |
| = | | = | | | = | | = | | | = | | = | | | = | | = | | |
| 15 | | 3 | | | 5 | | 2 | | | 2 | | 2 | | | 12 | | 1 | | |

**6.1.13.**

| | | | | |
|---|---|---|---|---|
| 18 | / | 3 | = | 6 |
| - | | + | | |
| 5 | / | 5 | = | 1 |
| = | | = | | |
| 13 | | 8 | | |

**6.1.14.**

| | | | | |
|---|---|---|---|---|
| 14 | / | 2 | = | 7 |
| - | | x | | |
| 9 | / | 3 | = | 3 |
| = | | = | | |
| 5 | | 6 | | |

**6.1.15.**

| | | | | |
|---|---|---|---|---|
| 5 | x | 3 | = | 15 |
| x | | + | | |
| 4 | + | 16 | = | 20 |
| = | | = | | |
| 20 | | 19 | | |

**6.1.16.**

| | | | | |
|---|---|---|---|---|
| 3 | - | 2 | = | 1 |
| x | | + | | |
| 3 | x | 5 | = | 15 |
| = | | = | | |
| 9 | | 7 | | |

**6.1.17.**

| | | | | |
|---|---|---|---|---|
| 15 | - | 8 | = | 7 |
| - | | / | | |
| 5 | - | 2 | = | 3 |
| = | | = | | |
| 10 | | 4 | | |

**6.1.18.**

| | | | | |
|---|---|---|---|---|
| 21 | / | 3 | = | 7 |
| - | | x | | |
| 2 | + | 7 | = | 9 |
| = | | = | | |
| 19 | | 21 | | |

**6.1.19.**

| | | | | |
|---|---|---|---|---|
| 16 | - | 12 | = | 4 |
| / | | - | | |
| 2 | + | 4 | = | 6 |
| = | | = | | |
| 8 | | 8 | | |

**6.1.20.**

| | | | | |
|---|---|---|---|---|
| 13 | - | 3 | = | 10 |
| - | | + | | |
| 2 | x | 5 | = | 10 |
| = | | = | | |
| 11 | | 8 | | |

**6.1.21.**

| | | | | |
|---|---|---|---|---|
| 3 | + | 6 | = | 9 |
| + | | / | | |
| 3 | - | 2 | = | 1 |
| = | | = | | |
| 6 | | 3 | | |

**6.1.22.**

| | | | | |
|---|---|---|---|---|
| 10 | / | 2 | = | 5 |
| - | | / | | |
| 7 | x | 2 | = | 14 |
| = | | = | | |
| 3 | | 1 | | |

**6.1.23.**

| | | | | |
|---|---|---|---|---|
| 16 | / | 4 | = | 4 |
| / | | x | | |
| 8 | - | 3 | = | 5 |
| = | | = | | |
| 2 | | 12 | | |

**6.1.24.**

| | | | | |
|---|---|---|---|---|
| 5 | x | 3 | = | 15 |
| + | | x | | |
| 9 | + | 2 | = | 11 |
| = | | = | | |
| 14 | | 6 | | |

**6.1.25.**

| | | | | |
|---|---|---|---|---|
| 2 | + | 21 | = | 23 |
| + | | / | | |
| 15 | / | 3 | = | 5 |
| = | | = | | |
| 17 | | 7 | | |

**6.1.26.**

| | | | | |
|---|---|---|---|---|
| 4 | + | 9 | = | 13 |
| + | | x | | |
| 6 | x | 2 | = | 12 |
| = | | = | | |
| 10 | | 18 | | |

**6.1.27.**

| | | | | |
|---|---|---|---|---|
| 15 | + | 30 | = | 45 |
| + | | / | | |
| 10 | x | 2 | = | 20 |
| = | | = | | |
| 25 | | 15 | | |

**6.1.28.**

| | | | | |
|---|---|---|---|---|
| 21 | - | 17 | = | 4 |
| / | | - | | |
| 3 | + | 16 | = | 19 |
| = | | = | | |
| 7 | | 1 | | |

**6.1.29.**

| | | | | |
|---|---|---|---|---|
| 7 | + | 5 | = | 12 |
| - | | x | | |
| 3 | + | 4 | = | 7 |
| = | | = | | |
| 4 | | 20 | | |

**6.1.30.**

| | | | | |
|---|---|---|---|---|
| 17 | - | 4 | = | 13 |
| - | | x | | |
| 10 | + | 6 | = | 16 |
| = | | = | | |
| 7 | | 24 | | |

**6.1.31.**

| | | | | |
|---|---|---|---|---|
| 6 | + | 5 | = | 11 |
| x | | + | | |
| 3 | + | 12 | = | 15 |
| = | | = | | |
| 18 | | 17 | | |

**6.1.32.**

| | | | | |
|---|---|---|---|---|
| 30 | / | 6 | = | 5 |
| / | | - | | |
| 2 | x | 5 | = | 10 |
| = | | = | | |
| 15 | | 1 | | |

**6.1.33.**

| | | | | |
|---|---|---|---|---|
| 33 | / | 3 | = | 11 |
| - | | x | | |
| 15 | + | 6 | = | 21 |
| = | | = | | |
| 18 | | 18 | | |

**6.1.34.**

| | | | | |
|---|---|---|---|---|
| 8 | + | 6 | = | 14 |
| - | | x | | |
| 4 | - | 1 | = | 3 |
| = | | = | | |
| 4 | | 6 | | |

**6.1.35.**

| | | | | |
|---|---|---|---|---|
| 12 | x | 2 | = | 24 |
| + | | + | | |
| 18 | / | 9 | = | 2 |
| = | | = | | |
| 30 | | 11 | | |

**6.1.36.**

| | | | | |
|---|---|---|---|---|
| 11 | x | 2 | = | 22 |
| + | | / | | |
| 11 | - | 2 | = | 9 |
| = | | = | | |
| 22 | | 1 | | |

**6.1.37.**

| 8 | + | 16 | = | 24 |
|---|---|----|---|----|
| / |   | -  |   |    |
| 4 | x | 3  | = | 12 |
| = |   | =  |   |    |
| 2 |   | 13 |   |    |

**6.1.38.**

| 4 | / | 4  | = | 1  |
|---|---|----|---|----|
| + |   | +  |   |    |
| 5 | + | 7  | = | 12 |
| = |   | =  |   |    |
| 9 |   | 11 |   |    |

**6.1.39.**

| 15 | / | 3  | = | 5 |
|----|---|----|---|---|
| -  |   | x  |   |   |
| 14 | / | 7  | = | 2 |
| =  |   | =  |   |   |
| 1  |   | 21 |   |   |

**6.1.40.**

| 18 | / | 9  | = | 2 |
|----|---|----|---|---|
| /  |   | +  |   |   |
| 3  | - | 1  | = | 2 |
| =  |   | =  |   |   |
| 6  |   | 10 |   |   |

**6.2.1.**

| 9 | / | 3  | = | 3  |
|---|---|----|---|----|
| - |   | x  |   | +  |
| 4 | x | 4  | = | 16 |
| = |   | =  |   | =  |
| 5 |   | 12 |   | 19 |

**6.2.2.**

| 12 | -  | 4  | = | 8  |
|----|----|----|---|----|
| /  | +  | x  |   | +  |
| 4  | +  | 7  | = | 11 |
| =  |    | =  | + | +  |
| 3  |    | 28 |   | 19 |

**6.2.3.**

| 4  | + | 12 | = | 16 |
|----|---|----|---|----|
| x  | + | /  |   |    |
| 5  | x | 6  | = | 30 |
| =  |   | =  |   | =  |
| 20 | / | 2  | = | 10 |

**6.2.4.**

| 12 | - | 8  | = | 4  |
|----|---|----|---|----|
| -  | + | +  |   | +  |
| 8  | + | 12 | = | 20 |
| =  |   | =  |   | =  |
| 4  | + | 20 | = | 24 |

**6.2.5.**

| 16 | - | 4  | = | 12 |
|----|---|----|---|----|
| -  | + | x  |   |    |
| 5  | + | 5  | = | 10 |
| =  |   | =  |   | =  |
| 11 |   | 20 |   | 21 |

**6.2.6.**

| 8  | + | 4 | = | 12 |
|----|---|---|---|----|
| +  |   | x |   | -  |
| 14 | / | 2 | = | 7  |
| =  |   | = |   | =  |
| 22 |   | 8 |   | 5  |

**6.2.7.**

| 9 | x | 2  | = | 18 |
|---|---|----|---|----|
| - | + | +  |   |    |
| 2 | + | 9  | = | 11 |
| = |   | =  |   | =  |
| 7 | + | 11 | = | 18 |

**6.2.8.**

| 3 | x | 3 | = | 9 |
|---|---|---|---|---|
| + | + | x |   | - |
| 4 | + | 1 | = | 5 |
| = |   | = |   | = |
| 7 | - | 3 | = | 4 |

**6.2.9.**

| 15 | +  | 15 | = | 30 |
|----|----|----|---|----|
| /  | +  | -  |   |    |
| 3  | x  | 4  | = | 12 |
| =  |    | =  |   |    |
| 5  |    | 11 |   | 19 |

**6.2.10.**

| 19 | -  | 14 | = | 5  |
|----|----|----|---|----|
| +  | -  | -  |   | +  |
| 4  | +  | 5  | = | 9  |
| =  |    | =  | = |    |
| 23 | -  | 9  | = | 14 |

**6.2.11.**

| 12 | x | 2  | = | 24 |
|----|---|----|---|----|
| /  | + | x  |   |    |
| 3  | + | 8  | = | 11 |
| =  |   | =  |   | =  |
| 4  | + | 16 | = | 20 |

**6.2.12.**

| 20 | + | 26 | = | 46 |
|----|---|----|---|----|
| /  | - | -  |   | /  |
| 5  | + | 18 | = | 23 |
| =  |   | =  |   | =  |
| 4  |   | 8  |   | 2  |

**6.2.13.**

| 21 | - | 20 | = | 1 |
|----|---|----|---|---|
| -  | - | -  |   | + |
| 20 | - | 14 | = | 6 |
| =  |   | =  | = |   |
| 1  | + | 6  | = | 7 |

**6.2.14.**

| 5  | + | 4 | = | 9  |
|----|---|---|---|----|
| +  | x | + |   | +  |
| 7  | + | 4 | = | 11 |
| =  |   | = |   | =  |
| 12 | + | 8 | = | 20 |

**6.2.15.**

| 4 | + | 18 | = | 22 |
|---|---|----|---|----|
| + | + | /  |   |    |
| 5 | x | 3  | = | 15 |
| = |   | =  |   | =  |
| 9 |   | 6  |   | 7  |

**6.2.16.**

| 35 | - | 8  | = | 27 |
|----|---|----|---|----|
| /  | - | +  |   | +  |
| 7  | / | 7  | = | 1  |
| =  |   | =  |   | =  |
| 5  |   | 15 |   | 28 |

**6.2.17.**

| 16 | / | 4 | = | 4 |
|----|---|---|---|---|
| -  | - | + |   | x |
| 10 | - | 8 | = | 2 |
| =  |   | = |   | = |
| 6  |   | 12 |   | 8 |

**6.2.18.**

| 5  | + | 8  | = | 13 |
|----|---|----|---|----|
| +  | + | +  |   | +  |
| 26 | - | 17 | = | 9  |
| =  |   | =  |   | =  |
| 31 |   | 25 |   | 22 |

**6.2.19.**

| 6  | / | 3  | = | 2   |
|----|---|----|---|-----|
| x  |   | x  |   | +/- |
| 7  | - | 7  | = | 0   |
| =  |   | =  |   | =   |
| 42 | / | 21 | = | 2   |

**6.2.20.**

| 6 | + | 19 | = | 25 |
|---|---|----|---|----|
| - | x | +  |   |    |
| 5 | x | 4  | = | 20 |
| = |   | =  |   | =  |
| 1 | + | 23 | = | 24 |

## 6.2.21.

| 7 | + | 20 | = | 27 |
|---|---|----|---|----|
| x | + | -  |   | -  |
| 2 | + | 9  | = | 11 |
| = |   | =  |   | =  |
| 14|   | 11 |   | 16 |

## 6.2.22.

| 4  | + | 3 | = | 7  |
|----|---|---|---|----|
| +  | x | + |   | +  |
| 11 | + | 6 | = | 17 |
| =  |   | = |   | =  |
| 15 | + | 9 | = | 24 |

## 6.2.23.

| 17 | - | 5 | = | 12 |
|----|---|---|---|----|
| -  | - | + |   |    |
| 13 | - | 4 | = | 9  |
| =  |   | = |   | =  |
| 4  | + | 9 | = | 13 |

## 6.2.24.

| 12 | + | 15 | = | 27 |
|----|---|----|---|----|
| /  | + | /  |   |    |
| 4  | + | 5  | = | 9  |
| =  |   | =  |   | =  |
| 3  |   | 3  |   | 17 |

## 6.2.25.

| 48 | - | 36 | = | 12 |
|----|---|----|---|----|
| /  | - | -  |   |    |
| 4  | + | 26 | = | 30 |
| =  |   | =  |   | =  |
| 12 | + | 10 | = | 22 |

## 6.2.26.

| 18 | / | 6  | = | 3 |
|----|---|----|---|---|
| -  | - | +  |   | x |
| 16 | - | 15 | = | 1 |
| =  |   | =  |   | = |
| 2  |   | 21 |   | 3 |

## 6.2.27.

| 4  | + | 3 | = | 7 |
|----|---|---|---|---|
| +  | + | x |   |   |
| 8  | / | 2 | = | 4 |
| =  |   | = |   | = |
| 12 | - | 6 | = | 6 |

## 6.2.28.

| 16 | - | 9 | = | 7  |
|----|---|---|---|----|
| /  | + | - |   |    |
| 4  | x | 4 | = | 16 |
| =  |   | = |   | =  |
| 4  | x | 5 | = | 20 |

## 6.2.29.

| 40 | - | 20 | = | 20 |
|----|---|----|---|----|
| /  | / | /  |   |    |
| 8  | + | 10 | = | 18 |
| =  |   | =  |   | =  |
| 5  |   | 2  |   | 4  |

## 6.2.30.

| 11 | - | 3 | = | 8 |
|----|---|---|---|---|
| -  | - | + |   |   |
| 7  | - | 6 | = | 1 |
| =  |   | = |   | = |
| 4  |   | 9 |   | 5 |

## 6.2.31.

| 21 | - | 14 | = | 7  |
|----|---|----|---|----|
| /  | - | -  |   |    |
| 3  | + | 11 | = | 14 |
| =  |   | =  |   | =  |
| 7  | + | 3  | = | 10 |

## 6.2.32.

| 8  | + | 15 | = | 23 |
|----|---|----|---|----|
| +  |   | /  |   |    |
| 7  | + | 5  | = | 12 |
| =  |   | =  |   |    |
| 15 | - | 3  | = | 12 |

## 6.2.33.

| 28 | - | 21 | = | 7  |
|----|---|----|---|----|
| /  | - | -  |   |    |
| 4  | + | 16 | = | 20 |
| =  |   | =  |   |    |
| 7  | + | 5  | = | 12 |

## 6.2.34.

| 17 | + | 4 | = | 21 |
|----|---|---|---|----|
| -  | - | + |   | -  |
| 8  | - | 2 | = | 6  |
| =  |   | = |   | =  |
| 9  | + | 6 | = | 15 |

## 6.2.35.

| 14 | + | 5 | = | 19 |
|----|---|---|---|----|
| -  | / | + |   | -  |
| 10 | + | 7 | = | 17 |
| =  |   | = |   | =  |
| 4  |   | 12|   | 2  |

## 6.2.36.

| 16 | / | 8  | = | 2  |
|----|---|----|---|----|
| -  | + | +  |   |    |
| 8  | x | 3  | = | 24 |
| =  |   | =  |   | =  |
| 8  | + | 11 | = | 19 |

## 6.2.37.

| 18 | / | 3 | = | 6  |
|----|---|---|---|----|
| +  | - | x |   |    |
| 9  | - | 4 | = | 5  |
| =  |   | = |   | =  |
| 27 |   | 12|   | 14 |

## 6.2.38.

| 18 | - | 16 | = | 2  |
|----|---|----|---|----|
| /  | + | -  |   |    |
| 6  | x | 5  | = | 30 |
| =  |   | =  |   |    |
| 3  |   | 11 |   | 23 |

## 6.2.39.

| 9  | + | 18 | = | 27 |
|----|---|----|---|----|
| x  | / | -  |   |    |
| 2  | x | 3  | = | 6  |
| =  |   | =  |   | =  |
| 18 | - | 15 | = | 3  |

## 6.2.40.

| 22 | + | 11 | = | 33 |
|----|---|----|---|----|
| /  | - | -  |   | -  |
| 11 | + | 9  | = | 20 |
| =  |   | =  |   | =  |
| 2  |   | 2  |   | 13 |

### 6.3.1.

| 5 | + | 17 | - | 21 | = | 1 |
|---|---|----|---|----|---|---|
| + | + | +  |   | /  |   |   |
| 7 | + | 10 | - | 7  | = | 10 |
| / |   | -  | / | +  |   |   |
| 4 | x | 5  | + | 5  | = | 25 |
| = |   | =  |   | =  |   | = |
| 3 |   | 2  |   | 8  |   | 3 |

### 6.3.2.

| 7 | + | 13 | / | 4 | = | 5 |
|---|---|----|---|---|---|---|
| + |   | -  |   | x |   | + |
| 9 | - | 6  | x | 6 | = | 18 |
| - |   | -  | + | - |   | - |
| 11 | x | 2 | - | 17 | = | 5 |
| = |   | = |   | = |   | = |
| 5 |   | 5 |   | 7 |   | 18 |

### 6.3.3.

| 27 | / | 3  | x | 2  | = | 18 |
|----|---|----|---|----|---|----|
| /  |   | -  | + |    | x | +  |
| 3  | + | 20 | - | 10 | = | 13 |
| +  |   | -  | + | -  |   | -  |
| 4  | x | 6  | - | 5  | = | 19 |
| =  |   | =  |   | =  | = | =  |
| 13 |   | 17 |   | 15 |   | 12 |

### 6.3.4.

| 14 | - | 13 | + | 6  | = | 7 |
|----|---|----|---|----|---|---|
| +  | x | -  |   | +  |   | + |
| 7  | + | 1  | / | 8  | = | 1 |
| /  |   | /  | - | +  |   | + |
| 3  | + | 3  | - | 1  | = | 5 |
| =  |   | =  |   | =  |   | = |
| 7  | x | 4  | - | 15 | = | 13 |

### 6.3.5.

| 11 | - | 3 | / | 2 | = | 4 |
|----|---|---|---|---|---|---|
| +  | x | + |   | + |   | x |
| 14 | - | 2 | / | 6 | = | 2 |
| -  |   | + | - | + |   | x |
| 3  | + | 5 | - | 6 | = | 2 |
| =  |   | = |   | = |   | = |
| 22 |   | 10 |  | 14 |  | 16 |

### 6.3.6.

| 15 | + | 10 | + | 10 | = | 35 |
|----|---|----|---|----|---|----|
| /  | x | +  |   | +  |   |    |
| 3  | + | 2  | + | 11 | = | 16 |
| +  |   | /  | - | -  |   |    |
| 7  | - | 2  | + | 12 | = | 17 |
| =  |   | =  |   | =  |   |    |
| 12 | / | 6  | x | 9  | = | 18 |

### 6.3.7.

| 6  | + | 10 | / | 4 | = | 4 |
|----|---|----|---|---|---|---|
| x  | + | +  |   | x |   | + |
| 3  | + | 2  | + | 5 | = | 10 |
| -  |   | /  | / | - |   | - |
| 8  | x | 2  | - | 4 | = | 12 |
| =  |   | =  |   | = |   | = |
| 10 |   | 6  |   | 16 |  | 2 |

### 6.3.8.

| 3  | + | 5 | / | 8 | = | 1 |
|----|---|---|---|---|---|---|
| +  | x | + |   | - |   | x |
| 40 | / | 8 | x | 5 | = | 25 |
| +  |   | + | / | - |   | - |
| 3  | x | 5 | - | 2 | = | 13 |
| =  |   | = |   | = |   | = |
| 46 |   | 18 |  | 1 |   | 12 |

### 6.3.9.

| 30 | / | 3 | + | 5 | = | 15 |
|----|---|---|---|---|---|----|
| /  | - | x |   | + |   | +  |
| 6  | - | 4 | x | 7 | = | 14 |
| -  |   | - | + | / |   | +/- |
| 4  | - | 7 | + | 3 | = | 0 |
| =  |   | = |   | = |   | = |
| 1  |   | 5 |   | 4 |   | 29 |

### 6.3.10.

| 3  | + | 5 | + | 1  | = | 9 |
|----|---|---|---|----|---|---|
| +  | + | + | x |    |   | + |
| 17 | + | 3 | / | 10 | = | 2 |
| -  |   | x | + | -  |   | - |
| 4  | + | 1 | - | 3  | = | 2 |
| =  |   | = |   | =  |   | = |
| 16 | / | 8 | + | 7  | = | 9 |

### 6.3.11.

| 21 | - | 11 | / | 10 | = | 1 |
|----|---|----|---|----|---|---|
| -  | / | -  |   | -  |   | x |
| 6  | + | 7  | - | 12 | = | 1 |
| /  |   | -  | / | +  |   | x |
| 5  | - | 1  | - | 3  | = | 1 |
| =  |   | =  |   | =  |   | = |
| 3  | / | 3  | x | 1  | = | 1 |

### 6.3.12.

| 5 | + | 9 | - | 1 | = | 13 |
|---|---|---|---|---|---|----|
| + | + | - |   | + |   |    |
| 9 | - | 6 | x | 5 | = | 15 |
| / |   | x | - | / |   |    |
| 7 | + | 2 | + | 2 | = | 11 |
| = |   | = |   | = |   |    |
| 2 | x | 6 | - | 3 | = | 9 |

### 6.3.13.

| 1 | x | 14 | / | 7 | = | 2  |
|---|---|----|---|---|---|----|
| + | x | -  |   | + |   | x  |
| 7 | + | 6  | + | 5 | = | 18 |
| / |   | -  | - | - |   | -  |
| 2 | + | 5  | x | 5 | = | 35 |
| = |   | =  |   | = |   | =  |
| 4 | + | 3  | / | 7 | = | 1  |

### 6.3.14.

| 18 | - | 8 | - | 4  | = | 6  |
|----|---|---|---|----|---|----|
| /  | / | + |   | +  |   | +  |
| 9  | - | 6 | - | 1  | = | 2  |
| x  |   | - | + | +  |   | x  |
| 5  | x | 3 | - | 13 | = | 2  |
| =  |   | = |   | =  |   | =  |
| 10 |   | 11 |  | 18 |   | 16 |

### 6.3.15.

| 21 | + | 11 | / | 2 | = | 16 |
|----|---|----|---|---|---|----|
| /  | - | -  |   | + |   |    |
| 7  | - | 12 | + | 7 | = | 2  |
| -  |   | +  | / | / |   |    |
| 2  | + | 7  | + | 3 | = | 12 |
| =  |   | =  |   | = |   |    |
| 1  | x | 6  | - | 3 | = | 3  |

### 6.3.16.

| 6 | + | 17 | - | 13 | = | 10 |
|---|---|----|---|----|---|----|
| x | x | +  |   | +  |   |    |
| 7 | - | 4  | x | 5  | = | 15 |
| - | - | -  | - | -  |   |    |
| 12| + | 16 | / | 14 | = | 2  |
| = | = | =  | = | =  |   |    |
| 30| / | 5  | + | 4  | = | 10 |

### 6.3.17.

| 12| + | 14 | / | 2  | = | 13 |
|---|---|----|---|----|---|----|
| x | - |    | / |    | x |    |
| 2 | + | 7  | - | 6  | = | 3  |
| - |   |    | x | x  | / |    |
| 11| + | 5  | / | 4  | = | 4  |
| = |   | =  | = | =  |   |    |
| 13| + | 10 | - | 3  | = | 20 |

### 6.3.18.

| 25| - | 14 | - | 6  | = | 5  |
|---|---|----|---|----|---|----|
| - | - | -  |   | +  |   |    |
| 20| / | 10 | + | 8  | = | 10 |
| x |   | +  | - | -  |   |    |
| 3 | - | 1  | x | 10 | = | 20 |
| = |   | =  | = | =  |   |    |
| 15| + | 5  | / | 4  | = | 5  |

### 6.3.19.

| 16| - | 5  | + | 30 | = | 41 |
|---|---|----|---|----|---|----|
|   | - |    |   |    |   |    |
| 12| + | 11 | - | 15 | = | 8  |
|   |   |    | x |    |   |    |
| 3 | + | 2  | x | 5  | = | 25 |
| = | = | =  | = | =  |   |    |
| 7 | + | 8  | + | 10 | = | 25 |

### 6.3.20.

| 35| - | 10 | - | 20 | = | 5  |
|---|---|----|---|----|---|----|
|   | + | /  |   | +  |   |    |
| 7 | + | 7  | + | 6  | = | 20 |
|   |   | +  | - | /  |   |    |
| 7 | - | 1  | / | 2  | = | 3  |
| = |   | =  | = | =  |   |    |
| 6 |   | 18 |   | 7  |   | 3  |

### 6.3.21.

| 1 | + | 8  | / | 3  | = | 3  |
|---|---|----|---|----|---|----|
| + | - | +  |   | -  |   | x  |
| 3 | + | 6  | - | 4  | = | 5  |
| + |   |    | + | +  |   | -  |
| 5 | x | 4  | - | 10 | = | 10 |
| = |   | =  |   | =  | = | =  |
| 9 |   | 10 |   | 9  |   | 5  |

### 6.3.22.

| 40| - | 8  | / | 32 | = | 1  |
|---|---|----|---|----|---|----|
| / | / | /  |   | /  |   |    |
| 8 | + | 2  | + | 2  | = | 12 |
| + |   | +  | - | -  |   |    |
| 3 | - | 2  | + | 12 | = | 13 |
| = |   | =  | = | =  |   |    |
| 8 | - | 6  | x | 4  | = | 8  |

### 6.3.23.

| 18| - | 16 | + | 5  | = | 7  |
|---|---|----|---|----|---|----|
| - | / | -  |   | +  |   |    |
| 12| - | 9  | + | 1  | = | 4  |
| + |   | -  | + | -  |   |    |
| 1 | x | 6  | + | 5  | = | 11 |
| = |   | =  | = | =  |   |    |
| 7 | x | 1  | x | 1  | = | 7  |

### 6.3.24.

| 21| - | 6  | + | 5  | = | 20 |
|---|---|----|---|----|---|----|
| - | - | +  |   | +  |   | +  |
| 15| x | 1  | / | 8  | = | 2  |
| / |   | +  | / | -  |   | -  |
| 3 | x | 2  | x | 2  | = | 12 |
| = |   | =  | = | =  |   |    |
| 2 |   | 9  |   | 11 |   | 10 |

### 6.3.25.

| 11| + | 5  | - | 12 | = | 4  |
|---|---|----|---|----|---|----|
| - | + | +  |   | -  |   | +  |
| 1 | x | 9  | - | 7  | = | 2  |
| / |   | -  | / | -  |   | +  |
| 2 | + | 6  | / | 2  | = | 4  |
| = |   | =  | = | =  |   |    |
| 5 | + | 8  | - | 3  | = | 10 |

### 6.3.26.

| 18| / | 2  | - | 1  | = | 8  |
|---|---|----|---|----|---|----|
| / | - | +  |   | x  |   |    |
| 2 | + | 7  | + | 6  | = | 15 |
| / |   | -  | - | /  |   |    |
| 3 | + | 5  | / | 2  | = | 4  |
| = |   | =  |   | =  |   |    |
| 3 | x | 4  | - | 3  | = | 9  |

### 6.3.27.

| 19| - | 12 | - | 5  | = | 2  |
|---|---|----|---|----|---|----|
| - | + | -  |   | +  |   |    |
| 1 | + | 3  | x | 3  | = | 12 |
| / |   | -  | / | /  |   |    |
| 6 | + | 4  | / | 2  | = | 5  |
| = |   | =  |   | =  |   |    |
| 3 | x | 5  | - | 4  | = | 11 |

### 6.3.28.

| 4 | - | 5  | + | 8  | = | 7  |
|---|---|----|---|----|---|----|
| + | - | +  |   | +  |   |    |
| 6 | / | 3  | x | 10 | = | 20 |
| + |   | -  | x | -  |   |    |
| 9 | - | 7  | + | 15 | = | 17 |
| = |   | =  | = | =  |   |    |
| 19| - | 1  | - | 3  | = | 15 |

### 6.3.29.

| 21| + | 3  | / | 8  | = | 3  |
|---|---|----|---|----|---|----|
| / | - | +  |   | +  |   | x  |
| 3 | + | 6  | - | 5  | = | 4  |
| + |   | +  | / | +  |   | -  |
| 3 | + | 1  | + | 5  | = | 9  |
| = |   | =  | = | =  |   |    |
| 10|   | 10 |   | 18 |   | 3  |

### 6.3.30.

| 36| - | 12 | / | 8  | = | 3  |
|---|---|----|---|----|---|----|
| / | - | +  |   | -  |   | +  |
| 6 | + | 16 | / | 2  | = | 11 |
| - |   | -  | / | -  |   | -  |
| 2 | + | 3  | + | 5  | = | 10 |
| = |   | =  | = | =  |   |    |
| 4 |   | 25 |   | 1  |   | 4  |

### 6.3.31.

| 14 | + | 16 | / | 10 | = | 3 |
|----|---|----|----|----|---|---|
| -  | / | /  |   | -  |   |   |
| 12 | / | 2  | + | 2  | = | 8 |
| x  |   | -  | + | -  |   |   |
| 5  | + | 6  | - | 3  | = | 8 |
| =  |   | =  |   | =  |   | = |
| 10 | / | 2  | + | 5  | = | 10 |

### 6.3.32.

| 27 | + | 5  | / | 8 | = | 4 |
|----|---|----|---|---|---|---|
|    |   | /  | - | + |   | + |
| 9  | / | 3  | + | 2 | = | 5 |
| -  |   |    | + | / |   | - |
| 1  | + | 11 | / | 4 | = | 3 |
| =  |   | =  |   | = |   | = |
| 2  |   | 19 |   | 10 |  | 6 |

### 6.3.33.

| 36 | - | 4 | / | 8 | = | 4 |
|----|---|---|---|---|---|---|
| /  |   | - | + |   |   | + |
| 9  | + | 6 | / | 3 | = | 5 |
| +  |   | / | / | - |   |   |
| 3  | + | 2 | x | 5 | = | 25 |
| =  |   | = |   | = |   | = |
| 7  | + | 5 | - | 6 | = | 6 |

### 6.3.34.

| 12 | x | 2  | - | 14 | = | 10 |
|----|---|----|---|----|---|----|
| /  | / | +  |   | +  |   |    |
| 2  | x | 6  | / | 3  | = | 4  |
| -  |   | /  | + | -  |   | /  |
| 5  | + | 2  | - | 5  | = | 2  |
| =  |   | =  |   | =  |   | =  |
| 1  |   | 4  |   | 12 |   | 7  |

### 6.3.35.

| 16 | - | 13 | + | 30 | = | 33 |
|----|---|----|---|----|---|----|
| /  | / | -  |   | -  |   |    |
| 8  | / | 4  | + | 16 | = | 18 |
| +  |   | -  | x |    |   |    |
| 8  | - | 6  | x | 5  | = | 10 |
| =  |   | =  |   | =  |   | =  |
| 10 |   | 3  |   | 9  | = | 20 |

### 6.3.36.

| 1  | x | 5 | + | 20 | = | 25 |
|----|---|---|---|----|---|----|
| +  | + | + |   | -  |   |    |
| 7  | x | 3 | - | 11 | = | 10 |
| +  |   | / | x | -  |   |    |
| 4  | - | 4 | + | 5  | = | 5  |
| =  |   | = |   | =  |   | =  |
| 12 | x | 2 | - | 4  | = | 20 |

### 6.3.37.

| 12 | x | 3 | + | 4 | = | 40 |
|----|---|---|---|---|---|----|
| /  | + | + |   | - |   | /  |
| 12 | + | 8 | / | 4 | = | 5  |
| +  |   | - | / | + |   | -  |
| 8  | - | 1 | - | 4 | = | 3  |
| =  |   | = |   | = |   | =  |
| 9  |   | 10|   | 4 |   | 5  |

### 6.3.38.

| 35 | - | 3  | / | 8  | = | 4 |
|----|---|----|---|----|---|---|
| /  | - | -  |   | +  |   | - |
| 5  | + | 15 | / | 5  | = | 4 |
| -  |   | +  | / |    |   | + |
| 4  | + | 16 | / | 10 | = | 2 |
| =  |   | =  |   | =  |   | = |
| 3  | - | 4  | + | 3  | = | 2 |

### 6.3.39.

| 18 | / | 2  | - | 4 | = | 5  |
|----|---|----|---|---|---|----|
| /  |   | -  |   | + |   | +  |
| 9  | + | 14 | - | 8 | = | 15 |
| +  |   | +  | x | / |   | -  |
| 8  | + | 16 | / | 3 | = | 8  |
| =  |   | =  |   | = |   | =  |
| 10 |   | 4  |   | 4 |   | 12 |

### 6.3.40.

| 26 | - | 12 | -   | 3 | = | 11 |
|----|---|----|-----|---|---|----|
| /  | - | +  | x// |   |   |    |
| 13 | + | 15 | -   | 1 | = | 27 |
| +  |   | /  | -   | - |   |    |
| 9  | / | 3  | -   | 1 | = | 2  |
| =  |   | =  |     | = |   |    |
| 11 | + | 9  | /   | 2 | = | 10 |

### 7.2.1.

| 1 | 2 | 3 | 4 |
|---|---|---|---|
| 4 | 3 | 2 | 1 |
| 3 | 4 | 1 | 2 |
| 2 | 1 | 4 | 3 |

### 7.2.2.

| 1 | 4 | 2 | 3 |
|---|---|---|---|
| 2 | 1 | 3 | 4 |
| 3 | 2 | 4 | 1 |
| 4 | 3 | 1 | 2 |

### 7.2.3.

| 1 | 4 | 2 | 3 |
|---|---|---|---|
| 3 | 2 | 1 | 4 |
| 4 | 1 | 3 | 2 |
| 2 | 3 | 4 | 1 |

### 7.2.4.

| 2 | 4 | 1 | 3 |
|---|---|---|---|
| 1 | 3 | 2 | 4 |
| 4 | 1 | 3 | 2 |
| 3 | 2 | 4 | 1 |

| 7.2.5. | | | | | 7.2.6. | | | | | 7.2.7. | | | | | 7.2.8. | | | |
|---|---|---|---|---|---|---|---|---|---|---|---|---|---|---|---|---|---|---|
| 3 | 1 | 2 | 4 | | 3 | 1 | 2 | 4 | | 2 | 1 | 4 | 3 | | 4 | 1 | 2 | 3 |
| 4 | 3 | 1 | 2 | | 4 | 2 | 1 | 3 | | 1 | 2 | 3 | 4 | | 3 | 2 | 4 | 1 |
| 1 | 2 | 4 | 3 | | 1 | 4 | 3 | 2 | | 3 | 4 | 2 | 1 | | 2 | 3 | 1 | 4 |
| 2 | 4 | 3 | 1 | | 2 | 3 | 4 | 1 | | 4 | 3 | 1 | 2 | | 1 | 4 | 3 | 2 |

| 7.2.9. | | | | | 7.2.10. | | | | | 7.2.11. | | | | | 7.2.12. | | | |
|---|---|---|---|---|---|---|---|---|---|---|---|---|---|---|---|---|---|---|
| 3 | 1 | 4 | 2 | | 2 | 4 | 3 | 1 | | 3 | 4 | 1 | 2 | | 1 | 2 | 3 | 4 |
| 2 | 4 | 1 | 3 | | 1 | 3 | 2 | 4 | | 1 | 2 | 3 | 4 | | 3 | 4 | 2 | 1 |
| 4 | 3 | 2 | 1 | | 3 | 1 | 4 | 2 | | 2 | 1 | 4 | 3 | | 4 | 3 | 1 | 2 |
| 1 | 2 | 3 | 4 | | 4 | 2 | 1 | 3 | | 4 | 3 | 2 | 1 | | 2 | 1 | 4 | 3 |

| 7.2.13. | | | | | 7.2.14. | | | | | 7.2.15. | | | | | 7.2.16. | | | |
|---|---|---|---|---|---|---|---|---|---|---|---|---|---|---|---|---|---|---|
| 4 | 1 | 3 | 2 | | 1 | 2 | 4 | 3 | | 3 | 4 | 2 | 1 | | 1 | 2 | 4 | 3 |
| 3 | 2 | 4 | 1 | | 4 | 3 | 1 | 2 | | 2 | 1 | 3 | 4 | | 2 | 1 | 3 | 4 |
| 2 | 4 | 1 | 3 | | 3 | 1 | 2 | 4 | | 1 | 3 | 4 | 2 | | 3 | 4 | 1 | 2 |
| 1 | 3 | 2 | 4 | | 2 | 4 | 3 | 1 | | 4 | 2 | 1 | 3 | | 4 | 3 | 2 | 1 |

| 7.2.17. | | | | | 7.2.18. | | | | | 7.2.19. | | | | | 7.2.20. | | | |
|---|---|---|---|---|---|---|---|---|---|---|---|---|---|---|---|---|---|---|
| 4 | 1 | 3 | 2 | | 2 | 1 | 3 | 4 | | 3 | 2 | 4 | 1 | | 4 | 3 | 2 | 1 |
| 1 | 2 | 4 | 3 | | 1 | 4 | 2 | 3 | | 1 | 4 | 2 | 3 | | 2 | 1 | 3 | 4 |
| 2 | 3 | 1 | 4 | | 4 | 3 | 1 | 2 | | 2 | 1 | 3 | 4 | | 3 | 4 | 1 | 2 |
| 3 | 4 | 2 | 1 | | 3 | 2 | 4 | 1 | | 4 | 3 | 1 | 2 | | 1 | 2 | 4 | 3 |

| 7.2.21. | | | | | 7.2.22. | | | | | 7.2.23. | | | | | 7.2.24. | | | |
|---|---|---|---|---|---|---|---|---|---|---|---|---|---|---|---|---|---|---|
| 1 | 3 | 2 | 4 | | 4 | 1 | 3 | 2 | | 4 | 3 | 1 | 2 | | 4 | 1 | 2 | 3 |
| 4 | 2 | 3 | 1 | | 2 | 3 | 4 | 1 | | 3 | 4 | 2 | 1 | | 1 | 2 | 3 | 4 |
| 2 | 1 | 4 | 3 | | 3 | 2 | 1 | 4 | | 1 | 2 | 4 | 3 | | 3 | 4 | 1 | 2 |
| 3 | 4 | 1 | 2 | | 1 | 4 | 2 | 3 | | 2 | 1 | 3 | 4 | | 2 | 3 | 4 | 1 |

| 7.2.25. | | | | | 7.2.26. | | | | | 7.2.27. | | | | | 7.2.28. | | | |
|---|---|---|---|---|---|---|---|---|---|---|---|---|---|---|---|---|---|---|
| 4 | 3 | 1 | 2 | | 4 | 2 | 1 | 3 | | 4 | 2 | 1 | 3 | | 1 | 3 | 2 | 4 |
| 2 | 1 | 4 | 3 | | 1 | 3 | 4 | 2 | | 1 | 3 | 4 | 2 | | 4 | 2 | 3 | 1 |
| 3 | 4 | 2 | 1 | | 3 | 4 | 2 | 1 | | 3 | 4 | 2 | 1 | | 2 | 1 | 4 | 3 |
| 1 | 2 | 3 | 4 | | 2 | 1 | 3 | 4 | | 2 | 1 | 3 | 4 | | 3 | 4 | 1 | 2 |

### 7.2.29.

| 2 | 1 | 4 | 3 |
|---|---|---|---|
| 4 | 3 | 2 | 1 |
| 3 | 2 | 1 | 4 |
| 1 | 4 | 3 | 2 |

### 7.2.30.

| 4 | 2 | 3 | 1 |
|---|---|---|---|
| 3 | 1 | 2 | 4 |
| 2 | 4 | 1 | 3 |
| 1 | 3 | 4 | 2 |

### 7.3.1.

| 2 | 4 | 1 | 5 | 3 |
|---|---|---|---|---|
| 5 | 3 | 4 | 1 | 2 |
| 1 | 2 | 3 | 4 | 5 |
| 3 | 1 | 5 | 2 | 4 |
| 4 | 5 | 2 | 3 | 1 |

### 7.3.2.

| 4 | 3 | 5 | 1 | 2 |
|---|---|---|---|---|
| 5 | 2 | 1 | 3 | 4 |
| 3 | 4 | 2 | 5 | 1 |
| 1 | 5 | 4 | 2 | 3 |
| 2 | 1 | 3 | 4 | 5 |

### 7.3.3.

| 4 | 3 | 5 | 2 | 1 |
|---|---|---|---|---|
| 5 | 4 | 1 | 3 | 2 |
| 1 | 2 | 3 | 4 | 5 |
| 2 | 5 | 4 | 1 | 3 |
| 3 | 1 | 2 | 5 | 4 |

### 7.3.4.

| 3 | 5 | 4 | 1 | 2 |
|---|---|---|---|---|
| 2 | 1 | 5 | 4 | 3 |
| 5 | 4 | 2 | 3 | 1 |
| 4 | 3 | 1 | 2 | 5 |
| 1 | 2 | 3 | 5 | 4 |

### 7.3.5.

| 1 | 3 | 4 | 2 | 5 |
|---|---|---|---|---|
| 2 | 5 | 1 | 3 | 4 |
| 4 | 2 | 5 | 1 | 3 |
| 5 | 1 | 3 | 4 | 2 |
| 3 | 4 | 2 | 5 | 1 |

### 7.3.6.

| 5 | 4 | 2 | 1 | 3 |
|---|---|---|---|---|
| 3 | 5 | 1 | 2 | 4 |
| 1 | 3 | 4 | 5 | 2 |
| 4 | 2 | 5 | 3 | 1 |
| 2 | 1 | 3 | 4 | 5 |

### 7.3.7.

| 2 | 3 | 1 | 5 | 4 |
|---|---|---|---|---|
| 5 | 4 | 3 | 1 | 2 |
| 1 | 5 | 4 | 2 | 3 |
| 4 | 2 | 5 | 3 | 1 |
| 3 | 1 | 2 | 4 | 5 |

### 7.3.8.

| 5 | 4 | 2 | 1 | 3 |
|---|---|---|---|---|
| 4 | 3 | 1 | 5 | 2 |
| 1 | 2 | 3 | 4 | 5 |
| 2 | 5 | 4 | 3 | 1 |
| 3 | 1 | 5 | 2 | 4 |

### 7.3.9.

| 4 | 3 | 2 | 5 | 1 |
|---|---|---|---|---|
| 5 | 1 | 4 | 3 | 2 |
| 1 | 2 | 3 | 4 | 5 |
| 2 | 4 | 5 | 1 | 3 |
| 3 | 5 | 1 | 2 | 4 |

### 7.3.10.

| 1 | 2 | 4 | 5 | 3 |
|---|---|---|---|---|
| 3 | 1 | 5 | 2 | 4 |
| 5 | 4 | 2 | 3 | 1 |
| 2 | 3 | 1 | 4 | 5 |
| 4 | 5 | 3 | 1 | 2 |

### 7.3.11.

| 4 | 5 | 3 | 1 | 2 |
|---|---|---|---|---|
| 1 | 4 | 5 | 2 | 3 |
| 5 | 2 | 4 | 3 | 1 |
| 2 | 3 | 1 | 5 | 4 |
| 3 | 1 | 2 | 4 | 5 |

### 7.3.12.

| 1 | 3 | 4 | 5 | 2 |
|---|---|---|---|---|
| 2 | 1 | 5 | 3 | 4 |
| 5 | 4 | 3 | 2 | 1 |
| 3 | 2 | 1 | 4 | 5 |
| 4 | 5 | 2 | 1 | 3 |

### 7.3.13.

| 2 | 1 | 5 | 3 | 4 |
|---|---|---|---|---|
| 3 | 5 | 4 | 2 | 1 |
| 4 | 2 | 1 | 5 | 3 |
| 1 | 3 | 2 | 4 | 5 |
| 5 | 4 | 3 | 1 | 2 |

### 7.3.14.

| 3 | 2 | 5 | 1 | 4 |
|---|---|---|---|---|
| 5 | 4 | 1 | 2 | 3 |
| 4 | 1 | 2 | 3 | 5 |
| 1 | 5 | 3 | 4 | 2 |
| 2 | 3 | 4 | 5 | 1 |

### 7.3.15.

| 3 | 5 | 2 | 1 | 4 |
|---|---|---|---|---|
| 5 | 4 | 3 | 2 | 1 |
| 1 | 2 | 4 | 5 | 3 |
| 2 | 3 | 1 | 4 | 5 |
| 4 | 1 | 5 | 3 | 2 |

### 7.3.16.

| 2 | 1 | 5 | 4 | 3 |
|---|---|---|---|---|
| 4 | 5 | 2 | 3 | 1 |
| 1 | 3 | 4 | 5 | 2 |
| 5 | 2 | 3 | 1 | 4 |
| 3 | 4 | 1 | 2 | 5 |

### 7.3.17.
| 2 | 4 | 5 | 1 | 3 |
|---|---|---|---|---|
| 1 | 3 | 4 | 5 | 2 |
| 4 | 5 | 3 | 2 | 1 |
| 3 | 1 | 2 | 4 | 5 |
| 5 | 2 | 1 | 3 | 4 |

### 7.3.18.
| 3 | 2 | 5 | 1 | 4 |
|---|---|---|---|---|
| 4 | 5 | 2 | 3 | 1 |
| 5 | 4 | 1 | 2 | 3 |
| 1 | 3 | 4 | 5 | 2 |
| 2 | 1 | 3 | 4 | 5 |

### 7.3.19.
| 1 | 2 | 4 | 5 | 3 |
|---|---|---|---|---|
| 4 | 3 | 2 | 1 | 5 |
| 5 | 4 | 3 | 2 | 1 |
| 2 | 5 | 1 | 3 | 4 |
| 3 | 1 | 5 | 4 | 2 |

### 7.3.20.
| 4 | 3 | 5 | 2 | 1 |
|---|---|---|---|---|
| 3 | 5 | 1 | 4 | 2 |
| 1 | 2 | 4 | 5 | 3 |
| 5 | 1 | 2 | 3 | 4 |
| 2 | 4 | 3 | 1 | 5 |

### 7.3.21.
| 5 | 4 | 2 | 1 | 3 |
|---|---|---|---|---|
| 4 | 1 | 3 | 5 | 2 |
| 3 | 2 | 1 | 4 | 5 |
| 2 | 5 | 4 | 3 | 1 |
| 1 | 3 | 5 | 2 | 4 |

### 7.3.22.
| 3 | 1 | 4 | 5 | 2 |
|---|---|---|---|---|
| 2 | 5 | 1 | 3 | 4 |
| 5 | 4 | 2 | 1 | 3 |
| 4 | 3 | 5 | 2 | 1 |
| 1 | 2 | 3 | 4 | 5 |

### 7.3.23.
| 3 | 5 | 1 | 4 | 2 |
|---|---|---|---|---|
| 4 | 1 | 2 | 5 | 3 |
| 5 | 4 | 3 | 2 | 1 |
| 2 | 3 | 4 | 1 | 5 |
| 1 | 2 | 5 | 3 | 4 |

### 7.3.24.
| 4 | 3 | 1 | 2 | 5 |
|---|---|---|---|---|
| 3 | 1 | 2 | 5 | 4 |
| 5 | 4 | 3 | 1 | 2 |
| 2 | 5 | 4 | 3 | 1 |
| 1 | 2 | 5 | 4 | 3 |

### 7.3.25.
| 5 | 1 | 2 | 4 | 3 |
|---|---|---|---|---|
| 4 | 5 | 1 | 3 | 2 |
| 3 | 4 | 5 | 2 | 1 |
| 2 | 3 | 4 | 1 | 5 |
| 1 | 2 | 3 | 5 | 4 |

### 7.3.26.
| 5 | 4 | 3 | 2 | 1 |
|---|---|---|---|---|
| 3 | 1 | 5 | 4 | 2 |
| 1 | 2 | 4 | 5 | 3 |
| 4 | 3 | 2 | 1 | 5 |
| 2 | 5 | 1 | 3 | 4 |

### 7.3.27.
| 3 | 1 | 5 | 4 | 2 |
|---|---|---|---|---|
| 4 | 5 | 2 | 3 | 1 |
| 5 | 4 | 1 | 2 | 3 |
| 2 | 3 | 4 | 1 | 5 |
| 1 | 2 | 3 | 5 | 4 |

### 7.3.28.
| 3 | 2 | 5 | 4 | 1 |
|---|---|---|---|---|
| 2 | 1 | 4 | 5 | 3 |
| 4 | 3 | 2 | 1 | 5 |
| 5 | 4 | 1 | 3 | 2 |
| 1 | 5 | 3 | 2 | 4 |

### 7.3.29.
| 2 | 1 | 4 | 5 | 3 |
|---|---|---|---|---|
| 5 | 3 | 2 | 4 | 1 |
| 3 | 4 | 5 | 1 | 2 |
| 1 | 5 | 3 | 2 | 4 |
| 4 | 2 | 1 | 3 | 5 |

### 7.3.30.
| 5 | 3 | 4 | 1 | 2 |
|---|---|---|---|---|
| 1 | 2 | 3 | 5 | 4 |
| 4 | 1 | 5 | 2 | 3 |
| 2 | 4 | 1 | 3 | 5 |
| 3 | 5 | 2 | 4 | 1 |

### 7.4.1.
| 1 | 5 | 2 | 3 | 4 |
|---|---|---|---|---|
| 2 | 4 | 3 | 5 | 1 |
| 3 | 2 | 4 | 1 | 5 |
| 4 | 1 | 5 | 2 | 3 |
| 5 | 3 | 1 | 4 | 2 |

### 7.4.2.
| 5 | 2 | 4 | 1 | 3 |
|---|---|---|---|---|
| 1 | 5 | 2 | 3 | 4 |
| 2 | 3 | 1 | 4 | 5 |
| 3 | 4 | 5 | 2 | 1 |
| 4 | 1 | 3 | 5 | 2 |

### 7.4.3.
| 2 | 3 | 1 | 4 | 5 |
|---|---|---|---|---|
| 1 | 5 | 4 | 3 | 2 |
| 5 | 1 | 3 | 2 | 4 |
| 4 | 2 | 5 | 1 | 3 |
| 3 | 4 | 2 | 5 | 1 |

### 7.4.4.
| 1 | 4 | 3 | 2 | 5 |
|---|---|---|---|---|
| 5 | 3 | 2 | 4 | 1 |
| 3 | 2 | 1 | 5 | 4 |
| 4 | 1 | 5 | 3 | 2 |
| 2 | 5 | 4 | 1 | 3 |

### 7.4.5.

| 5 | 4 | 1 | 3 | 2 |
|---|---|---|---|---|
| 1 | 3 | 2 | 4 | 5 |
| 3 | 5 | 4 | 2 | 1 |
| 4 | 2 | 5 | 1 | 3 |
| 2 | 1 | 3 | 5 | 4 |

### 7.4.6.

| 2 | 1 | 4 | 5 | 3 |
|---|---|---|---|---|
| 3 | 5 | 1 | 2 | 4 |
| 1 | 3 | 5 | 4 | 2 |
| 5 | 4 | 2 | 3 | 1 |
| 4 | 2 | 3 | 1 | 5 |

### 7.4.7.

| 2 | 1 | 3 | 5 | 4 |
|---|---|---|---|---|
| 5 | 4 | 2 | 3 | 1 |
| 4 | 2 | 5 | 1 | 3 |
| 1 | 3 | 4 | 2 | 5 |
| 3 | 5 | 1 | 4 | 2 |

### 7.4.8.

| 1 | 5 | 4 | 3 | 2 |
|---|---|---|---|---|
| 4 | 3 | 2 | 1 | 5 |
| 2 | 1 | 3 | 5 | 4 |
| 3 | 4 | 5 | 2 | 1 |
| 5 | 2 | 1 | 4 | 3 |

### 7.4.9.

| 5 | 1 | 2 | 4 | 3 |
|---|---|---|---|---|
| 3 | 2 | 5 | 1 | 4 |
| 2 | 4 | 3 | 5 | 1 |
| 1 | 5 | 4 | 3 | 2 |
| 4 | 3 | 1 | 2 | 5 |

### 7.4.10.

| 5 | 1 | 3 | 2 | 4 |
|---|---|---|---|---|
| 2 | 4 | 1 | 5 | 3 |
| 3 | 5 | 4 | 1 | 2 |
| 1 | 3 | 2 | 4 | 5 |
| 4 | 2 | 5 | 3 | 1 |

### 7.4.11.

| 3 | 2 | 5 | 1 | 4 |
|---|---|---|---|---|
| 4 | 3 | 1 | 2 | 5 |
| 1 | 5 | 2 | 4 | 3 |
| 2 | 4 | 3 | 5 | 1 |
| 5 | 1 | 4 | 3 | 2 |

### 7.4.12.

| 2 | 4 | 5 | 3 | 1 |
|---|---|---|---|---|
| 1 | 5 | 3 | 2 | 4 |
| 4 | 1 | 2 | 5 | 3 |
| 5 | 3 | 1 | 4 | 2 |
| 3 | 2 | 4 | 1 | 5 |

### 7.4.13.

| 2 | 5 | 3 | 1 | 4 |
|---|---|---|---|---|
| 5 | 3 | 1 | 4 | 2 |
| 3 | 2 | 4 | 5 | 1 |
| 4 | 1 | 5 | 2 | 3 |
| 1 | 4 | 2 | 3 | 5 |

### 7.4.14.

| 3 | 5 | 2 | 1 | 4 |
|---|---|---|---|---|
| 4 | 3 | 5 | 2 | 1 |
| 1 | 2 | 4 | 3 | 5 |
| 5 | 1 | 3 | 4 | 2 |
| 2 | 4 | 1 | 5 | 3 |

### 7.4.15.

| 2 | 5 | 3 | 1 | 4 |
|---|---|---|---|---|
| 4 | 1 | 5 | 2 | 3 |
| 3 | 2 | 4 | 5 | 1 |
| 5 | 4 | 1 | 3 | 2 |
| 1 | 3 | 2 | 4 | 5 |

### 7.4.16.

| 3 | 1 | 5 | 2 | 4 |
|---|---|---|---|---|
| 4 | 5 | 2 | 1 | 3 |
| 2 | 4 | 3 | 5 | 1 |
| 1 | 2 | 4 | 3 | 5 |
| 5 | 3 | 1 | 4 | 2 |

### 7.4.17.

| 2 | 1 | 4 | 3 | 5 |
|---|---|---|---|---|
| 5 | 4 | 2 | 1 | 3 |
| 1 | 3 | 5 | 4 | 2 |
| 4 | 2 | 3 | 5 | 1 |
| 3 | 5 | 1 | 2 | 4 |

### 7.4.18.

| 4 | 1 | 5 | 2 | 3 |
|---|---|---|---|---|
| 2 | 4 | 3 | 1 | 5 |
| 5 | 3 | 1 | 4 | 2 |
| 1 | 5 | 2 | 3 | 4 |
| 3 | 2 | 4 | 5 | 1 |

### 7.4.19.

| 3 | 2 | 1 | 5 | 4 |
|---|---|---|---|---|
| 1 | 3 | 5 | 4 | 2 |
| 5 | 4 | 3 | 2 | 1 |
| 2 | 1 | 4 | 3 | 5 |
| 4 | 5 | 2 | 1 | 3 |

### 7.4.20.

| 3 | 5 | 2 | 1 | 4 |
|---|---|---|---|---|
| 1 | 3 | 4 | 2 | 5 |
| 4 | 2 | 3 | 5 | 1 |
| 5 | 4 | 1 | 3 | 2 |
| 2 | 1 | 5 | 4 | 3 |

### 7.4.21.

| 1 | 5 | 3 | 4 | 2 |
|---|---|---|---|---|
| 2 | 4 | 1 | 3 | 5 |
| 3 | 1 | 2 | 5 | 4 |
| 4 | 2 | 5 | 1 | 3 |
| 5 | 3 | 4 | 2 | 1 |

### 7.4.22.

| 2 | 5 | 3 | 4 | 1 |
|---|---|---|---|---|
| 1 | 3 | 2 | 5 | 4 |
| 4 | 2 | 5 | 1 | 3 |
| 3 | 4 | 1 | 2 | 5 |
| 5 | 1 | 4 | 3 | 2 |

### 7.4.23.

| 5 | 2 | 1 | 4 | 3 |
|---|---|---|---|---|
| 2 | 4 | 5 | 3 | 1 |
| 3 | 1 | 2 | 5 | 4 |
| 4 | 5 | 3 | 1 | 2 |
| 1 | 3 | 4 | 2 | 5 |

### 7.4.24.

| 3 | 4 | 5 | 2 | 1 |
|---|---|---|---|---|
| 1 | 5 | 2 | 4 | 3 |
| 5 | 3 | 4 | 1 | 2 |
| 2 | 1 | 3 | 5 | 4 |
| 4 | 2 | 1 | 3 | 5 |

### 7.4.25.

| 5 | 3 | 4 | 1 | 2 |
|---|---|---|---|---|
| 4 | 2 | 1 | 3 | 5 |
| 1 | 5 | 2 | 4 | 3 |
| 2 | 1 | 3 | 5 | 4 |
| 3 | 4 | 5 | 2 | 1 |

### 7.4.26.

| 2 | 1 | 3 | 5 | 4 |
|---|---|---|---|---|
| 4 | 5 | 2 | 3 | 1 |
| 3 | 4 | 5 | 1 | 2 |
| 1 | 3 | 4 | 2 | 5 |
| 5 | 2 | 1 | 4 | 3 |

### 7.4.27.

| 5 | 1 | 3 | 4 | 2 |
|---|---|---|---|---|
| 2 | 3 | 4 | 5 | 1 |
| 4 | 5 | 1 | 2 | 3 |
| 1 | 2 | 5 | 3 | 4 |
| 3 | 4 | 2 | 1 | 5 |

### 7.4.28.

| 3 | 2 | 5 | 4 | 1 |
|---|---|---|---|---|
| 2 | 5 | 3 | 1 | 4 |
| 4 | 1 | 2 | 3 | 5 |
| 5 | 4 | 1 | 2 | 3 |
| 1 | 3 | 4 | 5 | 2 |

### 7.4.29.

| 3 | 1 | 5 | 2 | 4 |
|---|---|---|---|---|
| 2 | 4 | 1 | 3 | 5 |
| 4 | 2 | 3 | 5 | 1 |
| 1 | 5 | 2 | 4 | 3 |
| 5 | 3 | 4 | 1 | 2 |

### 7.4.30.

| 1 | 3 | 5 | 2 | 4 |
|---|---|---|---|---|
| 4 | 2 | 1 | 5 | 3 |
| 3 | 4 | 2 | 1 | 5 |
| 2 | 5 | 3 | 4 | 1 |
| 5 | 1 | 4 | 3 | 2 |

### 7.5.1.

| 4 | 3 | 6 | 2 | 5 | 1 |
|---|---|---|---|---|---|
| 5 | 4 | 2 | 1 | 3 | 6 |
| 3 | 6 | 1 | 5 | 2 | 4 |
| 1 | 5 | 3 | 6 | 4 | 2 |
| 6 | 2 | 5 | 4 | 1 | 3 |
| 2 | 1 | 4 | 3 | 6 | 5 |

### 7.5.2.

| 3 | 4 | 1 | 2 | 5 | 6 |
|---|---|---|---|---|---|
| 4 | 2 | 5 | 3 | 6 | 1 |
| 6 | 5 | 3 | 1 | 4 | 2 |
| 2 | 3 | 4 | 6 | 1 | 5 |
| 5 | 1 | 6 | 4 | 2 | 3 |
| 1 | 6 | 2 | 5 | 3 | 4 |

### 7.5.3.

| 1 | 4 | 2 | 6 | 5 | 3 |
|---|---|---|---|---|---|
| 2 | 6 | 1 | 4 | 3 | 5 |
| 4 | 1 | 3 | 5 | 2 | 6 |
| 5 | 2 | 4 | 3 | 6 | 1 |
| 6 | 3 | 5 | 1 | 4 | 2 |
| 3 | 5 | 6 | 2 | 1 | 4 |

### 7.5.4.

| 2 | 1 | 5 | 3 | 4 | 6 |
|---|---|---|---|---|---|
| 1 | 6 | 3 | 4 | 2 | 5 |
| 4 | 2 | 6 | 1 | 5 | 3 |
| 3 | 5 | 4 | 6 | 1 | 2 |
| 5 | 3 | 1 | 2 | 6 | 4 |
| 6 | 4 | 2 | 5 | 3 | 1 |

### 7.5.5.

| 3 | 1 | 5 | 4 | 2 | 6 |
|---|---|---|---|---|---|
| 1 | 5 | 4 | 2 | 6 | 3 |
| 5 | 6 | 2 | 1 | 3 | 4 |
| 4 | 2 | 3 | 6 | 5 | 1 |
| 2 | 4 | 6 | 3 | 1 | 5 |
| 6 | 3 | 1 | 5 | 4 | 2 |

### 7.5.6.

| 2 | 5 | 4 | 6 | 1 | 3 |
|---|---|---|---|---|---|
| 5 | 6 | 3 | 4 | 2 | 1 |
| 3 | 4 | 1 | 2 | 5 | 6 |
| 6 | 2 | 5 | 1 | 3 | 4 |
| 1 | 3 | 6 | 5 | 4 | 2 |
| 4 | 1 | 2 | 3 | 6 | 5 |

### 7.5.7.

| 4 | 5 | 1 | 3 | 6 | 2 |
|---|---|---|---|---|---|
| 2 | 1 | 3 | 4 | 5 | 6 |
| 5 | 6 | 4 | 2 | 3 | 1 |
| 6 | 3 | 2 | 5 | 1 | 4 |
| 3 | 4 | 6 | 1 | 2 | 5 |
| 1 | 2 | 5 | 6 | 4 | 3 |

### 7.5.8.

| 3 | 4 | 1 | 5 | 2 | 6 |
|---|---|---|---|---|---|
| 6 | 3 | 4 | 1 | 5 | 2 |
| 5 | 6 | 3 | 2 | 4 | 1 |
| 2 | 5 | 6 | 4 | 1 | 3 |
| 1 | 2 | 5 | 6 | 3 | 4 |
| 4 | 1 | 2 | 3 | 6 | 5 |

### 7.5.9.

| 6 | 4 | 1 | 5 | 2 | 3 |
|---|---|---|---|---|---|
| 2 | 1 | 6 | 4 | 3 | 5 |
| 1 | 6 | 4 | 3 | 5 | 2 |
| 3 | 5 | 2 | 6 | 1 | 4 |
| 4 | 3 | 5 | 2 | 6 | 1 |
| 5 | 2 | 3 | 1 | 4 | 6 |

### 7.5.10.

| 4 | 6 | 2 | 3 | 5 | 1 |
|---|---|---|---|---|---|
| 6 | 3 | 5 | 1 | 2 | 4 |
| 3 | 1 | 6 | 2 | 4 | 5 |
| 2 | 5 | 1 | 4 | 3 | 6 |
| 1 | 2 | 4 | 5 | 6 | 3 |
| 5 | 4 | 3 | 6 | 1 | 2 |

### 7.5.11.

| 3 | 4 | 6 | 5 | 1 | 2 |
|---|---|---|---|---|---|
| 4 | 6 | 5 | 2 | 3 | 1 |
| 6 | 1 | 2 | 4 | 5 | 3 |
| 2 | 5 | 1 | 3 | 6 | 4 |
| 1 | 3 | 4 | 6 | 2 | 5 |
| 5 | 2 | 3 | 1 | 4 | 6 |

### 7.5.12.

| 1 | 3 | 4 | 2 | 5 | 6 |
|---|---|---|---|---|---|
| 6 | 2 | 1 | 5 | 4 | 3 |
| 3 | 6 | 5 | 1 | 2 | 4 |
| 5 | 4 | 2 | 3 | 6 | 1 |
| 4 | 5 | 3 | 6 | 1 | 2 |
| 2 | 1 | 6 | 4 | 3 | 5 |

### 7.5.13.

| 3 | 1 | 6 | 5 | 2 | 4 |
|---|---|---|---|---|---|
| 2 | 6 | 5 | 1 | 4 | 3 |
| 1 | 2 | 4 | 6 | 3 | 5 |
| 6 | 3 | 1 | 4 | 5 | 2 |
| 4 | 5 | 2 | 3 | 6 | 1 |
| 5 | 4 | 3 | 2 | 1 | 6 |

### 7.5.14.

| 2 | 3 | 5 | 6 | 4 | 1 |
|---|---|---|---|---|---|
| 5 | 4 | 6 | 2 | 1 | 3 |
| 4 | 2 | 3 | 1 | 6 | 5 |
| 3 | 5 | 1 | 4 | 2 | 6 |
| 1 | 6 | 4 | 3 | 5 | 2 |
| 6 | 1 | 2 | 5 | 3 | 4 |

### 7.5.15.

| 4 | 5 | 6 | 2 | 1 | 3 |
|---|---|---|---|---|---|
| 5 | 2 | 1 | 4 | 3 | 6 |
| 2 | 1 | 3 | 5 | 6 | 4 |
| 6 | 4 | 5 | 3 | 2 | 1 |
| 3 | 6 | 4 | 1 | 5 | 2 |
| 1 | 3 | 2 | 6 | 4 | 5 |

### 7.5.16.

| 1 | 5 | 4 | 2 | 3 | 6 |
|---|---|---|---|---|---|
| 6 | 2 | 3 | 4 | 1 | 5 |
| 3 | 6 | 1 | 5 | 2 | 4 |
| 4 | 1 | 5 | 3 | 6 | 2 |
| 2 | 4 | 6 | 1 | 5 | 3 |
| 5 | 3 | 2 | 6 | 4 | 1 |

### 7.5.17.

| 6 | 5 | 3 | 4 | 1 | 2 |
|---|---|---|---|---|---|
| 4 | 2 | 6 | 5 | 3 | 1 |
| 5 | 3 | 1 | 2 | 4 | 6 |
| 3 | 1 | 5 | 6 | 2 | 4 |
| 1 | 4 | 2 | 3 | 6 | 5 |
| 2 | 6 | 4 | 1 | 5 | 3 |

### 7.5.18.

| 4 | 2 | 1 | 6 | 5 | 3 |
|---|---|---|---|---|---|
| 3 | 4 | 6 | 1 | 2 | 5 |
| 2 | 1 | 4 | 5 | 3 | 6 |
| 5 | 6 | 2 | 3 | 1 | 4 |
| 1 | 3 | 5 | 4 | 6 | 2 |
| 4 | 5 | 3 | 2 | 4 | 1 |

### 7.5.19.

| 1 | 3 | 4 | 5 | 6 | 2 |
|---|---|---|---|---|---|
| 6 | 1 | 2 | 4 | 3 | 5 |
| 3 | 4 | 5 | 1 | 2 | 6 |
| 2 | 6 | 1 | 3 | 5 | 4 |
| 5 | 2 | 3 | 6 | 4 | 1 |
| 4 | 5 | 6 | 2 | 1 | 3 |

### 7.5.20.

| 3 | 5 | 4 | 1 | 6 | 2 |
|---|---|---|---|---|---|
| 5 | 2 | 1 | 3 | 4 | 6 |
| 6 | 4 | 3 | 2 | 1 | 5 |
| 1 | 3 | 2 | 6 | 5 | 4 |
| 2 | 6 | 5 | 4 | 3 | 1 |
| 4 | 1 | 6 | 5 | 2 | 3 |

### 7.5.21.

| 3 | 6 | 5 | 2 | 1 | 4 |
|---|---|---|---|---|---|
| 6 | 3 | 4 | 5 | 2 | 1 |
| 1 | 2 | 6 | 4 | 5 | 3 |
| 5 | 1 | 3 | 6 | 4 | 2 |
| 4 | 5 | 2 | 1 | 3 | 6 |
| 2 | 4 | 1 | 3 | 6 | 5 |

### 7.5.22.

| 1 | 2 | 4 | 3 | 5 | 6 |
|---|---|---|---|---|---|
| 5 | 1 | 3 | 6 | 2 | 4 |
| 2 | 3 | 6 | 5 | 4 | 1 |
| 4 | 6 | 5 | 2 | 1 | 3 |
| 6 | 5 | 1 | 4 | 3 | 2 |
| 3 | 4 | 2 | 1 | 6 | 5 |

### 7.5.23.

| 3 | 6 | 5 | 1 | 4 | 2 |
|---|---|---|---|---|---|
| 5 | 1 | 2 | 4 | 6 | 3 |
| 6 | 5 | 4 | 2 | 3 | 1 |
| 4 | 2 | 3 | 5 | 1 | 6 |
| 1 | 4 | 6 | 3 | 2 | 5 |
| 2 | 3 | 1 | 6 | 5 | 4 |

### 7.5.24.

| 4 | 5 | 2 | 1 | 3 | 6 |
|---|---|---|---|---|---|
| 6 | 1 | 4 | 2 | 5 | 3 |
| 3 | 2 | 6 | 4 | 1 | 5 |
| 5 | 3 | 1 | 6 | 2 | 4 |
| 1 | 6 | 3 | 5 | 4 | 2 |
| 2 | 4 | 5 | 3 | 6 | 1 |

### 7.5.25.

| 2 | 4 | 5 | 3 | 6 | 1 |
|---|---|---|---|---|---|
| 3 | 2 | 4 | 5 | 1 | 6 |
| 1 | 3 | 6 | 4 | 5 | 2 |
| 6 | 5 | 3 | 1 | 2 | 4 |
| 5 | 1 | 2 | 6 | 4 | 3 |
| 4 | 6 | 1 | 2 | 3 | 5 |

### 7.5.26.

| 6 | 5 | 4 | 3 | 2 | 1 |
|---|---|---|---|---|---|
| 2 | 1 | 3 | 5 | 6 | 4 |
| 5 | 4 | 1 | 2 | 3 | 6 |
| 1 | 2 | 5 | 6 | 4 | 3 |
| 3 | 6 | 2 | 4 | 1 | 5 |
| 4 | 3 | 6 | 1 | 5 | 2 |

### 7.5.27.

| 3 | 4 | 6 | 1 | 2 | 5 |
|---|---|---|---|---|---|
| 2 | 3 | 1 | 5 | 4 | 6 |
| 1 | 5 | 2 | 3 | 6 | 4 |
| 6 | 1 | 5 | 4 | 3 | 2 |
| 5 | 6 | 4 | 2 | 1 | 3 |
| 4 | 2 | 3 | 6 | 5 | 1 |

### 7.5.28.

| 1 | 5 | 4 | 6 | 3 | 2 |
|---|---|---|---|---|---|
| 2 | 4 | 3 | 5 | 6 | 1 |
| 6 | 1 | 5 | 4 | 2 | 3 |
| 4 | 3 | 1 | 2 | 5 | 6 |
| 3 | 6 | 2 | 1 | 4 | 5 |
| 5 | 2 | 6 | 3 | 1 | 4 |

### 7.5.29.

| 5 | 2 | 6 | 1 | 3 | 4 |
|---|---|---|---|---|---|
| 6 | 3 | 2 | 4 | 1 | 5 |
| 1 | 6 | 5 | 2 | 4 | 3 |
| 3 | 4 | 1 | 6 | 5 | 2 |
| 2 | 5 | 4 | 3 | 6 | 1 |
| 4 | 1 | 3 | 5 | 2 | 6 |

### 7.5.30.

| 1 | 3 | 6 | 2 | 5 | 4 |
|---|---|---|---|---|---|
| 5 | 6 | 1 | 3 | 4 | 2 |
| 3 | 4 | 2 | 5 | 1 | 6 |
| 4 | 2 | 3 | 1 | 6 | 5 |
| 2 | 5 | 4 | 6 | 3 | 1 |
| 6 | 1 | 5 | 4 | 2 | 3 |

8.1.1. 1113
8.1.5. 1974
8.1.9. 2107
8.1.13. 1248
8.1.17. 3579
8.1.21. 4191
8.1.25. 9989
8.1.29. 2468
8.1.33. 5789
8.1.37. 3261
8.1.41. 9470
8.1.45. 2542
8.1.49. 6035

8.1.2. 8642
8.1.6. 9630
8.1.10. 3833
8.1.14. 1123
8.1.18. 3699
8.1.22. 8310
8.1.26. 3526
8.1.30. 1717
8.1.34. 5918
8.1.38. 9428
8.1.42. 2345
8.1.46. 3098
8.1.50. 4167

8.1.3. 9538
8.1.7. 7968
8.1.11. 9975
8.1.15. 9750
8.1.19. 7979
8.1.23. 4658
8.1.27. 6042
8.1.31. 2135
8.1.35. 3573
8.1.39. 1141
8.1.43. 8848
8.1.47. 9630

8.1.4. 7532
8.1.8. 5957
8.1.12. 1967
8.1.16. 2222
8.1.20. 1111
8.1.24. 9087
8.1.28. 4106
8.1.32. 4610
8.1.36. 5142
8.1.40. 9320
8.1.44. 9115
8.1.48. 5926

8.2.1. 33149
8.2.5. 45618
8.2.9. 91979
8.2.13. 15573
8.2.17. 45784
8.2.21. 81491
8.2.25. 47262
8.2.29. 32584
8.2.33. 28316
8.2.37. 24936
8.2.41. 39149
8.2.45. 85746
8.2.49. 59083

8.2.2. 62634
8.2.6. 15073
8.2.10. 32106
8.2.14. 50932
8.2.18. 86975
8.2.22. 23286
8.2.26. 27049
8.2.30. 51936
8.2.34. 37623
8.2.38. 21035
8.2.42. 97184
8.2.46. 43815
8.2.50. 71635

8.2.3. 87946
8.2.7. 33523
8.2.11. 42683
8.2.15. 30303
8.2.19. 54237
8.2.23. 65490
8.2.27. 66251
8.2.31. 25252
8.2.35. 47825
8.2.39. 21357
8.2.43. 82347
8.2.47. 91742

8.2.4. 90989
8.2.8. 31762
8.2.12. 11375
8.2.16. 54801
8.2.20. 75923
8.2.24. 46503
8.2.28. 97139
8.2.32. 91846
8.2.36. 13247
8.2.40. 43210
8.2.44. 33029
8.2.48. 51595

8.3.1. 437276
8.3.5. 348416
8.3.9. 710382
8.3.13. 614203
8.3.17. 645728
8.3.21. 247365
8.3.25. 326544
8.3.29. 850369
8.3.33. 152845
8.3.37. 469236
8.3.41. 217984
8.3.45. 396528
8.3.49. 460981

8.3.2. 618423
8.3.6. 731653
8.3.10. 615465
8.3.14. 705186
8.3.18. 348191
8.3.22. 332698
8.3.26. 489362
8.3.30. 215447
8.3.34. 637528
8.3.38. 798562
8.3.42. 813762
8.3.46. 852537
8.3.50. 561702

8.3.3. 785936
8.3.7. 426488
8.3.11. 123643
8.3.15. 245655
8.3.19. 754291
8.3.23. 528435
8.3.27. 937185
8.3.31. 451839
8.3.35. 691053
8.3.39. 391627
8.3.43. 454935
8.3.47. 253727

8.3.4. 759840
8.3.8. 826433
8.3.12. 513726
8.3.16. 545676
8.3.20. 355272
8.3.24. 985172
8.3.28. 913742
8.3.32. 922355
8.3.36. 119638
8.3.40. 437376
8.3.44. 365313
8.3.48. 282828